AF329568

FACULTÉ DE DROIT DE PARIS

DE LA
DISSOLUTION DU MARIAGE
EN DROIT ROMAIN

DU DIVORCE
ET DE LA
SÉPARATION DE CORPS
EN DROIT FRANÇAIS

THÈSE POUR LE DOCTORAT

PAR

GEORGES TERNOVÉANO

AVOCAT

PARIS

TYPOGRAPHIE N. BLANPAIN

7, RUE JEANNE, 7

1881

DE LA

DISSOLUTION DU MARIAGE

EN DROIT ROMAIN

DU DIVORCE

ET DE LA

SÉPARATION DE CORPS

EN DROIT FRANÇAIS

THÈSE POUR LE DOCTORAT

PAR

GEORGES TERNOVÉANO

AVOCAT

*L'acte public sur les matières ci-après sera soutenu
le jeudi 16 juin 1881, à midi et demi.*

PRÉSIDENT : M. BUFNOIR.

SUFFRAGANTS : { MM. DE VALROGER, GERARDIN, } Professeurs.
{ MICHEL, RIPERT, } Agrégés.

PARIS

TYPOGRAPHIE N. BLANPAIN

7, RUE JEANNE, 7

1881

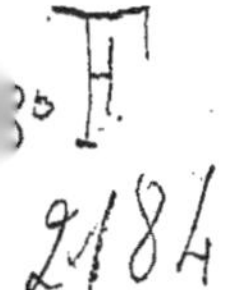

A CEUX QUI M'AIMENT

INTRODUCTION HISTORIQUE

Le divorce, on le sait, était de l'essence même de l'organisation de la famille à Rome, comme chez tous les peuples de l'antiquité, comme il l'est aujourd'hui chez tous les peuples actuels de l'Asie et de l'Afrique, où le mari peut à son gré répudier toute femme stérile ou qui ne lui plaît plus.

Le divorce était, en effet, admis dans l'antiquité chez tous les peuples de l'ancien monde connu, spécialement chez les Egyptiens, chez les Phéniciens et à Carthage leur colonie, chez les Chaldéens, chez les Babyloniens. Saint Jean Chrysostôme nous apprend, en ce qui concerne ce dernier peuple, que, durant la captivité, les Juifs empruntèrent cette pratique à leurs vainqueurs.

Faut-il prendre à la lettre ces paroles du célèbre orateur sacré de l'Eglise orthodoxe ou ne faut-il pas plutôt y voir un lieu commun contre le divorce alors encore admis par la législation Byzantine? Babylone est en effet, dans le style biblique et chrétien, le synonyme comme le réceptacle de toute corruption.

Il est certain que, dès l'origine et bien avant la captivité de Babylone, les Hébreux pratiquaient le divorce, ce qui ne doit pas étonner ceux qui savent que chez eux le mariage n'était pas religieux. Le divorce, était, dès le droit de Noé, un droit naturel, dont l'exercice était permis par consentement mutuel. L'historien Josèphe pense que cette faculté fut retirée aux femmes, mais cette opinion paraît erronée.

L'école d'Hillet l'admit, ainsi que la faculté mutuelle de répudiation pour les causes les plus légères. En revanche, une autre école, celle des Sanmaias, n'autorisait le mari à répudier sa femme que pour une cause honteuse. De plus, si le mari prouvait que sa femme n'était plus vierge lors du mariage, il pouvait aussi la répudier et elle était frappée d'infamie.

Quant à l'adultère, il n'était pas une cause de divorce, mais entraînait la peine de mort (1) contre la femme ou contre le mari, mais pour ce dernier dans le cas seulement de flagrant délit avec une femme mariée.

Le droit Mosaïque admit aussi le divorce chez les Juifs. Les formes en étaient très simples. Le mari prévenait sa femme par écrit, et le libelle qui lui rendait sa complète liberté (en même temps que la dot était restituée), devait lui être remis en présence de deux témoins mâles.

Voici d'ailleurs le texte de l'Ancien Testament relatif à la faculté du divorce, texte qui a été et

____

(1) Deutéronome, XXII.

qui est encore (sauf en France depuis le Code civil), la loi des Israélites à cet égard (1).

« Quand quelqu'un aura pris une femme et se sera marié avec elle, s'il arrive qu'elle ne trouve pas grâce devant ses yeux, à cause qu'il aura trouvé en elle quelque chose de malhonnête, il lui donnera par écrit la lettre de divorce, et la lui ayant mise entre les mains, il la renverra de sa maison » (2). Les lois de Manou dans l'Inde (3) admettaient le divorce pour cause de maladies incurables, d'infirmités secrètes, d'avortement volontaire, de sacrilège, d'adultère, de stérilité après huit ans de mariage, ou onze ans après le dernier enfant. — En cas d'adultère, la femme divorcée perd sa dot et ses avantages matrimoniaux; dans tous les autres cas le mari lui doit l'entretien. On connaît l'inscription qu'un roi hindou fit graver à Agra pour expliquer que la prohibition du divorce ordonnée par lui ayant eu pour résultat la diminution des mariages et des naissances et l'augmentation des adultères, il s'était vu forcé de le rétablir.

En Grèce, à Athènes, à Sparte, le mariage n'était pas indissoluble (4). Les hommes et plus tard (de-

(1) Le divorce était encore admis chez les Juifs sous la monarchie française, alors qu'il était repoussé par tous les parlements. Merlin (*Répert.*, *Divorce*, section III, § 5) rapporte à cet égard une ordonnance du Châtelet, en 1779, renvoyant deux Israélites devant le rabbin pour prononcer leur divorce.

(2) Ch. XXIV, vers. 1 et suiv.

(3) Lois de Manou, IX, 77, 83.

(4) Jean Duret, commentateur des coutumes de Bourbonnais, met le fait en doute, mais l'antiquité était encore mal connue à l'époque où il écrivait.

puis Charandas, selon Diodore de Sicile), les femmes avaient le droit de demander le divorce. Les lois de Solon et de Lycurgue qui punissaient l'adultère de la femme et celui de l'homme complice étaient d'ailleurs explicites (1). C'est du moins ce que nous pouvons conclure des expressions de Plutarque : « Une autre des lois de Solon, écrit-il, « est celle qui permet à une riche héritière dont le « mari est impuissant d'habiter avec celui de ses « parents qu'elle préférera (2) ».

A Athènes, les femmes reprenaient leur dot ou avaient droit à une pension de 29 oboles par mois. Quant à Sparte, Plutarque nous fournit également des renseignements aussi précis que curieux : « Il était permis à un vieillard, mari d'une jeune « femme, d'introduire auprès d'elle un jeune « homme. De même un homme bien né qui voyait « à un homme une femme belle, sage, et mère de « beaux enfants, pouvait la demander à son mari « pour avoir des enfants bien conformés (3). »

Un autre législateur contemporain de Solon, bien qu'inconnu de lui, Confucius, admit aussi le divorce ; il en énumérait les causes qu'il n'est pas sans intérêt de rappeler. Impossibilité d'entente avec le beau-père et la belle-mère ; — stérilité ; — conduite ou paroles licencieuses ; — infirmités repoussantes de la femme ; — calomnies de la femme

(1) Montesquieu, *Esprit des lois*, XVI, 16. Cf. Michelet, *Origines du droit romain.*

(2) *Vie de Solon*, traduct. Ricard, I, p. 248.

(3) *Vie de Lycurgue*, traduct. Ricard, I, p. 164.

envers son mari. Ces causes si favorables au mari, sont encore les seules qu'admette la législation actuelle de la Chine, à la différence du Japon où elles sont innombrables. Il est à remarquer qu'en Chine comme au Japon et chez les Juifs l'adultère n'était pas une cause de divorce; c'était un crime puni de mort.

La législation de Mahomet, dont la base est la polygamie, admet cependant aussi le divorce, mais avec quelques restrictions : la femme ne peut pas être répudiée plus de trois fois et il est défendu au mari qui l'a répudiée de l'épouser de nouveau. Sauf dans le cas d'adultère, la femme répudiée reprend sa dot. Elle a de son côté le droit de répudier son mari au cas de violences, ou au cas d'absence pendant deux années, mais en ce cas elle perd toujours sa dot.

LÉGISLATION ROMAINE

INTRODUCTION

Les Romains, peuple guerrier par excellence dont le symbole était la lance (*hasta*) qu'on retrouve dans toutes leurs cérémonies civiles, ne reconnurent d'abord d'autre loi que celle de la force. C'est par la force que s'étendit leur puissance, c'est par elle que se fondèrent leurs premières familles. L'enlèvement des Sabines est le principe de la vie civile romaine, comme le droit d'asile accordé aux brigands est le premier pacte de leur vie publique.

Le pouvoir du chef de famille, *paterfamilias*, est essentiellement et avant tout despotique. Il s'étend aux enfants, aux esclaves, à la femme, et c'est le caractère propre de la puissance romaine, caractère essentiellement original qui survécut à toutes les vicissitudes politiques, aux périls des invasions, aux tentations même de la prospérité, et dont le germe subsistant à travers les atténuations successives de la civilisation ambiante, a suffi pour féconder l'univers et fonder la puissance la plus étonnante et la force la plus durable que l'histoire du monde nous ait encore présentée. Ni les richesses du monde conquis, ni la débauche vengeresse (1) ne purent effacer l'empreinte profonde de cette organisation qui a fait la grandeur romaine. Les regrets plus ou moins sincères des poëtes du siècle d'Auguste (2), s'appliquaient tout au plus à l'impossibilité où se trouvait la génération d'alors de construire un aussi puissant édifice, mais l'édifice était déjà élevé, et avec tant de puissance qu'il a prévalu contre les siècles et que c'est de ses ruines que sont bâtis nos monuments.

Le rôle de la femme dans la société romaine n'a rien de commun avec celui que lui ont assigné les diverses civilisations qui ont succédé à l'empire de la République et des Césars. La femme, comme le fils de famille qui, soumis à la puissance paternelle, pouvait être dans la vie publique, magistrat, préteur ou consul, la femme soumise à son mari était l'égale de l'homme : elle était l'âme de la famille, elle savait, témoin Cornélie, en être quelquefois le chef. La femme n'avait cependant jamais la puissance paternelle : *sui juris*, elle était à la fois le commencement et la fin de sa famille; en effet, mariée, ses enfants sont dans la famille ou sous la puissance paternelle du mari (3).

(1) . . . . Sævios armis.
Luxuria incubuit victumque ulciscitur orbem.
(2) Non hæc sabellis docta ligonibus. Versare glebas.
(3) L. 195, § 5 et l. 196, § 1, D.

La famille romaine, en effet, n'est pas une famille naturelle ; ce n'est pas le lien de sang qui la fonde. C'est une institution du droit civil reposant sur la puissance paternelle, laquelle a elle-même pour base principale, le *justum matrimonium, justæ nuptiæ*.

Par l'effet du mariage, la femme ne sortait pas de la famille à laquelle elle appartenait avant ce mariage pour entrer dans la famille de son mari : si elle était *filiafamilias*, elle restait sous la puissance du *paterfamilias* ; si elle était *sui juris*, elle restait *sui juris*. Ce principe était modifié dans l'ancien droit par la *manus*, qui dérivait en quelque sorte de la puissance paternelle(1). La *manus*, on le sait, pouvait s'acquérir *matrimonii causâ*, au profit du mari, quand le but de la femme était de passer sous la *manus* de son mari, *ut apud eum filiæ loco sit*; elle pouvait aussi être faite *fiduciæ causâ*, au profit d'un étranger ou même du mari quand la femme se proposait un autre but (2).

Par l'effet de la *manus* constituée *matrimonii causâ*, la femme devenait étrangère à son ancienne famille pour entrer dans la famille du mari. Elle était soumise soit à la puissance paternelle de celui-ci, soit à la puissance paternelle de celui sous la puissance duquel il était lui-même placé ; elle devenait *loco filiæ* par rapport à son mari, *neptis*

(1) Gaius, 1, § 114.
(2) Idem.

loco par rapport à l'aïeul investi de la puissance paternelle (1).

Avant la loi des Douze Tables, toute femme mariée se trouvait soumise à la *manus* de son mari, soit immédiatement, non par l'effet du mariage lui-même, mais par l'accomplissement de la *confarreatio* ou de la *coemptio*, soit par une sorte d'usucapion quand elle avait cohabité un an avec lui (2).

La *confarreatio* était une cérémonie religieuse qui s'accomplissait par un sacrifice solennel, d'après un certain rite, dans lequel figurait un gâteau de farine, *far*. Certaines dignités ne pouvaient être conférées qu'aux enfants nés de mariage accompagné de *confarreatio*, notamment celle de flamine de Jupiter (3). La *coemptio* était une sorte de vente solennelle, une mancipation de la femme au mari faite en présence de sept témoins, citoyens romains pubères (4) et du porteur de balance, *libripens*.

Depuis la loi des Douze Tables la femme n'est plus nécessairement soumise à la *manus* de son mari, si elle n'y est point tombée par *confarreatio* ou *coemptio*, elle peut se soustraire à l'usucapion d'un an en quittant trois nuits de suite le domicile conjugal (5). La *manus* ne devait pas tarder d'ailleurs à tomber complètement en désuétude.

(1) Gaius, I, §§ 111, 114, 115 *bis*, 136, 148; II, §§ 139 *in fine*, et 159; III, § 14.
(2) Gaius, I, §§ 110, 115.
(3) Gaius, I, § 112.
(4) *Ibid.*
(5 Gaius, I, § 111.

A la différence de ce qui se passe en France, la puissance paternelle et la puissance maritale étaient identiques, mais seulement (c'est du moins notre opinion) en ce qui concerne les biens. En ce qui concerne la personne, l'assimilation ne peut être admise ; on pouvait acquérir la possession par l'intermédiaire des fils de famille, tandis qu'il était douteux qu'on pût l'acquérir par une femme soumise à la *manus*. La raison qu'en donne Gaius est celle-ci : « *quià ipsas non possidemus* » (1).

Mais au point de vue de la dissolution du lien, l'assimilation se retrouve : de même que le lien de la puissance paternelle pouvait être rompu par l'émancipation, de même le lien conjugal pouvait être rompu par le divorce. C'était un principe de droit romain que tout lien pouvait être dénoué : *omne quod ligatur solubile est.*

Le mariage est l'union de l'homme et de la femme pour toute la vie, la participation à un même culte, la mise en commun de deux patrimoines : « nuptiæ sunt conjunctio maris et feminæ, consortium omnis vitæ, divini atque humani juris communicatio » (2).

Cette belle définition de Modestin est-elle d'accord avec la théorie admise par les Romains de la solubilité du mariage ? « Dirimitur matrimonium divortio, morte, captivitate vel alia continginte servitute alterutrius conjugum » (3).

(1) Gaius, II, § 90.
(2) D., 23, 2, l. 1.
(3) D., 24, 2, l. 1.

En principe il n'y a rien dans ces deux textes d'incompatible, et la contradiction qu'on a voulu y voir, contradiction si peu d'accord avec le caractère essentiellement logique du droit romain, dont on a pu dire qu'il était la raison écrite, n'existe qu'en apparence : il est certain que quand les époux s'unissent (*conjunctio*), quand ils mettent en commun leurs foyers et leur patrimoine *(divini atque humani juris communicatio)*, c'est pour toute leur vie *(consortium omnis vitœ)*, et si les évènements, les déceptions de la vie l'emportent plus tard sur leurs intentions, l'union consentie n'en a pas moins été, à l'origine, perpétuelle, aussi bien qu'une peine perpétuelle ne cesse pas d'avoir en principe ce caractère parce qu'il est permis au souverain de faire grâce.

L'idée de l'indissolubilité du mariage est une idée non pas essentiellement, mais exclusivement chrétienne, et elle était si contraire à la conception civile de la famille chez les Romains, que l'influence de l'Eglise ne put réussir à l'introduire dans l'empire des zélés successeurs de Constantin.

Sous Justinien comme dans le droit classique, le principe était la liberté du mariage, si bien que toute stipulation contraire, prohibitive du divorce par exemple, était nulle ainsi que les clauses pénales qui s'y rattachaient (1).

Le divorce était le seul mode volontaire de dis-

(1) C. I, 2, *de inut. stipul.*

solution du mariage. A côté de lui nous en trouvons deux autres, la mort et la perte de la liberté, celle-ci parce qu'elle produisait une *capitis deminutio maxima*, c'est-à-dire la mort de la personne civile (1). C'est ainsi que sous l'empire du Code Napoléon, le mariage pouvait être également rompu, par trois causes de dissolution, la mort, le divorce et la mort civile.

A côté de ces causes de dissolution, il faut mentionner les causes de nullité ou empêchements, que nous appellerions de nos jours dirimants, et non pas seulement prohibitifs, qui, pouvant être survenus depuis la formation du mariage, constituaient en ce cas de véritables causes de dissolution.

(1) D., *de divort. et repud.*, l. 1.

CHAPITRE PREMIER

DES MODES DE DISSOLUTION DU MARIAGE AUTRES QUE LE DIVORCE

SECTION I

MORT DE L'UN DES ÉPOUX

Dans toutes les législations, si l'un des conjoints vient à mourir, l'autre peut se remarier. Il en était ainsi en Droit Romain.

Comme en France aujourd'hui, le mari pouvait se remarier immédiatement ; la femme devait au contraire attendre un délai de veuvage, prescription qui lui est également imposée dans la législation française.

Plutarque, dans la *Vie de Numa*, nous apprend que la prohibition imposée à la femme de se remarier avant un certain délai existait dès le temps du second monarque de Rome, c'est-à-dire, si l'on en croit le symbolisme de Niehbur, pendant la période Sabine de la monarchie romaine. « Le plus « long deuil, dit-il, ne dépassait pas dix mois. « C'est le temps que doit durer le veuvage des « femmes qui ont perdu leur mari. La femme qui « se remariait avant ce délai sacrifiait une vache « pleine, aux termes de la loi de Numa. »

La prohibition fut maintenue par les édits des préteurs, avec une sanction différente, bien entendu : ce délai de veuvage fut appelé *legitimum tempus*, et il constitua, non pas seulement comme en France, un empêchement prohibitif, mais même un empêchement dirimant : le mariage était en effet annulé. A cette conséquence s'ajoutait une autre sanction pénale : la femme, le père de famille et le père du fils, s'ils avaient ordonné le mariage, le second mari lui-même s'il ne prouvait qu'il avait agi par ordre de son père ou qu'il ignorait se trouver dans le temps des délais, étaient frappés d'infamie (1). La cause de cette prohibition était d'éviter la confusion de part, appelée chez les Romains *turbatio sanguinis*.

L'absence de prohibition à l'égard du mari d'une part, les explications données par les textes d'autre part, nous démontrent que le but que nous venons d'indiquer était le seul que se fût proposé la loi romaine : les motifs de convenance, le désir qu'un hommage fût rendu à la mémoire du défunt n'étaient entrés pour rien dans les motifs de la disposition que nous rappelons. En vain objecterait-on que le délai de deuil était également de dix mois. Il n'y avait en effet aucun délai de veuvage pendant les autres deuils de la femme, et dans le cas où le deuil du mari était même interdit (comme au cas de haute trahison), le délai restait obligatoire.

(1) D., 3, 2, 1. 9 et 10. — *Fragm. Vatic.*, 320 et 321.

Toujours dans le même ordre d'idées, il avait été décidé, nous le savons par Ulpien qui reproduit à cet égard une décision de Pomponius, que la femme aurait le droit de se remarier avant l'expiration des dix mois, si elle accouchait dans le courant de ce délai; on n'avait plus dans ce cas à redouter la confusion de part. Les termes du jurisconsulte romain ne peuvent d'ailleurs laisser aucun doute sur la doctrine que nous venons d'exposer : « prætor enim ad id tempus se retulit quo vir elugeretur qui solet elugeri, propter turbationem sanguinis (1). »

Au Bas-Empire le délai de veuvage fut porté à un an. On peut supposer dès lors que le motif de la prohibition ne fut plus exclusivement la crainte de la confusion de part, mais aussi le respect dû à la mémoire du mari, c'est au moins ce qui paraît résulter du texte de la constitution de Gratien, Valentinien et Théodose (2). Cette constitution, outre l'infamie, infligeait encore à la femme qui n'observait pas le délai de veuvage, diverses pénalités civiles : elle ne pouvait hériter *ab intestat* que jusqu'au troisième degré ; elle ne pouvait recevoir par testament, et la part ainsi caduque accroissait à ses cohéritiers testamentaires ou aux héritiers *ab intestat* du défunt; elle ne pouvait constituer en dot à son second mari ou disposer en sa faveur à titre gratuit que pour le tiers de ses

(1) D., 3, 2, I. 11, §§ 1 et 2.
(2) C. V, 9, Const. 1 et 2.

biens ; enfin elle perdait par rapport au précédent mariage ses gains de survie et d'une manière générale ses *lucra nuptialia*.

Nous aurons occasion de reparler de la *turbatio sanguinis* et du délai de veuvage à propos du divorce.

Il nous reste à signaler une seconde conséquence de la dissolution du mariage par la mort d'un des époux. Les lois caducaires, destinées par Auguste à favoriser le mariage, atteignaient le mari veuf et la femme veuve ; seulement le mari devenait immédiatement *cœlebs* et comme tel tombait sous le coup des incapacités, tandis que la femme ne les encourait qu'au bout d'un certain temps qui dépassait même le délai de veuvage, un an aux termes de la loi Julia, deux ans aux termes de la loi Papia Poppæa (1).

SECTION II

CAPTIVITÉ

(*Maxima capitis deminutio.*)

Dès que l'un des époux perd la liberté, le mariage est nécessairement dissous : il ne peut pas subsister entre deux personnes dont l'une est esclave. Dès lors, la captivité, qui fait perdre la liberté (2), devait être également une cause de

(1) Ulp., Reg. XIV.
(2) J. Inst., § 4, *de jure personarum.*

dissolution du mariage : « Captivi uxor tametsi velit et in domo ejus sit, non tamen in matrimonio est (1). »

On sait qu'on devenait esclave, *jure gentium* ou *jure civili*. Dans les deux cas, le citoyen tombé en servitude perdant la liberté en même temps que le *jus civitatis* et subissant la *maxima capitis deminutio*, voyait s'anéantir son existence juridique : il ne pouvait plus y avoir pour lui de mariage civil : *cum servis nullum est connubium*, nous dit Ulpien (2).

Nous savons cependant que malgré la rupture du mariage par le fait de la captivité des deux époux, s'ils reviennent à Rome, leur union est validée rétroactivement, elle est censée ne s'être jamais rompue, les enfants nés pendant la captivité sont légitimes. C'est l'effet du *postliminium*, fiction qui rendait au citoyen romain fait prisonnier tous ses droits aussitôt qu'échappé à la servitude, il mettait le pied sur la frontière romaine (*post limen*) : non-seulement il jouissait dans l'avenir des mêmes droits que ceux qu'il avait avant sa captivité, mais il était censé n'avoir jamais perdu sa liberté ; le *postliminium* avait donc un effet rétroactif (3). Nous venons de voir l'application de cette fiction en ce qui concerne le mariage de deux époux faits prisonniers tous deux

(1) L. 12, § 4, D., *de capt. et postlim. revers.*, 49, 15.
(2) Reg. V, 5.
(3) Inst., I, 12, I, 20, § 2 ; II, 12, § 5. — D., *de capt.*, l. 21 pr.

et tous deux revenus sur le territoire de l'empire. S'appliquait-elle de même au cas, le plus fréquent, où un seul des époux a été fait prisonnier et jouit du bénéfice du *postliminium* ? A cet égard il ne saurait y avoir aucun doute en présence de textes formels qui décident la question négativement. M. Accarias, dans son *Précis de Droit romain* (1) explique la différence entre cette espèce et la précédente, par ce fait que dans le premier cas, il y a possibilité physique de cohabitation, ce qui n'existe pas dans le second cas. Tout en rendant hommage à cette ingénieuse explication et en reconnaissant qu'elle explique la différence des deux solutions, nous avouons ne pas nous rendre compte du motif qui rend inapplicable en cette matière, la seconde hypothèse, dans la fiction du *postliminium*. En vain dirait-on que la séparation des époux est un fait ineffaçable, trop important pour qu'à l'aide d'une fiction on pût le réputer non accompli : en quoi ce fait est-il plus important et plus ineffaçable que tous les autres qu'efface rétroactivement la fiction du *postliminium*?

Quoi qu'il en soit, il faut admettre que le *postliminium*, au cas où un seul des époux est appelé à en bénéficier, ne fait pas revivre *ipso jure* le mariage. Il y a cependant quelques réserves à faire : il en serait différemment en cas de consentement de la femme; on peut même aller plus loin et dé-

(1) 3ᵉ édit., t. I, p. 176.

cider (1) que si la femme refuse ce consentement sans motif plausible, elle encourt la peine du divorce injuste ou illégitime, — ce qui rentrerait jusqu'à un certain point dans la théorie générale et logique de l'admission de la fiction du *postliminium*. Mais ce qui, au contraire, donné raison à la solution que nous avons admise, c'est ce fait que si le conjoint resté à Rome a convolé à d'autres noces, le second mariage est impossible (2).

Ce point a donné lieu à controverses, non point quant au principe même, mais quant à la faculté accordée au conjoint resté à Rome de se remarier dans un délai plus ou moins court. Ce droit, d'après le texte que nous venons de citer, lui était attribué *post constitutum tempus*. Selon Cujas, ces derniers mots ne seraient qu'une interpolation de Tribonien, et les décisions qui suivent et qui en sont le développement, seraient l'œuvre de Justinien, et non celle de Julien, sous le nom duquel elles sont placées. Ces décisions qui établissent que l'époux présent et qui, ne se trouvant pas dans un cas de divorce, ne l'a pas fait prononcer, ne peut se remarier, tant qu'il est certain que son conjoint vit encore, ou en cas d'incertitude cinq ans après sa captivité, sous peine d'encourir les pénalités du divorce sans cause légitime (3) sont en effet, du moins la pre-

(1) D., *de capt.*, l. 8.
(2) D., 24, 2, l. 1.
(3) D., 24, 2, l. 6.

mière (défense de se remarier tant qu'il est certain
que le conjoint vit encore), en contradiction avec
la première décision que nous venons de rappeler.
Quant à la seconde partie de ce fragment 6, il se
concilie bien avec le fragment 1, mais seulement
eu égard à l'addition des mots *post constitutum
tempus* que nous venons de signaler.

Ce *tempus constitutum* avait été fixé par Constantin (1) à quatre ans pour la femme du militaire;
Justinien, après l'avoir, comme nous venons de le
constater, porté à cinq ans dans les Pandectes, le
porta à dix ans dans sa Novelle 22 (2). Plus tard
il alla plus loin, et généralisa la prohibition contenue dans la première partie du fragment 6 du titre 2, l. 24 au Digeste. Non-seulement la femme
ne put pas se remarier s'il était certain que son
mari vivait encore, mais elle ne put même se remarier s'il n'était pas certain qu'il était mort (3).
La Novelle indique comme moyens de preuve les
listes de soldats tenues par les *chartularii*, le témoignage du tribun : si le chef militaire jurait
que le soldat était mort, la femme pouvait se remarier à l'expiration du délai de veuvage, fixé,
nous l'avons vu, à un an. Un faux serment entraînait contre le chef une condamnation au paie-
ment de dix livres d'or au mari reparu, qui pouvait en outre reprendre sa femme. L'inobservation

(1) C. V, 17, l. 7.
(2) Ch. 14.
(3) Nov. 117, ch. 2.

de ces prescriptions entraînait d'ailleurs pour la femme et pour son second mari les peines de l'adultère.

On voit que Justinien, préoccupé de l'idée chrétienne de l'indissolubilité du mariage et n'y voulant faire brèche que dans des circonstances où lui-même était en quelque sorte intéressé (on sait que s'il admit le divorce, c'est qu'il le pratiqua à son profit), revenait ainsi quant au mariage à la théorie du *postliminium*, mais à un tout autre point de vue. Dans sa législation, le second mariage n'était pas permis pendant la captivité du mari. Dans le droit classique il l'était au contraire, puisqu'il y avait eu rupture de la personnalité civile du premier mari ; mais si la femme n'a pas usé de cette faculté, si un second lien formant obstacle au premier ne s'est pas formé, le mariage, qui *subsiste* dans le droit de Justinien, *revivait* dans celui des Antonins, puisque le refus par la femme d'en ratifier la reprise était considéré comme un divorce : on peut dire que, toutes choses restant en l'état, la fiction du *postliminium* s'appliquait même au mariage, dans l'époque classique de la jurisprudence. La *maxima* était la seule des trois *capitis deminutio* qui rompît le mariage. Il n'en était pas de même de la *media* et à fortiori de la *minima*. Le mariage n'est pas dissous par cela seul que l'un des époux perd le droit de cité : la loi 5, § 1, D., *de bonis damnat.* (1), et la Constitution 1, C.,

(1) XLVIII, 20.

de repud., font application de ce principe en déclarant que la déportation de l'un des époux ne rompt pas le mariage (1).

Il semblerait pourtant que le *connubium* étant un des apanages de la *civitas romana*, la perte de cette *civitas* eût dû dissoudre le mariage; mais M. Accarias (2) explique que cet effet ne se produisait pas parce que le mariage se transformait en *matrimonium injustum* sans que la dot perdît son caractère.

SECTION III

EMPÊCHEMENTS AU MARIAGE SURVENUS DEPUIS SA FORMATION

Si durant le mariage il intervenait soit une parenté au degré prohibé, soit une inégalité de condition entre les époux telles que le *connubium* n'existât plus entre eux, il y avait dissolution du mariage comme au cas de mort, de captivité ou de divorce.

Il est facile de comprendre le second cas : la loi Julia et Papia Poppea défendait aux sénateurs et à leurs descendants au troisième degré par les mâles d'épouser une affranchie (3). Si donc, pendant le mariage, le mari d'une affranchie acceptait la dignité de sénateur, le mariage était rompu, *quia lex*

(1) Matrimonium quidem deportatione vel aquæ et ignis interdictione non solvitur (C. V, 17, const. 1).
(2) 3e éd., t. I, p. 217, note 1.
(3) D., 23, 2, 1. 44.

Papia inter senatores et libertas stare connubia non patitur.

Cette cause de dissolution était du reste con-testée à l'époque classique, au moins par Ul-pien. C'est ce que nous apprend une constitution de Justinien, qui a mis fin à la controverse en au-torisant expressément ces mariages. Cette autori-sation résultait d'ailleurs implicitement déjà de la disposition par laquelle Justinien avait accordé à tous les affranchis, les *jura ingenuorum* et la *res-titutio natalium;* il supprimait ainsi toute diffé-rence entre les ingénus et les affranchis.

CHAPITRE II

DU DIVORCE

GÉNÉRALITÉS

Le divorce et le *repudium* font l'objet d'un titre au Digeste (1) et d'un titre au Code (2). C'est en effet une des institutions les plus importantes de l'organisation de la famille romaine, et nous la retrouvons non-seulement dans les textes juridiques, mais aussi dans un grand nombre de passages des auteurs, poëtes ou prosateurs, qui ont jeté un lustre immortel sur la civilisation romaine.

Il naquit avec Rome même et se perpétua jusqu'à la chute de l'Empire, et il est essentiellement lié à l'organisation toute politique de la puissance paternelle et maritale, véritable droit de propriété qui s'exerçait sur la femme comme sur les enfants. « Un seul homme, dit Momssen, peut être le chef « de la famille ; la femme ne cesse jamais d'ap- « partenir à la maison, et dans cette maison, elle « a toujours un maître, le père quand elle est la « fille, le mari quand elle est l'épouse ».

Les Romains avaient appliqué au mariage le principe général, que l'on peut dénouer ce qui a

(1) D. 24, 2, *de divortiis et repudiis.*
(2) C. 5, 17; *de repudiis et judicio de moribus sublato.*

été noué et que tout ce qui a été lié peut se délier. *Omne quod ligatur solubile est* (1). Pour eux le mot divorce et le mot *repudium* n'étaient pas synonymes ; le premier s'entendait de la dissolution du mariage, le second de la rupture des fiançailles (2). On opposait aussi souvent le mot divorce entendu dans le sens de séparation par consentement mutuel au mot répudiation qui n'impliquait consentement que de la part d'un des époux. C'est cette dernière acception qui est préférée par Montesquieu : « Il y a, dit-il (3), cette différence entre le « divorce et la répudiation, que le divorce se fait « par un consentement mutuel à l'occasion d'une « incompatibilité mutuelle ; au lieu que la répudia-« tion se fait par la volonté et pour l'avantage « d'une des deux parties, indépendamment de la « volonté et de l'avantage de l'autre ».

On peut définir le divorce *lato sensu* la séparation légitime du mari et de la femme avec l'intention de ne jamais rétablir la vie commune et le mariage (4). « Potest definiri divortium viri ac mulieris separatio hoc animo facta ut nunquam redintegretur matrimonium ».

(1) Nov. 22, ch. 3.
(2) D., *de verbor. signif.*, 1. 101, § 1 et 19.
(3) *Esprit des lois*, livre XXVI, ch. 15.
(4) D., *de div. et repud.*, 1. 3, 9. Cette définition est celle de Pothier. (*Pandectes*, même titre, art. 2.)

CHAPITRE III

DES CAUSES DU DIVORCE

SECTION I

CAUSES DIVERSES

Quelles étaient les causes de la répudiation ?

On sait que la loi romaine de toute antiquité frappait de peines pécuniaires les répudiations injustes.

Mais quelles étaient les répudiations justes?

Au début elles furent d'abord nettement déterminées. Plutarque (1) nous apprend, en effet, que d'après les lois de Romulus, les maris pouvaient répudier leurs femmes « lorsqu'elles avaient préparé du poison ou qu'elles s'étaient rendues coupables d'une supposition de part, ou qu'elles avaient commis un adultère, ou qu'elles s'étaient procuré de fausses clés. »

Que faut-il entendre par possession de fausses clés? — Les jurisconsultes ont longtemps cherché l'explication de ce passage. Marcellus paraît l'avoir trouvée : selon lui il s'agit de la possession de fausses clés servant à ouvrir le grenier où se trouvait le vin; ce qui s'explique par la défense faite

(1) *Vie de Romulus*, 22.

aux femmes de boire du vin. L'ivrognerie passait, aux yeux des anciens, pour un crime aussi grave que l'adultère. Elle constituait, elle aussi, une cause de divorce indépendamment de celles énumérées par Plutarque. Une autre cause qu'il omet également, est la stérilité de la femme : cette cause nous est révélée par Aulu-Gelle (1) et Valère Maxime (2) à propos du divorce de Carvilius Ruga l'an de Rome 230 (14 ans après l'avènement de la République). Carvilius Ruga renvoya pour cause de stérilité sa femme qu'il aimait, « sacrifiant, dit « Aulu-Gelle, son amour à la religion du serment, « parce qu'il avait juré dans la formule du ma- « riage, qu'il la prenait pour épouse afin d'avoir « des enfants. »

Ce passage nous explique pourquoi la stérilité était une cause de divorce : cette cause tenait à l'essence même du mariage, qui avait sa racine dans l'idée que les anciens se faisaient de cette institution. Le mariage était considéré par eux, dit M. Fustel de Coulanges, dans son beau livre de la *Cité antique* (3), comme un moyen d'assurer la perpétuité du culte domestique. Dans leurs croyances religieuses, les morts n'étaient heureux qu'à la condition de trouver dans leur famille des descendants pour accomplir les cérémonies funèbres autour de leurs tombeaux. Cette croyance

(1) *Nuits att.*, l. 17, § 21, *in fine*.
(2) L. II, ch. I, § 4.
(3) Ch. III.

impliquait la perpétuité de la famille : en laissant un fils, on s'assurait le bonheur dans l'immortalité. Aussi le mariage avait-il pour premier but, pour but essentiel, la naissance d'un être destiné à continuer le culte de la famille, les *sacra privata*. La formule sacramentelle prononcée dans l'acte de mariage et que nous rappelle un autre passage d'Aulu-Gelle (1) confirme cette interprétation : *Ducere uxorem liberum quæ rendorum causâ.* Le mariage n'ayant été contracté que pour perpétuer la famille, il en résultait qu'il pouvait être rompu en cas de stérilité de la femme : c'était plus qu'un droit, c'était un devoir.

On ignore quelles étaient dans la loi des XII Tables les justes causes de répudiation : ses dispositions à ce sujet sont inconnues. On sait seulement que, plus tard, quand les femmes affranchies de la nécessité de la *manus* commencèrent à exercer à leur tour le droit de *repudium*, les causes du divorce durent nécessairement s'élargir.

Ces causes n'étaient cependant pas les mêmes pour la femme et pour le mari. Nous pouvons rappeler à cet égard, les vers célèbres placés par Plaute dans la bouche de Syra (2).

(1) Aulu-Gelle, l. 4, ch. III.

(2) Si vis scortum ducit clàm uxorem suam,
    Id si rescivit uxor, impunè est viro.
    Uxor viro si clam domo egressa est foras
    Viro fit causa : exigitur matrimonio
    Utinam lex esset eadem, quam uxori est, viro!

          (*Mercator*, acte IV, sc. 5.)

Peu à peu la corruption des mœurs aidant, le divorce devint plus facile. On ne s'en tint plus aux causes déterminées, il ne fut plus nécessaire d'invoquer de légitimes griefs : les raisons les plus légères paraissaient suffisantes. Paul-Emile, répudiant sa femme Papyria, la mère du second Scipion l'Africain, en donnait pour explication que « ses « souliers étaient neufs et bien faits, mais que ce- « pendant il était obligé d'en changer, car nul ne « savait que lui où ils le blessaient. »

On arrivait ainsi au divorce, pour cause d'incompatibilité d'humeur; et c'est en ce sens que Pothier (1) pense que le mari pouvait répudier *pro lubitu*, suivant son bon plaisir. De là au divorce à l'amiable il n'y a qu'un pas : ce pas devait être franchi. Montesquieu fait en effet remarquer que, dès le moment que la femme ou le mari avait séparément le droit de répudier, à plus forte raison pouvaient-ils se quitter de concert et par une volonté mutuelle (2).

La loi *Julia de adulteriis* qui s'occupait du divorce et en prévoyait une cause spéciale, ne paraît pas en avoir réglé les autres causes, car on sait quelles proportions il avait prises sous l'empire, et les excès signalés par les écrivains de l'époque. Le divorce était entré dans les mœurs, et c'est pourquoi les empereurs n'osaient pas tout d'abord déterminer les causes de répudiation. Il

(1) Pand., III, *de div. et rep.*
(2) *Esprit des lois*, XVI, ch. 16.

resta loisible aux époux soit de répudier chacun son conjoint, soit de se quitter d'un commun accord. Gaius voit même là une double étymologie du mot divorce (1).

C'est à cette époque que se rattache d'ailleurs la distinction entre le divorce et la répudiation. *Divortium*, nous l'avons dit, s'entend plutôt de rupture du mariage par consentement mutuel; *repudium* désigne au contraire l'acte par lequel l'un des époux fait à l'autre la déclaration de divorce (2). C'est à cette distinction que se réfère ce passage de Çujas, disant que le divorce avait lieu *dulciter, sine querela et sine libello repudii.*

A côté du divorce *bonâ gratiâ* il est intéressant de signaler une espèce de séparation de corps amiable, constituant un état de fait. En ce cas, les époux, tout en restant unis par une sorte de mariage honoraire, avaient chacun une habitation séparée (3).

Indépendamment du divorce *bonâ gratiâ* quelles furent les causes de répudiation admises par la législation impériale ?

Quelques textes de l'époque des premiers Antonins (4) indiquent un certain nombre de justes causes de répudiation, par exemple l'acceptation

(1) D., *de divort.*, 1. 2, pr. : *vel a diversitate mentium, vel quia in diversas partes eunt quid is trahunt matrimonium.*
(2) Il exprime aussi, nous le rappelons, l'acte qui rompt les fiançailles, 1. 10, § 1 et 191, D., *de verbor. signif.*
(3) L. 32, § 13, D., *de don. inter vir. et uxor.*
(4) Voir spécialement Hermogénien et Gaius, 1. 60, § 1 et 61, D., *de don. inter vir. et uxor.*

de fonctions sacerdotales (car les prêtres de certains dieux ne pouvaient être mariés), la stérilité de la femme et l'impuissance du mari, l'état militaire, l'adultère, la mauvaise santé et l'absence.

En ce qui concerne cette dernière cause il convient d'ajouter qu'elle n'était pas immédiate : il fallait, on le sait, qu'il y eût incertitude sur l'existence de l'absent, et de plus le conjoint ne pouvait se remarier qu'après un délai de 5 années.

Une autre cause existait également : c'était la déportation ou l'interdiction de l'eau et du feu prononcée contre un des époux. Mais c'était là, à proprement parler, moins une cause de divorce qu'une cause de dissolution de mariage. Nous nous en sommes déjà expliqué. Au surplus, une constitution d'Alexandre Sévère décida que le mariage ne serait plus dissous par la condamnation du mari à l'une de ces deux peines, pourvu toutefois que la femme lui conservât son affection.

Faut-il voir dans cette mesure, l'influence des idées chrétiennes, auxquelles un rescrit d'Alexandre Sévère rendait hommage plus d'un siècle avant Constantin?

Quoi qu'il en soit, l'influence du christianisme, proclamant en principe l'indissolubilité du mariage en vue de rehausser la dignité morale de la femme devait se faire sentir dans la législation du divorce.

Une constitution du premier empereur chrétien,

Constantin, qui n'a pas été insérée dans le Code de Justinien, vint en l'an 331 fixer les causes de divorce et les limita.

Le mari peut répudier sa femme, si elle est adonnée aux maléfices, adultère ou proxénète.

La femme peut divorcer si son mari est homicide, violateur de tombeaux ou magicien.

La femme et le mari conservaient d'ailleurs la faculté de divorcer en dehors de l'un de ces cas, car il ne faut pas confondre un divorce impossible avec un divorce défendu et puni.

Seulement, en dehors des causes légitimes prévues, et à titre de sanction, la femme perdait toute sa dot et ne pouvait rien emporter de ce qui lui appartenait, « pas même son aiguille de tête »; elle était de plus déportée dans une île.

Quant au mari, il devait restituer la dot, et s'il se remariait, sa première femme avait le droit d'envahir sa maison et de prendre pour elle la dot de la seconde femme (1).

Une constitution d'Honorius, en 421, tout en confirmant la législation de Constantin, vint y apporter un certain relâchement. Le divorce par consentement mutuel resta prohibé, mais les époux purent divorcer pour des fautes légères.

Une nouvelle limitation, « plus précise en même temps que plus large (2), résulta de la cons-

---

(1) Code Théod., l. 1, *de repud.*
(2) Troplong, *De l'influence du christianisme sur le droit civil Romain.*

titution des empereurs Théodose II et Valentinien (1).

Les causes admises furent désormais l'infamie, l'adultère, les violences, les injures graves ; et elles furent à peu près les mêmes pour les deux époux. La constitution détaille aussi les cas d'infamie ou d'injures graves.

Sous Anastase reparaît le divorce par consentement mutuel (2) avec cette réserve que la femme était tenue d'attendre une année avant de convoler en secondes noces (pour éviter la confusion de part). Justinien le conserva en insérant cette constitution d'Anastase au Code.

Le divorce *bonâ gratiâ*, à l'amiable, fut maintenu par la Novelle 22, c. 3, puis défendu par la Novelle 117, c. 10 ; mais par cette dernière Novelle Justinien permet encore aux époux de divorcer amiablement, *propter castitatem*. Si après leur séparation les époux se remarient ou ne gardent pas la continence, leurs biens peuvent être revendiqués par les enfants ou à leur défaut par le fisc.

Le neveu et successeur de Justinien revint (3) au système de la Novelle 22, et autorisa le divorce par consentement mutuel.

Quant aux causes de divorce unilatéral, le mari répudie légitimement : si sa femme est adultère, auteur d'un *plagium*, empoisonneuse, violatrice

(1) C. V, 17, Const. 8.
(2) Const. 9, au Code, *de repud.*
(3) Novelle 140. ,

de tombeaux, sacrilège, recéleuse, conspiratrice, coupable ou complice de faux, si malgré son mari ou à son insu elle va dans les festins d'hommes étrangers, si malgré lui elle fréquente les théâtres et les cirques, si sans motifs plausibles elle découche de sa maison, enfin, si elle a tenté de le frapper ou de lui donner la mort.

La femme peut demander le divorce, si son mari est homicide, empoisonneur, conspirateur, faussaire, violateur de tombeaux, sacrilège, voleur ou recéleur; s'il a volé des bestiaux de vive force, s'il amène chez lui, sous les yeux de son épouse, des femmes impudiques (1), s'il a attenté aux jours de sa femme et s'il l'a battue de verges. Hors de ces cas, nous le rappelons encore, la répudiation restait possible : seulement elle entraînait pour la femme la perte de sa dot et de sa donation anté-nuptiale; elle était en outre privée pendant cinq ans du droit de se remarier sous peine de devenir infâme. Du fait du mari, le divorce lui faisait perdre la dot et la donation.

Justinien, dans ses Novelles, se contenta de paraphraser en l'amplifiant, la constitution de Théodose et de Valentinien (2). Dans sa Novelle 22, il avait, il est vrai, introduit cinq nouvelles causes ou plutôt cinq nouveaux cas de répudiation, d'abord (3) l'avortement volontaire et le fait par la

(1) « Ce qui, dit le texte, exaspère les épouses chastes. »
(2) Nov. 22, ch. 15, et Nov. 117.
(3) Ch. 15.

femme d'avoir parlé de se remarier à un autre qu'à
son mari ; ensuite (1) l'impuissance, déjà mention-
née au Code (2) pour la constitution de laquelle il
substitue au délai de deux ans un délai de trois
ans depuis le mariage ; enfin (3) le fait par le mari
d'avoir battu de verges sa femme ou par la femme
d'être allée au bain avec des hommes pour se livrer au libertinage.

Mais la Novelle 117 revenant sur la Novelle 22
restreignit le nombre des justes motifs de répudiation à six pour le mari et cinq pour la femme. Un
de ces motifs, et c'est en résumé la seule innovation qui ait survécu à Justinien, consiste dans
l'entrée dans un couvent. L'époux qui prend l'habit religieux *ad meliorem vitam migrans* est considéré comme mort et son mariage est dissous (4).

En résumé, la législation de Justinien établit
comme causes de divorce déterminé relativement
au mari (Nov. 117, ch. 8) :

1° La complicité de la femme dans un complot
contre l'Etat ou le silence gardé par elle à l'égard
de son mari sur ce complot ;

2° L'adultère de la femme ;

3° L'attentat à la vie du mari par la femme ;

4° Le fait d'aller aux bains par libertinage avec
des étrangers ;

(1) Ch. 6.
(2) Const. 10, C., *de repud.*
(3) Ch. 15.
(4) Cette innovation, introduite par la Novelle 22, ch. 5, s'est maintenue par la Novelle 117, ch. 12, et 123, ch. 40

5° La présence de la femme au cirque, au théâtre à l'insu de son mari ou en violation de ses ordres;

6° L'absence de la femme du domicile conjugal au mépris de la volonté du mari, à moins qu'elle ne fût chez ses parents.

Relativement à la femme, elle eut le droit d'envoyer le *libellum* de répudiation dans les cas suivants :

1° Lorsque son mari conspirait contre l'empire;

2° Lorsqu'il avait attenté aux jours de sa femme;

3° Lorsqu'il avait voulu la prostituer;

4° Lorsqu'il l'avait faussement accusée d'adultère;

5° Lorsqu'il avait entretenu au domicile conjugal une femme étrangère.

Indépendamment de ces causes de répudiation, nous devons rappeler que la législation justinienne modifia également les causes de dissolution : la captivité du mari lorsqu'il y avait doute sur son existence et après cinq ans d'attente, la servitude résultant soit de l'ingratitude de l'affranchi envers son patron soit de la vente *ad pretium participandum*, continuèrent d'être des causes de dissolution du mariage. Mais il n'en fut plus de même de la condamnation *ad metallum* puisqu'elle n'entraînait plus la *servitutem pœnæ*.

SECTION II

RÈGLES SPÉCIALES A CERTAINES CAUSES DE DIVORCE

Parmi les diverses sortes de répudiation que nous venons de signaler aux époques successives de la législation romaine, il en est deux qui méritent un examen spécial, nous voulons parler de la *démence* et de l'*adultère*. La première, nous le rappelons, n'existait pas sous Justinien.

§ 1. *La folie était-elle un juste motif de divorce ?*

A cet égard la législation romaine s'est modifiée successivement selon les idées qui prédominèrent aux diverses époques de la société romaine. En principe, la folie n'est pas une cause de nullité du mariage, existât-elle même chez les deux époux (1).

Cependant on peut faire rentrer la fureur dans la mauvaise santé indiquée dans certains textes de l'époque des Antonins (2), non comme cause de nullité, mais comme juste cause de répudiation.

Mais la jurisprudence avait introduit des distinctions et des tempéraments (3).

A l'époque des jurisconsultes classiques la folie n'était une juste cause de divorce que lorsqu'elle présentait un caractère aigu et dangereux et que

(1) Connubium recte contractum furor non impedit. (Paul, l. 16, § 2, Dig., 23, 2.)
(2) Hermogénien et Gaius, l. 60, § 1, et 61.
(3) *Reg. Jur.*, t. VI, §§ 12 et 13.

les chances de guérison avaient disparu. Dans ce cas, pourvu qu'il n'eût pas d'enfant, l'autre époux pouvait envoyer le *repudium, nuntium furenti mittere*, et on en conçoit aisément la raison. En effet, la violence du mal pouvait rendre dangereuse la vie commune, et d'autre part l'époux sans enfant pouvait espérer qu'une autre union lui en donnerait.

Si au contraire la maladie présentait des intervalles lucides, ou si même en dehors de cette hypothèse elle était d'un traitement facile, l'autre époux ne pouvait divorcer qu'à ses risques et périls et encourait la responsabilité pénale et pécuniaire de la rupture injuste du mariage. Quand c'était la femme qui envoyait le *repudium*, elle perdait le 6me ou le 8me de sa dot. Quand c'était le mari, on l'obligeait à la restituer, non plus par tiers et de trois ans en trois ans, mais en échelonnant les paiements de six mois en six mois, ou même en cas d'inconduite grave à la restituer immédiatement.

Ulpien en donne la raison. En principe, dit-il, celui des époux qui envoie à son conjoint l'acte de répudiation reste responsable du divorce et doit en supporter les conséquences ; en effet, il est naturel de soumettre le mari à supporter les infirmités de sa femme, la femme à supporter celles de son mari (1).

(1) Ulpien, l. 22, §§ 7 et 8, D., 24, 3, *De soluto matrim.* Il faut remarquer qu'en ce cas même le divorce était possible, seulement il était

Avec le Bas-Empire et le progrès des idées chrétiennes, la maxime humanitaire d'Ulpien ne pouvait que recevoir une plus large application, et la
distinction disparaît.

Nous avons vu que la constitution des empereurs Théodose II et Valentinien III (1), qui li-
mitait expressément le nombre des justes causes
de répudiation, n'y fait pas figurer la folie. Il en
fut de même des constitutions 22 et 117 de Justinien.

Ce n'est qu'à la fin du neuvième siècle, sous le
règne de Léon le Philosophe (2), que deux constitutions décidèrent que la folie d'un des époux
constatée pendant un temps déterminé (trois ans
dans la première Constitution, cinq ans dans la
seconde) serait considérée non plus comme une
juste cause de répudiation, mais comme une cause
nécessaire de dissolution (3). Ces Constitutions
furent confirmées trois siècles après les Novelles
de l'empereur Nicéphore Botoniate (4). Les règles
édictées par l'empereur Léon recevaient leur application même au cas où le mari aurait usé, soit
par lui-même, soit par des complices, de maléfices
et de dol pour faire tomber sa femme en cet état;

puni, ce qui n'est nullement incompatible et ce qui explique le passage de Julien cité par Ulpien (D., 24, 2, 4), disant qu'un mari peut
toujours répudier sa femme folle parce qu'on la considère seulement
comme ignorant ce qui se passe.

(1) C. V, 17, Const. 8.
(2) Novellæ Leonis 111 et 112.
(3) Cum neutrius commodo et incommodo conjugium dirimatur.
(4) Empereur de 1078 à 1081.

seulement, si le fait était prouvé, l'empereur or-
donnait « que le mari fût fait moine et enfermé
bon gré mal gré dans un cloître, pour y expier sa
faute et user des remèdes offerts par les divins
canons pour purifier son âme. » Le mari devait
attendre pendant trois ans la guérison de sa
femme, et la femme durant cinq années la guérison du mari. Mais, si l'on s'apercevait le jour
même des noces que l'un des deux époux était en
état de démence, le mariage devait être immédiatement dissous.

Le législateur était spécialement touché de cette
idée que les enfants qui pourraient naître d'une
telle union seraient un danger et un malheur pour
la société, et c'est la raison qui lui fait rompre
également le mariage, lorsque toute chance de
guérison paraît avoir disparu. « An profecto, si
forte ex tam infortunato connubio fœtus in lucem
prodeat, quum natura fructus rebus ut plurimum
assimilare soleat : quomodo non hic ipse fœtus
humano generi commune detrimentum adferet? »

Il va de soi d'ailleurs que, si l'époux de l'aliéné
pouvait, dans les limites tracées par les dispositions législatives que nous venons de retracer,
envoyer le *repudium*, cette faculté n'était pas
réciproque pour l'aliéné *sui juris*. L'acte de la
répudiation devait en effet, de la part de l'époux
qui répudiait, émaner d'une volonté libre. D'un
autre côté, les pouvoirs du curateur n'allaient pas
jusqu'à exercer un droit exclusivement attaché à

la personne. Il en était autrement si l'aliéné était *alieni juris* : son père pouvait en effet envoyer le *repudium*, et nous avons déjà fait remarquer que c'était là un des plus singuliers attributs de la puissance paternelle. Ce droit, si étranger à notre organisation moderne, est formellement établi par des textes nombreux : il a été, il est vrai, restreint par des constitutions des empereurs Antonin et Marc-Aurèle (1), mais il fut maintenu par eux pour les circonstances graves, parmi lesquelles figure la folie. Il s'appliquait non-seulement au fils de famille, ce qui se conçoit eu égard à l'organisation de la puissance paternelle à Rome, mais même à la fille sortie de la puissance paternelle par son mariage ; la faculté accordée au père avait pour motif l'impossibilité où était la femme en ce cas de répudier elle-même un mari indigne. « Quamvis enim furiosa nuntium mittere non possit, patrem tamen ejus posse certum est » (2).

On sait d'ailleurs que le père seul avait cette faculté refusée à la mère (3).

L'intérêt pécuniaire du père nous est expliqué par Ulpien : il est d'ailleurs évident qu'il recouvrait de cette manière la dot que la mauvaise administration du mari aurait pu compromettre, puisque le mari était obligé à la restitution de la

(1) Sent. de Paul, l. 5, t. 6, § 15, et Const 5 de Dioclétien et Maximien, au Code, 5, 17.

(2) Ulpien, l. 22, § 9, D., 24, 3.

(3) Const. 4 de Dioclétien et Maximien (C. 5, 17).

dot (1). Du reste, au cas même où la femme alié-
née ne pouvait plus être protégée par son père, sa
dot était toujours sauvegardée par le pouvoir qu'a-
vait le curateur de s'adresser au magistrat.

Ulpien (2) prévoit l'hypothèse d'un mari se refusant par cupidité à répudier sa femme en démence, et ajoute : « S'il est manifeste que le mari
« ne se comporte pas en administrateur économe
« et qu'il va dissiper la dot de sa femme, on doit
« mettre sous séquestre la dot, en en prélevant les
« sommes nécessaires pour la femme et les per-
« sonnes de sa maison ; quant aux pactes dotaux
« contractés au moment du mariage, il va sans dire
« qu'ils demeurent en l'état, et leur effet répondra
« de la guérison de la femme ou de la mort d'un
« des deux conjoints. »

Lorsque la dot immobilière fut, dans le dernier
état du droit romain, sauvegardée par le principe
de l'inaliénabilité, il y avait encore dans cette disposition un intérêt capital, puisqu'elle servait à
protéger et à sauvegarder la dot mobilière.

§ 2. *Adultère.*

L'adultère était de tout temps la cause principale du divorce et la plus fréquente. Mais ce n'est
que par la loi *Julia de adulteriis* que l'accusation
d'adultère devint un *crimen publicum*. A l'origine,
le mari seul avait le droit de punir l'adultère ; il

(1) D., 24, 2, l. 4. — C. V, 70, 4.
(2) Ulpien, l. 22, § 8, D., 24, 3.

pouvait tuer sa femme si elle s'en rendait coupable (1). A partir de la loi Julia (2) le père seul peut impunément tuer sa fille adultère ; le mari n'a plus ce droit : il ne peut punir et châtier sa femme que de deux manières, par une action spéciale, le *judicium de moribus*, et par un *judicium publicum*. La poursuite du crime n'appartient à tout citoyen que si le père de la femme et le mari ont laissé passer soixante jours sans agir depuis la dissolution du mariage ; s'ils ont laissé passer ce délai ils peuvent encore poursuivre, mais *ex jure extranei*. La qualité du mari lui confère seulement en ce cas encore un double privilège.

En cas de concours de poursuites il est préféré à toute autre personne. De plus si la femme a été absoute après l'accusation d'un étranger, le mari a le droit de reprendre les poursuites.

Le délai pour intenter le *crimen adulterii* était, aux termes de la loi Julia, de quatre mois utiles. La poursuite ne s'exerçait pas séparément contre la femme adultère et contre son complice : elle était intentée successivement pour chacun d'eux, sauf dans le cas où la femme était remariée avant l'accusation. Dans ce cas il fallait commencer par le complice, afin de ne pas risquer de troubler inu-

______

(1) Aulu-Gelle (*Nuits attiques*, X, 23) rappelle un passage de Caton signalant la différence existant à cet égard entre les droits du mari et de la femme. « In adulterio uxorem tuam si deprehendisses, sine judicio impune necares ; illa te, si adulterares, digito ne auderet contingere neque jus est. »

(2) D., *ad legem Jul.*, *de adult.*, l. 20, 23, §§ 1 et 2.

tilement le second mariage de la femme (1). Si le complice n'était pas reconnu coupable, la femme ne pouvait plus être poursuivie. S'il l'était au contraire, une nouvelle instance devait être intentée contre elle pour qu'elle pût être condamnée : la condamnation du complice ne créait pas contre elle en ce cas une présomption de *chose jugée*, toujours à cause de la situation spéciale résultant du second mariage.

Les peines de l'adultère ont varié. Sous la loi Julia, c'était la confiscation d'une partie des biens et la relégation dans une île (2). Constantin, sous l'influence des idées chrétiennes de l'indissolubilité du lien conjugal et du relâchement de l'autorité et des privilèges maritaux, se montra plus sévère encore : il punit de mort non-seulement la femme, mais même le mari adultère, *sacrilegos nuptiarum gladio punire oportet* (3). De plus il restreignit au mari, au père, au frère et à l'oncle paternel ou maternel, les personnes qui avaient le droit d'intenter le *crimen adulterii*.

Justinien, plus préoccupé de sa situation conjugale personnelle que d'idées moralisatrices, ne conserva la peine que pour le mari. La femme perdait ses biens, était battue de verges et enfermée dans un couvent.

Enfin, Léon le Philosophe substitua à ces pé-

---

(1) D., *eod. tit.*, 1. 2, § 2; 1. 11, §§ 4 et 10 ; 1. 29 pr., etc.
(2) Paul, Sent. II, 26, 14.
(3) C. IX, 9; Const. 30.

nalités si peu équilibrées, une peine corporelle qui se ressent des mœurs du Bas-Empire (1). « Quam illi constituerunt pœnam ut nempe nasus detestani illis ambobus abscindatur, hanc et nos statuimus. »

Une dernière observation : l'adultère de la femme avait ceci de particulier que, pour devenir une cause déterminée de divorce, il n'était pas besoin qu'il eût été commis à l'égard du dernier mari; le second mari pouvait répudier la femme qui se serait rendue coupable d'adultère vis-à-vis du premier.

SECTION III

DIVORCE « BONA GRATIA »

Le divorce *bonâ gratiâ* ou par consentement mutuel (*communi consensu*) est, nous avons eu déjà l'occasion de le dire, celui dont la cause n'est autre que la volonté réciproque des deux époux de rompre la vie commune.

En énumérant pour la première fois les causes du divorce (2), Constantin ne mentionne pas le divorce *bonâ gratiâ* qui se trouva ainsi abrogé par omission. Théodose et Valentinien (3) procédèrent de la même manière : dans leur énumération plus complexe des causes, le divorce par consentement mutuel n'était pas compris. Honorius le rétablit (4)

(1) Leonis Novellæ, 32.
(2) Code, Théod., *de repud.*, 1.
(3) C. V, 17, loi 8.
(4) *Ibid.*, 2.

et il est mentionné au Code de Justinien. Seulement, comme nous l'avons vu, l'empereur Anastase décida qu'en ce cas la femme ne pourrait se remarier qu'après un délai d'une année (1). Justinien commença par maintenir la législation d'Honorius et d'Anastase en maintenant le divorce par consentement mutuel. C'est ce qui résulte de l'insertion au Code de la constitution d'Anastase à cet égard. Mais bientôt une série de dispositions contradictoires les unes avec les autres vinrent porter dans la législation le trouble et la confusion qui trop souvent se substituent à l'ordre harmonique dont se prévalait la jactance de l'empereur législateur. Plus tard dans ses Novelles (2) il distingua le divorce par consentement mutuel du divorce *bona gratia* ou *per occasionem rationabilem*. Pour le premier il fallait la volonté commune ; pour le second la volonté d'un seul des conjoints suffisait pour dissoudre le mariage.

Mais cette dissolution n'avait lieu que dans certains cas déterminés énumérés par la Novelle : impuissance, captivité, condamnation aux mines, entrée en religion, ou absence d'un militaire. Nous avons vu que, dans ce dernier cas, une autre disposition de Novelles exigeait la preuve du décès pour permettre à l'époux de contracter un nouveau mariage.

(1) D., *de repud.*, 9.
(2) Nov. 22, ch. 4. 5, 6, 7, 8, 14.

Ulpien (1) indiquait déjà une hypothèse de ce genre pour le cas où la folie, mais seulement la folie furieuse, de son conjoint, rendrait la vie commune absolument intolérable pour un des époux, mais on ne comprenait pas alors cette cause dans le divorce *bona gratia* qui était réservé au consentement mutuel.

Justinien, revenant sur le système de sa Novelle 22 dans sa Novelle 117 (2), défendit le divorce par consentement mutuel excepté pour le cas où les deux époux auraient pour but en se séparant de vivre dans une continence mutuelle. C'est le divorce *propter castitatem*. Si ce but était plus tard méconnu et si l'époux manquait au devoir de chasteté, ses biens devenaient, nous le savons, la propriété de ses enfants, et à défaut de ses enfants, celle du fisc.

La Novelle 134 (3) en renouvelant la prohibition du divorce par consentement mutuel ne mentionne même pas cette exception.

Mais une Novelle de Justin (4), neveu et successeur de Justinien, rétablit au contraire cette cause de divorce, non-seulement pour le cas de divorce *propter castitatem*, mais pour tous les cas, « en raison, dit-il, de la difficulté de réconcilier des époux qui, après l'affection, ont été envahis par la haine. »

(1) D., 34, 3, l. 22, § 7.
(2) Ch. 10.
(3) Ch. 11.
(4) Nov. 140.

SECTION IV

PREUVES EN MATIÈRE DE CAUSES DU DIVORCE

En déterminant les faits qui pourraient donner lieu au divorce, la loi n'avait pas établi de règles spéciales, relativement à la preuve de ces faits. Il faut donc recourir à cet égard aux principes généraux.

Nous signalerons cependant une dérogation à ces principes dans la constitution de Théodose (1). Lorsque les faits allégués étaient l'adultère, le crime de lèse-majesté ou les sévices, on permettait de soumettre à la question les esclaves, contrairement à la règle défendant de les appeler en témoignage (2). Cette exception est analogue à celle qui, dans les Codes Français permet d'entendre les domestiques des époux dans les instances de divorce ou de séparation de corps. On a pensé en effet que plus que personne les esclaves pourraient fournir des renseignements utiles sur les faits graves pouvant donner lieu au divorce.

La disposition permettant de recueillir le témoignage des esclaves était nécessairement antérieure à la constitution de Théodose.

En effet la loi Julia *de adulteriis* défendait à la femme ou à ses père et mère d'affranchir ou d'a-

---

(1) C. V, 17, l. 8, § 6.
(2) D. 22, 5, l. 24; D., 48, 18, l. 10, § 4.

liéner ses esclaves pendant 60 jours à partir du divorce : cette disposition ne peut s'expliquer que par la crainte que la femme ne voulût supprimer ou corrompre un témoignage qui pouvait se produire contre elle. Il faut donc nécessairement supposer que les esclaves pouvaient dès le temps de la loi Julia être reçus en témoignage dans les affaires de divorce.

CHAPITRE IV

DES PERSONNES QUI PEUVENT DIVORCER OU RÉPUDIER

SECTION I

ÉPOUX « SUI JURIS »

En principe à l'époque classique de la jurisprudence, les époux *sui juris* (sauf les exceptions que nous étudierons à part, relativement aux affranchis et au flamine de Jupiter) pouvaient divorcer ou répudier librement sans distinction de sexe ni d'âge.

La faculté de divorcer fut dans l'origine refusée aux femmes : c'est au mari seul que la loi de Romulus donne le droit de répudiation.

A quelle époque précise jouirent-elles aussi de ce droit? Nous pensons avec Montesquieu (1) que c'est à partir de la loi des XII Tables dont les dispositions étaient, on le sait, empruntées aux lois et aux coutumes grecques. De nos jours, de

______

(1) *Esprit des lois*, XVI, 16. Dans le même sens Laferrière, *Hist. du droit civil de Rome*, I, p. 214, et Mazerole, *Précis d'un cours sur l'ensemble du droit privé des Romains*, § 150.

savants auteurs (1) ont douté de l'authenticité de la légation de Romains en Grèce pour s'inspirer des principes du droit grec afin de servir à la législation élaborée par les Décemvirs. Quoi qu'il en soit, dès l'époque des Guerres Puniques, le droit de divorcer paraît avoir existé pour les femmes. Plaute, qui écrivait du temps de Caton l'Ancien, met dans la bouche d'Alcmène s'adressant à son mari la formule même du divorce : *Valeas; tibi habeas res tuas, redde meas* (2).

En tout cas l'absence ou la disparition de la *manus* est nécessaire pour étendre à la femme la faculté de divorcer. Cette faculté est évidemment incompatible avec une puissance exercée sur elle. Cette distinction professée par Pothier (3) nous paraît absolument sage (quels que soient les arguments sur lesquels il l'appuie), bien que le savant auteur ne connût pas encore les textes de Gaius relatifs à la *manus*. On oppose, il est vrai (4), un de ces textes d'après lequel la femme n'a qu'à répudier son mari et peut le contraindre à l'affranchir de la *manus proindè atque si ei nunquam nupta fuis-*

(1) Ortolan, 1, 109.

(2) Plaute, *Amphitryon*, vers 774. Ne pourrait-on pas faire remarquer que ces paroles prêtées par Plaute à la reine de Thèbes n'ont peut-être d'autre valeur que celle de la couleur locale, puisque le divorce était admis en Grèce? On oppose d'ailleurs à ce vers de Plaute les vers tirés de sa comédie de *Mercator* (acte IV, scène V), et que nous avons déjà cités.

Pour nous ce passage de l'auteur comique semble rappeler seulement que la loi était plus sévère pour les torts de la femme que pour ceux du mari.

(3) Pand., ad. tit., *de div. et repud.*, art. 1.

(4) Demangeat, I, p. 325.

set (1). Mais il faut se rappeler que, du temps de Gaius, la *manus* était déjà tombée en désuétude.

Nous admettrons donc que la femme *in manu* ne peut répudier et que la femme qui n'est pas *in manu* peut répudier.

Mais ici nous avons à rencontrer une théorie opposée. On ne nous dit plus que la femme, même hors de la *manus* ne pouvait jamais répudier, mais on nous dit que la femme même *in manu* pouvait répudier : on s'appuie à cet égard sur ce que Cicéron (2) nous dit de la *manus* faite *sacrorum vitandorum causa*. Chaque famille avait ses *sacra privata*. L'obligation de les entretenir passait avec l'hérédité. Si une personne *sui juris* était soumise à la *minima capitis deminutio*, celui auquel elle était soumise devenait chargé d'entretenir les *sacra privata*. La femme, pour se décharger de ce soin, se donnait très souvent en *manus*, puis d'après un *pactum fiduciæ* se faisait émanciper et rendre ses biens un à un (rendus en bloc, ils auraient rapporté l'obligation des *sacra*). On a voulu voir dans le droit de la femme de demander son émancipation, le droit de répudier. Il nous suffit d'enregistrer qu'il s'agit dans le cas que rapporte Cicéron, de la *manus fiduciæ causa*, et non *matrimonii causa*.

Ne perdons d'ailleurs pas de vue, que la *manus*, aussi bien *fiduciæ causa* que *matrimonii causa*,

(1) Gaius, I, § 137.
(2) *Pro Murena*, 12.

était tombée en désuétude dès les derniers temps de la République.

Nous trouvons ici la trace de l'influence des mœurs grecques sur la législation romaine, influence plus certaine que celle qu'on rattache à la formation de la loi des XII Tables. — La *manus* ne pouvait se concilier avec ces mœurs. La femme grecque, hautaine dans son attitude et sa parole, demandait fièrement au chevalier romain si elle n'était qu'une étrangère dans sa maison : « Nihil, meo fratre lenius, nihil asperius tua sorore. Illa audientibus nobis : Ego sum, inquit, hospita? » écrit Cicéron à son ami grec Atticus en parlant de la sœur de celui-ci, femme de son frère Quintus (1). Aussi, dans la période triomphante du divorce, sont-ce les femmes qui usèrent et abusèrent le plus de cette faculté. A peine mariées, elles désertaient le domicile conjugal pour convoler à de secondes noces, puis à d'autres encore.

> Imperat ergo viro, sed mox hæc regna relinquit
> Permutatque domos et flammea conterit. Inde
> Advolat, et spreti repetit vestigia lecti
> . . . .
> . . . . Sic fiunt octo mariti,
> Quinque per automnos; titulo res digna sepulchri (2).

Elles ne se marient, dit Sénèque (3), que pour divorcer. « Comment espérer, ajoute-t-il, qu'aucune femme recule devant la honte d'un divorce,

(1) *Epist. ad Att.*, V, 1.
(2) Juvénal, Satire VI.
(3) Sénèque, *de beneficiis*, liv. 3, ch. 16.

quand on voit les plus nobles et les plus haut placées compter le nombre de leurs années, non plus par celui des consuls, mais par celui de leurs maris? »

Dans le droit de Justinien (1), les fils ou les filles, même hors de la puissance paternelle, ne peuvent divorcer sans le consentement du père de famille, de même qu'ils ne pourraient se marier sans son consentement. Justinien subordonne cette nécessité de demander le consentement des parents (car il l'étend à la mère), au cas où ils ont fourni une dot ou une donation *ante nuptias* : son but était en effet d'empêcher une fraude assez fréquente et signalée au Digeste dont nous devons dire quelques mots.

Si le père avait constitué à sa fille une dot, c'est à lui qu'elle devait revenir au cas où elle mourait pendant le mariage. S'il y avait divorce, il fallait distinguer si la fille était émancipée ou en puissance; si elle était émancipée, elle pouvait seule répéter la dot (à moins que le père n'en eût stipulé le retour pour ce cas spécial); si elle était en puissance, le père devait réclamer la dot *adjuncta filiæ persona*. En cas de mort de la femme *sui juris* après le divorce et avant que la *rei uxoriæ actio* eût été intentée, le mari conservait la dot à moins qu'il n'eût été mis en demeure de la restituer, et alors il devait la rendre aux héritiers de sa femme.

_____

(1) Nov. 22, ch. 15, et C. V, 17, 1. 12

Ces diverses hypothèses fournissaient plusieurs moyens pour les époux de léser le père par leur divorce. La femme *sui juris* pouvait divorcer pour faire acquérir sa dot à son mari, qui en gardait, comme nous le verrons, une partie quand le divorce avait lieu par la faute de la femme. Elle pouvait aussi ne pas intenter l'action *rei uxoriæ;* en ce cas le mari conservait l'intégralité de la dot. Le préteur, quand le divorce avait ce but frauduleux, venait, il est vrai, à l'aide du père par une action utile. Il lui donnait la *dotis exactio,* comme si sa fille fût morte pendant le mariage.

Mais il y avait des époux qui, pour enlever au père l'*exactio dotis*, divorçaient, puis se réconciliaient secrètement (1). Quand la femme était *alieni juris*, elle pouvait encore, après avoir obtenu le consentement de son père pour divorcer, le léser, en refusant de s'adjoindre à son action en réclamation de la dot. C'est pour prévenir ces fraudes que Justinien exigea, même pour le divorce des enfants émancipés, le consentement du père ou de la mère au cas où leurs intérêts pourraient être lésés par suite du divorce.

L'obligation de demander le consentement du père existait-elle avant Justinien? — Si l'on en croyait le vaniteux législateur (2), il faudrait répondre négativement. Mais nous pensons qu'il fau-

(1) D., *de div. et rep.*, l. 5.
(2) Nov. XXII, ch. XIX, *ipsi quidem forsan latenter miscebantur alterutris.*

drait faire une réserve pour les enfants *alieni juris* : il paraît difficile d'admettre, alors que le père pouvait rompre le mariage de ses enfants, qu'il ne pût pas les empêcher de divorcer. Rappelons ici que ce n'est pas seulement en provoquant le divorce que le père pouvait rompre le mariage de ses enfants én puissance : l'adoption ou l'adrogation en créant l'agnation amenait la dissolution du mariage de même que l'élévation à certaines dignités. Nous avons étudié séparément ces hypothèses dans la section III de notre chapitre II.

SECTION II

ÉPOUX « ALIENI JURIS »

La puissance paternelle à Rome était si fortement organisée que non-seulement le mariage ne pouvait avoir lieu qu'avec le consentement du père de famille, mais encore que le père de famille pouvait à son gré, rompre le mariage déjà contracté, de l'enfant qu'il avait sous sa puissance.

Pothier (1) et Cujas (2) citent des passages d'anciens poëtes romains qui ne laissent aucun doute sur cette exorbitante faculté. Dans une pièce d'Ennius ou de Pacuvius une fille dit à son père :

> « Si improbum esse Cresphontem existimaveras,
> « Cur me hinc locabas nuptiis ? Sin est probus,
> « Cur talem invitum invitam cogis linquere? »

(1) Pand. ad tit., *de div.*, art. 1, en note.
(2) Ad Cod., l. IV.

De même dans la comédie d'Afranius, « *le Divorce,* » la femme s'écriait :

« O Dignum facinus! Optimas bene convenientes
« Concordes cum viro repente viduas facit spurcitia patris. »

C'est Antonin le Pieux, nous apprend Paul (1), qui mit fin à cet état de choses scandaleux. C'est à cette constitution d'Antonin que fait allusion un autre passage de Paul (2) dans lequel on a prétendu trouver la preuve que le consentement du père ne formait qu'un empêchement prohibitif au mariage : « Eorum qui in potestate patris sunt sine voluntate ejus matrimonia jure non contrahuntur; sed contracta non solvuntur »; cependant dans ce sens on peut faire observer qu'il résulte du premier passage de Paul que ce n'est que le mariage *bene concordans* qu'il est interdit au père de rompre. « Bene concordans matrimonium separari a patre Divus Pius prohibuit », tandis que le second passage ne contient pas cette restriction. Nous pensons cependant que, malgré cette différence entre les deux textes, le mariage contracté malgré le défaut de consentement du père de famille était annulable. Comment admettre en effet que le père de famille aurait pu rompre un mariage *non bene concordans* auquel il aurait consenti et qu'il ne pourrait le rompre s'il n'y avait pas consenti ? Cette distinction d'empêchements prohibitifs et dirimants est contraire aux principes généraux du droit romain.

(1) Sent. V, p. 45.
(2) D., 2, 29, 2,

La probibition d'Antonin fut renouvelée par son illustre et digne successeur Marc-Aurèle, puis par Dioclétien et Maximien (1), mais toujours sous la réserve des motifs graves, *ex magna et justa causa*. Parmi ces motifs graves ne faut-il pas ranger le fait de n'avoir pas obtenu son consentement?

Dioclétien et Maximien vont même jusqu'à décider que le refus de divorcer malgré l'ordre du père ne constituerait pas pour celui-ci une cause suffisante d'exhérédation qui empêcherait l'enfant d'attaquer le testament par la *querela inofficiosi testamenti* (2).

Il va de soi que cette prohibition ne s'applique qu'à la rupture du mariage et non pas à celle des fiançailles qui est la sanction de l'obligation pour les époux de demander le consentement du père de famille.

Il est clair aussi que ce droit n'appartient qu'à celui qui est investi de la puissance paternelle. Il n'appartient donc ni à la mère (3) ni au père après l'émancipation de son enfant (4). — Comprenait-il avant Justinien qui, dans ses Novelles (5), s'exprime formellement à cet égard, le droit de s'opposer à la répudiation? Nous n'avons à cet égard aucun texte précis à opposer à l'affirmation contraire de Justinien qui prétend avoir in-

---

(1) C., *de repud.*, 5, 17, l. 5.
(2) *De sponsalibus*, l. 10.
(3) Inst., 2, 18.
(4) D., *de repudiis*, 1, 5.
(5) Nov. 22, c. 15, et C. V, 17, l. 12,

nové; mais c'est là une conséquence qui nous paraît s'imposer, eu égard aux principes généraux qui régissaient à Rome la puissance paternelle.

L'un des cas les plus fréquents d'application du droit du père de famille, se présentait lors de la démence de la femme. Il s'y rencontrait, nous dit Ulpien, citant un passage de Julien (1), un motif de plus; en effet, en ce cas, la femme ne peut répudier elle-même, car elle ne sait ce qu'elle fait, et son curateur ne le peut pas plus qu'elle; « aussi, ajoute-t-il, le père le pourra en son nom. »

On remarquera que dans ce passage il n'est question que de la fille et non du fils ; de même en nous disant que le père après l'émancipation, et la mère de tout temps ne pouvait rompre le mariage de son enfant, le Digeste ne parle que de la fille; de même encore au Code (2), dans les constitutions citées.

Certains romanistes en ont conclu que ce droit n'appartenait au père que vis-à-vis de sa fille. C'est là une distinction qui ne s'expliquerait pas, la position du fils et de la fille étant identique vis-à-vis du père de famille; d'ailleurs le passage de Paul et la constitution de Dioclétien que nous avons cités, s'ils distinguent le *bene concordans matrimonium* des cas où il y a un motif légitime, *magna causa*, ne font au contraire au-

(1) D., *de div. et repud.*, 1. 4.
(2) C., *de repud.*, C. 4, 5, 12.

cune distinction entre le mariage du fils et celui de la fille.

On s'explique d'ailleurs que les textes du Digeste se rapportent de préférence à la fille ; c'est en effet à son égard que la question devait se poser le plus souvent, le père ayant un intérêt à son divorce, qui lui permettait de recouvrer la dot donnée, tandis qu'il n'en avait au contraire aucun au divorce de son fils. Or on ne sait que trop que l'intérêt est le principal mobile des actions humaines.

Nous pensons donc avec la majorité des auteurs (1) que le fils de famille pouvait être forcé par le père de famille au divorce, et aux arguments de texte déjà cités nous opposons un texte qui nous paraît irréfragable tiré également du Digeste, *Si socer nurui nuncum miserit* (2).

SECTION III

DIVORCE DES AFFRANCHIS

Les affranchis ne pouvaient se marier et divorcer de la même manière que les ingénus *sui juris*. La volonté du patron suffisait pour faire rompre le mariage de l'affranchi (3). En effet Paul nous apprend qu'Antonin le Pieux défendit au patron de rompre l'union *bene concordans* de son affranchi.

(1) *Sic.* Mazerole, *op. cit.*, p. 150, Accarias, Demangeat, etc.
(2) D., *de donat. int. vir. et ux.*, 1. 32, § 19.
(3) Paul, Sent., 1. V, 6, 15.

Mais des règles spéciales avaient été édictées en ce qui concernait la femme affranchie mariée avec son patron.

La loi Julia *de maritandis ordinibus* (1) portait en effet *divortii faciendi potestas liberta quæ nupta est patrono ne esto*. Mais si, au mépris de cette disposition impérative, l'affranchie divorce néanmoins avec son patron dans les formes légales ordinaires, quel sera le sort du mariage ? Existera-t-il encore ou le divorce sera-t-il tenu comme non avenu ?

Il faut décider avec Ulpien que le mariage en ce cas existera encore et que par conséquent sous ce rapport la loi Julia est une loi imparfaite. La sanction consistait en ce fait que l'action *de dote* était en ce cas refusée à l'affranchie, et qu'elle ne pouvait ni se remarier, ni même jouir de la faculté du concubinat. « Scribit Julianus, continue Ulpien, de dote hanc actionem non habere. Merito igitur quandiu patronus ejus eam uxorem suam esse vult, cum nullo alio connubium ei est : nam, quia intellexit legislator facto libertæ quasi diremptum matrimonium, detraxit ei connubium. »

Avec le consentement du patron, au contraire, le divorce produit ses effets complets ; mais il faut ce consentement, non pas exprès, mais formel, et l'on doit regarder comme s'opposant au divorce, nous dit Ulpien, celui qui n'y consent pas, par

______

(1) D., *de div. et repud.*, l. 11 pr.

exemple le *furiosus*. Si le patron devient esclave, le mariage est nécessairement rompu. Mais en est-il de même du cas où le patron a été fait prisonnier par l'ennemi ? C'est une question controversée. Ulpien tenait pour l'affirmative.

En effet le mariage est un état de fait et non de droit et le *postliminium* lui-même ne le rétablit pas. Julien au contraire estimait que le mariage de l'affranchie devait durer pendant la captivité, *propter patroni reverentiam* (1).

Le consentement du patron, avons-nous dit, n'a pas besoin d'être exprès, pourvu qu'il soit certain : le Digeste en cite divers exemples (2) : celui où le mari accuse sa femme d'adultère, celui où il conclut des fiançailles, celui où il prend une concubine.

Il ne s'agit bien entendu que du mariage et non des fiançailles. L'affranchie est en effet toujours libre de ne pas épouser son patron (3). « Hoc caput ad nuptam tantum libertam pertinet, ad sponsam non pertinet, et ideo, invito patrono, nuntium sponsa liberta si miserit, cum alio connubium habet, » nous dit à cet égard Papinien (4).

Le droit de garder pour femme l'affranchie aussi longtemps que bon lui semblait, appartenait-il à tous les patrons ? Non ! il n'existait qu'au profit de celui qui avait acheté l'esclave de ses deniers, et non au profit du patron qui avait affranchi l'es-

---

(1) D., 23, 2, 1. 45.
(2) D., *de div. et repud.*, 1. 11.
(3) D., *de ritu nupt.*, 1. 8.
(4) D., *de ritu nupt.*, 1. 4.

clave par suite d'un fidéicommis : « patrono invito liberta, quam in matrimonii habuit ab eo
discedere non potest nisi ex causa fideicommissi
manumissa sit : tunc eum potest licet ejus sit liberta » (1), nous dit encore à ce sujet Modestin.
On comprend en effet qu'en ce cas le même devoir
de reconnaissance ne lie pas l'affranchie : *magis
enim debitam libertatem præstitit*, dit en effet Ulpien en parlant du patron, *quam ullum benefi-
cium contulit* (2).

On s'est demandé si la prohibition imposée à
l'affranchie existait également pour l'affranchi
marié avec sa patronne. En l'absence de tout texte
à cet égard, il nous paraît difficile d'appliquer par
analogie une disposition dérogatoire au droit commun. L'analogie n'existe d'ailleurs qu'incomplè-
tement : dans les cas prévus par les textes c'est le
patron qui a élevé à lui une affranchie, tandis que
dans le second c'est une ingénue qui se subordonne
à l'autorité de celui-ci dont elle était antérieurement la supérieure.

En revanche Gaius, contrairement à l'opinion
de Javolénus, décide que peu importait que l'affranchie épousée par son patron fût en même
temps l'affranchie d'autres patrons, « quia libertam ejus esse negari non potest, licet alterius quo-
que sit liberta » (3).

On ne peut appliquer à la rupture du concubi-

(1) D., *de div. et rep.*, 1. 10.
(2) *Ibid.*, 1. 4.
(3) *De rit. nupt.*, 1. 46.

nat la règle interdisant le divorce à l'affranchie épousée par son patron (1), mais Ulpien, défavorable au mariage du patron avec l'affranchie, regrette ce droit accordé à la femme ; il peut en effet souvent en résulter que le patron épousera en justes noces celle qui menace de le quitter.

Justinien (2) maintint à l'égard de l'affranchie mariée à son patron la prohibition du divorce.

SECTION IV

MARIAGE DU FLAMINE DE JUPITER

Aulu-Gelle à qui nous devons tant de renseignements précieux pour tout ce qui touche au droit civil des Romains en ce qui concerne les personnes, et que nous avons déjà eu l'occasion de citer par rapport au divorce, nous apprend (3) qu'il existait à Rome, au temps même où le divorce était le plus en faveur, une union indissoluble ; c'était celle du flamine de Jupiter, *flamen dialis*, dont la mort seule pouvait rompre le mariage : *Matrimonium flaminis nisi morte dirimi non est jus.*

A l'inverse de ce qui se passe de nos jours, au moins dans certaines religions et dans certains pays, le prêtre de Jupiter devait nécessairement être marié : aussi, quand il perdait son épouse, devait-il abdiquer le sacerdoce.

(1) Dig., 25, 7, 1. 1 pr.
(2) Nov. 22, ch. 37.
(3) *Nuits attiques*, 1. X, ch. 15.

On sait que, de même qu'il devait être issu d'une union accompagnée de la *confarreatio* (et par conséquent de la *manus*), son mariage devait être accompagné de la même cérémonie. Mais il ne faudrait pas croire que ce fût cette cérémonie qui créât l'indissolubilité du mariage : de même que la *manus*, elle était parfaitement compatible avec la possibilité du divorce.

En ce qui concerne la *manus*, aucun doute, comme nous le verrons tout à l'heure. Mais il y a une intéressante controverse sur le point de savoir si la *confarreatio* rendait le mariage indissoluble ou plutôt le divorce impossible. On s'appuie, pour le soutenir, sur un texte de Denis d'Halicarnasse (1). Mais ce texte nous paraît avoir été mal compris : il signifie seulement qu'il ne suffit pas, lorsqu'il y a eu *confarreatio*, que le mariage soit rompu par le divorce, mais qu'il faut aussi la *diffarreatio* pour rompre le lien religieux résultant de la *confarreatio*.

Ce passage a contribué certainement à l'erreur de Pothier qui regardait la *manus* comme faisant obstacle au divorce ; s'appuyant en outre sur ce qu'elle avait pour effet de mettre la femme *loco filiæ*. Cette erreur a été démontrée dans ce siècle (2) par la découverte des Institutes de Gaius

______

(1) II, 25.

(2) On sait que les Institutes de Gaius n'ont été découvertes qu'en 1816 par M. Niehbur dans la bibliothèque de Vérone : ce manuscrit, lavé par les moines, leur avait servi à copier, au-dessus de l'ouvrage du grand jurisconsulte, les épîtres de saint Jérôme.

qui s'explique formellement dans le sens contraire (1). Le divorce était au contraire pour elle,
nous apprend-il, un moyen indirect d'échapper à
la *manus* : « Hæc autem repudio misso virum
proinde compellere potest atque si ei nunquam
nupta fuisset. »

Quoi qu'il en soit, il est certain que la nécessité
de la *confarreatio* n'était pas la cause détermi-
nante de l'indissolubilité du mariage du flamine
de Jupiter.

En effet, lorsque la *confarreatio*, comme les
autres modes d'établissement de la *manus*, tomba
en désuétude (2), la règle imposée au flamine de
Jupiter subsista : l'indissolubilité du mariage
était donc indépendante de la *manus* et de la
confarreatio. En ce cas quelle était la véritable
cause de cette indissolubilité ? Nous croyons pouvoir la trouver dans ce fait que la femme du flamine était dans une certaine mesure associée aux
fonctions sacerdotales de son mari. Le divorce
d'ailleurs lui était interdit aussi bien qu'à son
mari.

Il résulte de ce que nous venons d'exposer que
le flamine retombait sous l'empire du droit commun s'il venait à perdre la qualité de prêtre de
Jupiter.

(1) I, § 137.

(2) Il en était ainsi, nous apprend Tacite, dès le règne de Tibère ; on
ne trouvait plus facilement à recruter les flamines, les citoyens nés
ex parentibus confarreatis devenant de plus en plus rares à cause de
la répulsion qu'inspirait la *manus* aux nouvelles mœurs.

Ce partage des fonctions sacerdotales entre le flamine et sa femme est encore un des traits distinctifs des mœurs religieuses des Romains. Nous ne pouvons à cet égard que renvoyer aux beaux ouvrages de M. le comte de Champagny (1) et surtout au savant livre de M. Fustel de Coulanges (2), si plein de renseignements précieux sur l'organisation de la cité romaine.

(1) *Les Césars et les Antonins.*
(2) *La Cité Antique*, par M. Fustel de Coulanges, aujourd'hui directeur de l'Ecole Normale Supérieure.

CHAPITRE V

DES FORMES ET DES CONDITIONS DU DIVORCE

Les conditions du divorce sont intrinsèques ou extrinsèques ; les premières sont relatives à l'essence même du divorce qui ne peut exister que si elles existent, les secondes sont les formes dont le divorce fut accompagné aux différentes époques de l'histoire romaine, avis d'un conseil de famille, solennités, formules.

SECTION I

CONDITIONS INTRINSÈQUES

Les conditions intrinsèques se résument toutes dans la suivante : nécessité du consentement et, ajoute le Code (1), d'un consentement réfléchi : « Divortium non est, nisi verum quod animo perpetuam constituendi dissentionem fit. » C'est ce qui explique qu'on ne tienne pas compte d'une répudiation faite sous l'empire de la colère, et que le conjoint qui a envoyé dans ces circonstances le libelle puisse revenir sur sa détermination, sous la réserve du droit qu'a l'autre époux, en ce cas,

(1) *De repud. et jud.*, Const. 6.

de maintenir le divorce, mais en en prenant alors la responsabilité.

Il s'agit évidemment du consentement de celui qui envoie le divorce. Celui de l'époux qui le reçoit n'est indispensable que lorsque c'est l'affranchie qui répudie son patron : c'est là une conséquence des devoirs de respect, *obsequia*, imposés à l'affranchie envers le patron.

Une conséquence de la nécessité de la volonté et du consentement pour pouvoir divorcer, c'est l'impossibilité pour le *furiosus* de rompre son mariage. En effet le *furiosus* n'a pas de volonté.

Ici encore il est évident qu'il ne s'agit que de la situation de celui qui envoie le libelle de divorce, car la volonté de l'époux répudié n'est pas nécessaire : or l'époux en état de folie *ignorantis loco habetur* (1). Nous rappelons seulement que la folie de l'époux ne peut par elle-même être une cause de divorce et à cet égard nous ne pouvons que renvoyer à notre chapitre des causes du divorce.

Outre le consentement, une autre condition essentielle résulte des modifications introduites par Justinien en cette matière. Cette condition est le consentement du père ou de la mère qui auraient donné ou promis une dot ou bien fait une donation *propter nuptias*. Justinien voulait par là empêcher que les conjoints ne pussent

(1) D. *De div.*, 4.

s'entendre pour une répudiation sans motifs dont l'effet aurait été de faire profiter l'époux répudié d'une libéralité qui ne lui avait été faite qu'en vue du mariage; c'était là d'ailleurs une prévision qui paraît difficilement justifiable. En effet, si un époux veut gratifier l'autre, comment admettre qu'il le répudie?

SECTION II

CONDITIONS EXTRINSEQUES

Sous la République, avec le caractère patriarcal des mœurs primitives, l'intervention de la famille était nécessaire pour la validité du divorce. Lorsque le mari se trouvait dans un cas de légitime répudiation, il ne pouvait juger sa femme que devant un tribunal domestique où étaient appelés les parents de la femme.

La sanction était une répression pénale infligée par les censeurs et la confiscation des biens.

Valère Maxime (1) cite l'exemple de Lucius Antonius que les censeurs firent expulser du Sénat en l'an 107 avant J.-C. parce qu'il avait répudié sa femme sans soumettre le cas à la famille de celle-ci.

Quand le divorce devint plus fréquent, l'usage introduisit, à défaut de la loi, certaines formes et conditions qui, sans avoir le caractère de prescriptions légales, étaient généralement observées.

(1) L. II, ch, 9, § 2.

Nous trouvons encore ici dans Valère Maxime
à qui nous devons de si précieux renseignements
sur les mœurs et les coutumes de Rome au temps
dé la République et de l'Empire, un passage (1)
qui nous apprend que les époux qui voulaient
divorcer se rendaient sur le mont Palatin et que
là, devant l'autelde Junon *Viriplaca*, ils essayaient
souvent de se réconcilier ; cette scène a été retra-
cée en termes élevés dans un discours prononcé
au Tribunat le 29 ventôse an XI par le tribun Ca-
rion Nisas. « C'était au temple, dit-il, devant les
autels de Junon conciliatrice, de Junon qui présidait à l'union conjugale, que se rendaient les
deux époux. C'était à l'aspect de ces mêmes flam-
beaux qui avaient éclairé les pompes de leur hy-
men, sous ces mêmes voûtes qui avaient retenti
de leurs premiers serments ; c'était dans ces lieux
si propres à faire revivre tant d'heureux souvenirs
et de chastes pensées, qu'on les conjurait, au nom
de tout ce qu'il y a de saint et de sacré, de se dé-
sister du dessein de séparer ce que la société et la
nature, le ciel et la terre avaient uni. »

Quant aux conditions de la validité du divorce,
il suffisait d'une volonté nettement exprimée
transmise au conjoint par messager *(per nuntium*,
ou par lettre *(per epistolam)*, sauf dans les cas où
la *remancipatio* et la *diffarreatio*, rupture du lien
religieux, étaient nécessaires.

(1) Livre II, ch. 1, 6.

Comme signe extérieur du divorce, le mari reprenait à sa femme les clefs qu'il était d'usage de donner en se mariant *ob significandam partus felicitatem*. Si la femme était coupable on la dépouillait de la *stole*, vêtement des matrones, pour la revêtir de la *toge*, vêtement des courtisanes.

Mais ces formes étaient-elles indispensables?

Un passage de Cicéron nous conduit à en douter et à admettre que le divorce résultait de plein droit d'une nouvelle union contractée sans que la femme eût été prévenue. Dans ces causes, nous dit-il (1), au sujet de l'enfant né d'une seconde femme sans que le *repudium* eût été envoyé à la première, un dissentiment profond régnait entre les hommes les plus expérimentés dans la science du droit.

Sous l'Empire la loi Julia *de adulteriis* s'occupa principalement d'astreindre le divorce à certaines formes déterminées. L'ancien tribunal domestique fut remplacé par la présence de sept citoyens romains et pubères, outre l'affranchi de celui qui signifiait le libelle de divorce, afin de bien constater le fait de l'accomplissement de ce divorce (2).

On lacérait les tablettes contenant le mariage et on constatait le divorce par une transcription sur les registres publics. Le *repudium* devait être apporté à l'époux par un affranchi, qui devait avoir

(1) *De oratore.*
(2) D., *de div.*, l. 9,

reçu sa liberté de l'époux lui-même ou d'un de ses ascendants.

Le libelle contenait, s'il s'agissait de rupture de fiançailles, les mots : *conditione tua non utor*, et, s'il s'agissait de répudiation : *tuas res tibi habeto* ou (*agito*), *redde meas*.

Ces paroles, ces formules étaient-elles solennelles? C'est l'avis de Cujas et de Pothier, qui s'appuient sur les habitudes formalistes des Romains et sur la nécessité de préciser les cas où il y aurait adultère.

Une autre opinion (1) veut que toutes formules analogues pussent être employées : et on relève, à l'appui de cette doctrine, des passages d'auteurs plus littéraires, il est vrai, que juridiques : par exemple dans Pétrone : « Qui fidem scelere violasti et communem amicitiam, res tuas ocius tolle, et alium locum quem polluas quære » ; ou dans Apulée : « Confestim toro meo divorte, tibique res tuas habeto ». Il suffit de citer ces deux passages, ou tout au moins le premier, pour se convaincre qu'il n'y a rien là d'une formule proprement dite : on sait, en effet, combien étaient significatives dans leur impérative brièveté les formules que les Romains employaient pour tous les actes importants de la vie civile! les mots *tuas res tibi habeto, redde meas*, répondent tout à fait au contraire à cette idée. Nous partageons donc l'opinion de Cujas et nous pensons

(1) Mazerolle.

avec lui que les formes prescrites par la loi Julia *de adulteriis* devaient être observées à peine de nullité.

Mais où nous nous séparons de lui, c'est quand il prétend que le divorce doit rentrer dans la catégorie des *actus legitimis*. Il ne figure pas en effet dans l'énumération donnée de ces actes au titre *de regulis juris* au Digeste (1).

L'envoi du *repudium* était, au point de vue civil, la formalité essentielle à remplir : c'était le seul signe légal de la volonté chez l'époux de se séparer de son conjoint : seul il attestait la résolution persévérante.

Mais par cela même, dès cet envoi fait, n'eût-il pas encore été transmis à l'autre conjoint, le mariage était dissous (2). En effet, le consentement de l'époux répudié était absolument indifférent.

L'envoi du *repudium*, alors qu'il n'avait pas été accepté par le conjoint, permettait cependant un retour de volonté : c'est en effet une règle qu'on retrouve dans tous les actes juridiques. L'époux pouvait regretter sa détermination et s'il n'en avait pas été pris acte, le mariage subsistait (3).

Justinien modifia peu les formes du divorce telles que la loi Julia les avait établies. L'envoi du *libellus repudii*, la présence de sept témoins et de l'affranchi porteur du libelle fut toujours néces-

---

(1) L. 77.
(2) D., *de div.*, 1. 6.
(3) D., *de div.*, 1. 3 et 7.

saire. Seulement la femme du militaire en expédition qui n'avait pas donné de ses nouvelles pendant dix ans, devait pour se remarier adresser le libelle au général ou au tribun sous les ordres duquel il servait (outre une supplique à l'empereur) (1).

Quant au captif dont l'existence était incertaine, elle était, aux termes de la même Novelle, dispensée de cet envoi au cas où elle voulait se remarier au bout de cinq ans. Où en effet l'aurait-on adressée puisque le captif n'a plus de chef militaire?

Pour terminer l'examen des formes du divorce sous Justinien, signalons encore comme cas de divorces tacites l'adoption d'un gendre ou d'une bru sans l'affranchissement de l'époux qui est *in potestate patris* et l'acceptation de la dignité de sénateur par l'époux d'une affranchie. Nous avons examiné ces différents cas dans notre chapitre relatif aux causes de dissolution de mariage autres que le divorce proprement dit, et nous n'avons donc pas à y revenir.

(1) Nov. 22, ch. 7.

CHAPITRE VI

DES EFFETS DU DIVORCE

SECTION I

EFFETS DU DIVORCE QUANT A LA PERSONNE DES ÉPOUX

Sous la République la loi prononçait des flétrissures morales contre celui des époux qui avait donné lieu au divorce.

Avant la loi des Douze Tables, alors que l'homme avait seul le droit de répudier, il était voué aux Dieux Infernaux s'il répudiait sa femme en dehors des causes déterminées par les lois de Romulus. C'est ce que nous apprend Plutarque dans le passage déjà cité.

Plus tard les Censeurs infligèrent dés flétrissures morales et entre autres notèrent d'infamie l'époux coupable.

Sous l'Empire les peines s'adoucissent avec l'influence des mœurs publiques : la préoccupation du législateur consiste plutôt à assurer un second mariage qu'à punir la rupture du premier. Le mari pouvait immédiatement se remarier, la femme ne le pouvait qu'après l'année de deuil; mais l'un comme l'autre devaient le faire dans un délai déterminé pour ne pas encourir les incapacités dont les lois Julia et Papia Poppœa frappaient les *cœli-bes*. Aux termes de ces lois, ce délai était pour les femmes de dix mois d'abord (expiration du délai de veuvage), de dix-huit mois ensuite.

Dans les soixante jours qui suivaient le divorce, excepté quand il avait eu lieu *bonâ gratiâ*, la femme ne pouvait affranchir ni aliéner ses escla-ves (1), afin de les réserver pour le cas où on aurait besoin de les interroger si elle venait à être soupçonnée d'un crime.

Quant aux peines pécuniaires (*retentiones*) infligées à la femme ou au mari par les lois Julia et Papia Poppœa pour divorce injuste, elles intéressaient plutôt les biens que la personne des époux, et nous nous réservons d'en parler en exposant les effets du divorce sur les biens des époux divorcés.

Sous les Empereurs chrétiens les effets du divorce varièrent suivant que le divorce intervenait pour une des causes déterminées par la loi ou qu'il était le fait du caprice de l'un des époux. En dehors des effets relatifs aux biens et dont nous aurons à nous occuper ultérieurement, les époux divorcés contrairement aux vœux de la loi étaient atteints dans leur liberté personnelle; ils ne pouvaient se remarier ni l'un ni l'autre, et de plus la femme était déportée dans une île. Nous avons vu que si le mari se remariait, la première femme

______

(1) D., *qui et a quibus man.*, l. 14, § 1.

avait le droit d'envahir sa maison et de prendre pour elle la dot de sa seconde épouse.

Nous rappelons que Constantin avait permis le mariage à la femme du soldat dont on n'avait pas de nouvelles depuis quatre ans, à condition qu'elle eût averti de son intention le général de son premier mari.

La constitution d'Honorius introduisit contre la femme divorcée de nouvelles pénalités. En ce qui concerne sa personne, elle était, au cas de divorce effectué sans cause, condamnée à la déportation et dépouillée du droit de se remarier ; au cas de divorce motivé sur des fautes de peu d'importance, elle était astreinte à la viduité ; au cas de divorce juste, la femme, si le divorce était prononcé à son profit, pouvait se remarier cinq ans après le divorce, le mari le pouvait immédiatement.

Le Code Théodosien adoucit les sévérités de la constitution d'Honorius. La femme qui envoyait le *repudium* au mépris de la loi ne fut plus condamnée à la déportation et au célibat perpétuel : elle n'était exclue du mariage que pendant cinq ans ; seulement elle encourait l'infamie.

En cas de répudiation motivée et légitime de sa part, elle pouvait se remarier au bout d'une année, et pour établir l'adultère, le crime de lèse-majesté ou les violences exercées sur elle, elle pouvait aussi bien que son mari interroger les esclaves pubères de son conjoint.

Le mari, dans tous les cas, que le divorce fût ou non justifié, pouvait se remarier sur-le-champ.

Justinien apporta dans la matière du divorce son caractère mobile et brouillon. Il y revint à plusieurs reprises et nous pouvons résumer de la manière suivante ses innovations en ce qui concerne les effets du divorce par rapport à la personne des conjoints.

Si le divorce avait lieu *bona gratia* par consentement mutuel, il fallait distinguer si cette séparation avait ou non une juste cause (par exemple l'entrée en religion des deux époux ou de l'un d'eux). Dans le cas où cette juste cause n'existait pas, les époux étaient enfermés dans un monastère pour le reste de leur vie. Ils ne pouvaient échapper à cette pénalité qu'en se réunissant avant d'être enfermés dans le monastère et en reprenant la vie commune (1).

Si le divorce avait lieu pour une cause légale ou déterminée, il n'y avait, aux termes de la législation de Justinien, d'effets par rapport à la personne des conjoints que dans le cas de répudiation injuste par la femme; elle était alors enfermée dans un monastère jusqu'à sa mort (2).

Quant à la personne des enfants, Justinien décida d'abord dans le Code qu'elle serait confiée au père ou à la mère selon la volonté du juge.

(1) Nov. 134, ch. 11.
(2) Nov. 117, ch. 13.

Dans ses novelles (1) il adopta un autre système :
si le divorce avait lieu par la faute du père, les
enfants devaient être élevés aux frais de celui-ci
par la mère non remariée; si le divorce avait lieu
par la faute de la mère, les enfants devaient rester
chez le père, à moins que la femme ne fût beaucoup
plus riche : dans ce dernier cas, c'était à elle à les
nourrir. Nous reviendrons d'ailleurs sur ce point
dans la section III.

SECTION II

EFFETS DU DIVORCE QUANT AUX BIENS DES ÉPOUX

En ce qui concerne les biens, le divorce produisait également des effets importants qui varièrent
avec les différentes périodes de la législation.

A l'origine, le mari qui donnait lieu à la répudiation perdait ses biens en vertu de la loi de Romulus dont nous avons déjà parlé; quant à la
femme, elle perdait sa dot de plein droit, c'est ce
que nous apprennent Pline (2) et Valère Maxime (3). D'ailleurs, à cette époque, la plupart des
mariages étant accompagnés de la *conventio in
manum*, la femme était vis-à-vis de son mari dans
la position d'une fille, *loco filiæ*, et ses biens s'ab-
sorbaient définitivement dans le patrimoine de la
famille de son mari (4). Mais cette confusion de
biens résultant de la *manus* n'exista que pendant

(1) Nov. 117, ch. 7.
(2) *Nat. hist.*, XIV, 13.
(3) VIII, 23.
(4) Gaius, III, §§ 82 et 83.

un certain temps, au moins d'une manière aussi absolue. L'application rigoureuse des principes de la *manus* aurait amené des conséquences désastreuses pour la fortune des femmes répudiées. Cicéron affirme même que tous les biens apportés par la femme sont censés remis au mari à titre de dot : « quum mulier viro in manu convenit, omnia quæ mulieris fuerunt viri fiunt dotis nomine (1). »

Plus tard, à l'époque florissante du divorce, on stipula en se mariant le retour de la dot en cas de divorce.

Aulu-Gelle (2) nous a, rappelons-le, transmis un passage de Servius Sulpicius dans son ouvrage *de dotibus* où il est dit que « l'on commença à s'apercevoir de la nécessité des *cautiones rei uxoriæ* lorsque Carvilius Ruga, homme appartenant à la haute société romaine, répudia sa femme (3).

En cas de divorce le juge de l'action *rei uxoriæ* dut examiner lequel des époux l'avait nécessitée, et lui infliger une amende pécuniaire prélevée sur la dot. « Si quid tetre perversumque factum sit a muliere, eam mulctari », nous dit le sévère Caton.

C'est à cette époque que le mariage libre vint remplacer la *manus* en mettant les deux époux sur le pied d'une parfaite égalité. Dès lors il ne se produisait aucune confusion de biens.

(1) *Top.*, ch. 4.
(2) *N. att.*, IV, ch. 3, § 1.
(3) Memoria traditum est quingenta fere annis post Romam conditam nullas rei uxoriæ neque actionis in urbe Romana aut in Latio fuisse S. Sulpicius tum primum cautiones uxoriæ necessarios esse viros scripsit (*Nuits att.*, IV, 3).

C'est ce mariage qui donna naissance au régime dotal proprement dit : le mari, qui devenait propriétaire de la dot, était obligé, le cas échéant, à restitution, la femme gardait comme propriétaire les biens qu'elle ne s'était pas constitués en dot, propriété analogue aux biens paraphernaux de notre droit coutumier et de notre régime dotal actuel. C'est la loi Julia *de adulteriis* qui apporta la première limitation au droit de propriété du mari, en lui défendant d'aliéner les immeubles dotaux sans le consentement de sa femme et de les hypothéquer même avec son consentement (1).

On conçoit aisément que plus le mariage était affranchi des dispositions rigoureuses de la *manus*, plus le divorce était facile : il y avait là un effet réciproque dont le législateur qui favorisait en même temps les seconds mariages devait se préoccuper dans l'intérêt social. C'est cet intérêt qui présidait à toutes les dispositions relatives aux femmes édictées sous le règne du fondateur de l'Empire. Il fallait assurer la conservation des biens de la femme pour qu'elle pût se remarier et on peut rappeler ici la fameuse maxime si souvent citée en 1803 : « Republicæ interest mulieres dotes salvas habere propter quas nubere possint (2). »

Le sort des biens de la femme et la préoccupation de lui assurer la facilité d'un second mariage n'avaient pas été, dans cette période de création

(1) Inst., II, 8 pr. — Gaius, II, § 62 et 63. — Sent. Paul, II, 21, § 2.
(2) D., 23, 3, 2.

du droit définitif, la seule considération qu'on eût eue en vue.

Il paraît certain que dès cette époque le législateur s'était préoccupé du sort des enfants, et qu'il existait déjà des *retentiones propter liberos*, institution qui devait se compléter et se modifier pendant l'empire et à l'époque classique de la jurisprudence.

A cette dernière époque le mari en divorçant devait rendre la dot.

Il la rendait à la femme si elle était *sui juris*. Elle avait pour la réclamer l'action *rei uxoriæ*, action personnelle et de bonne foi.

Si la femme était *alieni juris*, c'était au père qu'appartenait l'action *rei uxoriæ*, puisque tout ce qu'acquérait le fils ou la fille de famille était acquis au père.

L'inconduite de la femme était punie par une retenue sur la dot, celle du mari par la perte ou l'abréviation des termes qu'il avait pour restituer les biens dotaux.

Ulpien parlant des *retentiones* s'exprime ainsi (1) : « Morum nomine, graviorum quidem sexta retinetur, leviorum autem octava : graviores mores sunt adulteria tantum, leviores autem omnes reliqui. Mariti mores puniuntur in ea quidem dote quæ a die reddi debet ita, propter majores mores præsentem reddit, propter minores senum

______

(1) Reg. VI, §§ 12, 13.

mensum die. In ea autem quæ præsens reddi solet tantum ex fructibus jubetur reddere, quantum
in illa dote quæ triennio redditur, repræsentatio
facit. »

Ainsi, en cas d'adultère de la femme, le mari re-
tient un sixième de la dot, pour une faute plus
légère le huitième seulement. En cas d'adultère du
mari, celui-ci est privé du bénéfice du terme et
rend immédiatement les biens qu'il aurait pu
ne rendre qu'en trois ans *(annua, bima, trima
die)*.

S'il n'est coupable que d'inconduite, il rendra
cette dot dans un délai moindre de moitié, c'est-à-
dire en 18 mois *(senum mensum die)*. Si la dot ne
consiste pas en choses qui se pèsent, se comptent
ou se mesurent, c'est-à-dire si elle est par elle-
même immédiatement restituable, le mari paie à
sa femme une quantité de fruits correspondant
au temps dont la restitution serait avancée si elle
était restituable en trois termes. Le mari, condamné à rembourser immédiatement la dot restituable en trois termes, perdra l'intérêt d'un an
pour le premier tiers, l'intérêt de deux ans pour
le second tiers et l'intérêt de trois ans pour le troisième tiers (ce qui répond pour la totalité du capital à une perte de deux ans d'intérêts en cas
d'adultère, et d'un an seulement en cas d'inconduite simple).

Pour toucher ces sommes, la femme avait, soit
devant le juge de l'action *rei uxoriæ* une exception

de *retentio*, soit dans le *judicium de moribus* une action pénale. Cette action était destinée à punir les fautes plus ou moins graves commises par les époux pendant le mariage. Elle était donc réservée à l'époux seul et ne passait pas à ses héritiers, de même qu'elle ne pouvait être intentée contre les héritiers de l'autre époux. De plus, l'époux qui s'était adressé à l'action publique ne pouvait plus ensuite intenter le *judicium de moribus* et récipro-quement « non inique repellitur qui commodum dotis vindictæ domus suæ præponere non eru-buit », nous dit Papinien à l'occasion de la dernière règle que nous venons de poser (1).

La réciprocité des torts mettait également obs-tacle à l'exercice de l'action : « paria enim delicta mutua pensatione dissolvuntur. » Il en serait de même des torts dont l'autre époux est responsable comme les ayant encouragés ; par exemple, si l'a-dultère de la femme était le résultat d'une prosti-tution ordonnée par le mari : cette circonstance mettait obstacle à l'exercice du *crimen adulterii* aussi bien qu'à la rétention *morum nomine* (2). Enfin, en cas de réconciliation, alors même qu'elle se serait arrêtée aux nouvelles fiançailles (3) il n'y avait pas lieu à l'action.

Il en était de même au cas où le mari auquel les biens constitués en dot n'auraient pas été re-

---

(1) D., 48, 5, 3.
(2) D., *de solut. matrim.*, 1. **39 et 47**.
(3) D., 24, 3, 38.

mis, serait inactif après le divorce, cette abstention faisant présumer la renonciation à la réclamation (1).

Une autre retenue pouvant résulter du divorce est la *retentio propter liberos* qu'il ne faut pas confondre avec une autre *retentio* également fondée sur l'intérêt des enfants, *retentio* qui a lieu sur la dot profectice au cas de dissolution du mariage et qui consiste en autant de cinquièmes qu'il y a d'enfants (2).

La *retentio propter liberos* dont il s'agit ici avait lieu quand le divorce arrivait par la faute de la femme ou de l'ascendant sous la puissance duquel elle se trouvait placée (3). Les frais d'entretien et d'éducation restent à la charge du père, il est donc juste qu'une partie de la dot lui soit abandonnée pour subvenir à ces charges. Cette retenue est d'un sixième par enfant sans pouvoir jamais dépasser la moitié de la dot.

De ce qui précède il résulte qu'elle ne peut jamais être exercée si la femme (ou son ascendant) n'est pas dans son tort ou s'il n'y a pas d'enfants. Elle ne représente en réalité que l'indemnité due par la femme au mari par suite de ce fait que les enfants sont désormais à sa charge exclusive et cela par suite d'un fait imputable à la femme.

Le mari ne peut exercer la *retentio propter li-*

(1) D., 23, 3, 69.
(2) Ulp., Rég. VI, § 4.
(3) Ulp., Rég. V, § 10.

beros par voie d'action, mais seulement par voie d'exception, en réponse à l'action *rei uxoriæ*, action de bonne foi, comme on sait. Si la femme réclamait sa dot par l'action *ex stipulatu*, qui est de droit strict, l'exception ne pouvait être admise.

La retenue dont il s'agit avait un caractère pénal à la différence de la *retentio* de la dot profectice avec laquelle, comme nous l'avons dit, il faut se garder de la confondre : aussi s'exerçait-elle sur la dot adventice et jamais sur la dot réceptice : quant à la dot profectice, la *retentio* dont nous parlons ne s'exerçait sur elle que lorsque le divorce avait lieu par le fait du père de famille.

De ce que la *retentio propter liberos* ne pouvait être admise qu'en cas de faute de la femme, il suit qu'elle ne pouvait être exercée au cas de divorce *bonâ gratiâ*, sauf, bien entendu, l'hypothèse d'une convention expresse, écartant la nécessité d'une faute de la femme.

Ajoutons que (à la différence de celle qui motivait la *retentio propter mores*), cette faute n'était pas nécessairement une faute contre les mœurs : elle pouvait résulter de l'envoi d'un *nuntium repudii* injustifié. Mais l'envoi du libelle, s'il était justifié, ne pouvait suffire à constituer la femme en faute : la faute est en effet, nous dit Papinien (1), à celui qui a amené la nécessité du *repudium* et non pas toujours à celui qui l'a envoyé.

On attribue aux lois caducaires l'institution des

(1) Fr. Vatic., § 121.

retentiones propter liberos et propter mores; elles procèdent évidemment des principes qui ont déterminé le législateur à édicter ces lois célèbres ; mais, si la corrélation paraît infiniment probable, ce n'en est pas moins une simple conjecture qui ne repose sur aucun texte.

Les textes existants ne nous fournissent également que des données obscures et sans précision par rapport à la question de savoir si les deux *retentiones* pouvaient être cumulées ou si le mari était obligé d'opter entre les deux. Le regretté M. Pellat, dont le savant ouvrage a une si grande autorité en ces matières, déclare qu'il est impossible de se prononcer sur ce point (1). Nous croyons cependant pouvoir avec Cujas conclure en faveur du cumul.

Les partisans de l'opinion contraire font remarquer d'abord que la *retentio propter liberos*, plus large que la *retentio propter mores*, s'applique à tous les cas où il y a faute de la femme et par conséquent au cas où la *retentio propter mores* était possible : elles faisaient donc double emploi et lorsqu'il y avait des enfants, la *retentio propter liberos* suffisait.

Ils ajoutent qu'Ulpien déclare que la dot qui a subi une rétention ne peut en subir une seconde : « dos quæ semel functa est amplius fungi non potest, nisi aliud matrimonium sit » (2).

(1) *De jure dotium,* p. 37.
(2) Rég. VI, 11,

A l'argument de raisonnement ou plutôt de législation, nous répondrons que la *retentio propter liberos* a surtout pour but d'empêcher le mari de subir un préjudice par suite de la faute de sa femme : c'est là une simple indemnité qui n'a rien de commun avec la peine que la femme doit subir à raison de son inconduite. D'ailleurs les actions pénales en concours ne s'excluent pas, non plus que les exceptions.

Quant à l'argument de texte, nous pouvons répondre que l'explication donnée au passage d'Ulpien semble un commentaire plutôt qu'une traduction. Cujas le traduit ainsi : « Une dot qui a fait sa fonction de dot en a perdu le caractère et ne peut le reprendre que par un autre mariage », maxime absolument étrangère à notre matière. Nous avouons que cette seconde traduction ne nous satisfait pas plus que la première, et que dans l'état actuel de la science par rapport aux sources du droit romain, ce passage d'Ulpien, que ne vient éclairer et corroborer aucun texte, nous paraît absolument inintelligible.

Les *retentiones* perdirent de leur utilité lorsque les constitutions des empereurs chrétiens établirent des peines contre le divorce. Mais Justinien seul les supprima expressément (1) pour mettre fin, dit-il avec son outrecuidance ordinaire, aux controverses auxquelles donnait lieu cette

____

(1) C. V, 13, loi unique, § 5.

partie du droit : « Taceat in retentionem verbo-
sitas : quid enim opus est inducere ob mores retentionem, alio auxilio constitutionibus intro-
ducto. »

Le *judicium de moribus* fut également
abrogé (1) : il n'avait plus en effet de raison d'être
du moment qu'il n'était plus permis de divorcer en dehors de certains cas, ce qui résultait,
comme nous l'avons vu, des constitutions de
Constantin, d'Honorius, de Théodose le Jeune.

Rappelons que si, en dehors de ces cas, un des
époux envoyait à son conjoint le *libellus*, les
peines qu'il encourait à raison de ce fait n'empê-
chaient pas le mariage d'être dissous : nous en
trouvons la preuve dans l'insertion au Code, par
Justinien de la constitution d'Alexandre (2) :
« Libera matrimonia esse antiquitus placuit :
ideoque pacta ne liceret divertere, non valere; et
stipulationes quibus pœnæ irrogarentur ei qui
quæve divortium fecisset ratas non habere
constat. »

Nous avons vu au chapitre des causes du divorce dans quels cas les Empereurs chrétiens
admettaient que le divorce peut être provoqué.
Nous avons vu aussi dans la première section
du présent chapitre les peines personnelles qui
frappaient l'époux divorçant en dehors de ces
cas.

(1) C., *de repud. et jud.*, **Const. 11, § 2.**
(2) C. 2, 8, 39.

En ce qui concerne les biens rappelons que Constantin déclara (1) que la femme qui envoyait le *libellus* à son mari en dehors des trois cas prévus devait abandonner dans la maison conjugale tout ce qu'elle y avait apporté, jusqu'à sa coiffure, *usque ad cucullum capitis.* A quoi lui auraient servi ces biens dans le lieu de déportation !

Quant au mari, nous avons déjà signalé, à propos des effets du divorce sur les personnes, la peine singulière instituée par Constantin dans la même constitution (invasion du nouveau domicile par la femme répudiée).

La constitution de Théodose et Honorius (2) distingue quant aux peines pécuniaires les divers cas de divorce.

Si la femme répudiait son mari sans motif, outre les peines personnelles, elle perdait les *sponsalitias largitàtes* et ne pouvait réclamer sa dot. De même si elle le répudiait sur des motifs insuffisants *(leves culpas).* La différence entre les deux cas ne consistait que dans les peines personnelles. Mais au contraire si elle pouvait prouver à la charge de son mari *gravia et certa crimina,* elle pouvait réclamer sa dot et la donation *ante nuptias.*

Quant au mari, s'il divorçait sans motifs, il rendait la dot et perdait la donation *ante nuptias.* S'il n'avait à reprocher à la femme que la *levitas*

(1) C, Th., 3, 16, 1.
(2) C. 2, 3, 16.

morum, il rendait encore la dot, mais il gardait la donation *ante nuptias;* enfin s'il divorçait *probatis causis*, il gardait l'une et l'autre.

Nouvelle modification résultant de la constitution de Théodose le Jeune et Valentinien III (1) réglementant à nouveau les causes du divorce.

La distinction des *leves culpas* et des *gravia crimina* est supprimée.

Si la femme répudie son mari hors des cas prévus par la constitution, elle perd dot et donation *ante nuptias;* si elle le répudie dans un des cas prévus, elle reprend l'une et garde l'autre (2).

Il en est de même pour le mari qui, dans le premier cas, rend la dot et perd la donation *ante nuptias*, et dans le second cas garde l'une et l'autre.

Toutefois nous verrons que si les époux divorcés avaient des enfants, le gain que l'un des époux pouvait retirer du divorce devait leur être remis au jour de sa mort. Il en résultait que les biens ne pouvaient être ni hypothéqués ni aliénés à des étrangers.

Si malgré cette prohibition les biens étaient sortis du patrimoine du père ou de la mère, les enfants pouvaient les revendiquer contre les tiers détenteurs (3), pourvu qu'ils ne soient pas héritiers de leur père ou de leur mère (4). Justinien dans le

---

(1) C., *de repud.*, 8.
(2) *Ibid.*, § 4.
(3) C., *de repud.*, 8, § 7.
(4) **Quem de exceptione tenet actio eumdem agentem repellit exceptio.** Cf. D., 21, 2, 17.

Code (1) et dans les Novelles modifia de nouveau, comme nous l'avons dit, et à diverses reprises, les causes de divorce. En ce qui concerne ses effets pécuniaires, il commença par maintenir les règles de la constitution de Valentinien et Théodose (2) spécialement en ce qui concerne l'obligation du mari de conserver à ses enfants le gain du divorce, obligation emportant la prohibition d'aliéner et d'hypothéquer. Il abrogea ensuite cette défense dans sa Novelle 22 (3), puis la rétablit dans sa novelle 98 (4).

De plus il prévit le cas d'un mariage contracté sans dot, cas dans lequel la loi laissait le divorce impuni au point de vue pécuniaire (5).

L'homme qui, marié à une femme sans dot, la répudie sans motif légal ou lui donne lui-même de justes causes de répudiation, doit donner à sa femme le quart de sa fortune jusqu'à concurrence de cent livres d'or. Il en est de même pour la femme elle-même mariée sans dot.

L'obligation pour les époux de conserver aux enfants les gains du divorce s'appliquait à la disposition ci-dessus.

Mais une exception aux diverses peines pécuniaires était introduite au cas où le divorce était motivé sur l'impuissance naturelle du mari pro-

(1) C., *de repud.*, 8, § 5.
(2) Nov. 2, ch. 2.
(3) Chap. 20, § 1.
(4) Ch. 1.
(5) C., *de repud.*, 11, § 10, et Nov. 22, ch. 18.

longée pendant le temps déterminé par ces lois elles-mêmes. En ce cas la femme ne perdait pas sa dot, mais le mari qui, pouvant ignorer son impuissance, n'avait aucune faute à se reprocher, gardait la donation *ante nuptias* et n'encourait pas l'amende des cent livres d'or au profit de la femme.

Un nouveau système de peines fut inauguré par la Novelle 117 : aux termes de cette loi les peines varièrent selon qu'il y avait ou non des enfants issus du mariage. S'il n'y avait pas d'enfants le mari acquérait la pleine propriété des biens dont était privée sa femme : et en cas d'adultère il gardait la dot et prenait sur les autres biens une valeur égale au tiers de cette dot (1). Que si le mari a accusé sa femme d'adultère sans le prouver, elle peut, de son côté, en demandant le divorce, réclamer la donation *ante nuptias* et une somme égale au tiers de cette donation (2). Il en est de même en cas d'adultère du mari quand il est puni, c'est-à-dire s'il vit d'une façon scandaleuse avec des concubines malgré les remontrances de sa femme.

S'il y a des enfants du mariage, le droit de l'époux sur les biens qui lui sont attribués est restreint à un usufruit, et la nu-propriété appartient aux enfants. Quant aux autres biens, si la femme divorce sans motif, ils sont attribués en pleine

(1) Nov. 117, ch. 8, 32 *in fine.*
(2) *Ibid.*, ch. 9, § 4.

propriété, pour un tiers aux ascendants, s'il y en a (à moins qu'ils aient leur fille sous leur puissance), pour un tiers au couvent où elle est enfermée et pour le surplus aux enfants (1).

La Novelle 134 (2) étendit ces dernières dispositions aux deux époux. Rappelons qu'aux termes de cette constitution les époux étaient toujours libres d'échapper à ces peines en rentrant dans le mariage, et c'est alors celui qui refuse qui encourt les peines du divorce.

Avant d'abandonner cette matière des effets du divorce par rapport aux biens des époux, nous avons trois remarques à faire.

La première, c'est que les effets que nous venons de rappeler ne sont que ceux du divorce unilatéral. Les conséquences du divorce *bona gratia* pouvaient en effet varier suivant la volonté de ceux qui avaient résolu de rompre la vie commune. Il ne pouvait être question de peines au profit de l'un ou l'autre des conjoints.

La seconde, c'est que toutes les conséquences du divorce n'étaient pas défavorables aux époux ; au contraire, il rendait possibles des libéralités, qui, en principe, ne l'étaient pas.

On sait que, dans le principe, les donations entre époux étaient permises. Cette règle ne s'explique pas seulement par l'existence de la *manus*, car, dans ce cas, il ne pouvait pas y avoir donation

(1) Nov. 117, ch. 13.
(2) Ch. 11.

véritable, la femme ne possédant rien en propre et ne pouvant par conséquent ni donner, ni recevoir. Il est certain que même, quand la *manus* n'existait pas, les donations entre époux étaient permises, elles étaient même vues avec faveur, la loi Cincia en est une preuve. Mais plus tard on craignit que les époux ne se fissent des libéralités excessives, ou que l'un n'abusât de son influence sur l'autre pour se faire payer le maintien du mariage sous menace de répudiation (1) : les donations entre conjoints furent dès lors interdites par la coutume (*moribus*). Mais ce principe comportait des exceptions et la principale était la donation *divortii causa* : la cause d'incapacité relative cessant, la libéralité était permise. Seulement il fallait que cette libéralité fût contemporaine du divorce (2), et il fallait aussi que le divorce eût réellement lieu : d'où Ulpien tire à bon droit la conséquence que la donation serait nulle si le donateur mourait avant que le divorce fut accompli : « Sed si mors sit insecuta non videri factas res mulieris : quia donatio in alium casum facta est (3). »

Peu de temps après Ulpien, un Sénatus-consulte rendu sous Caracalla déclarait les donations entre époux valables, mais toujours révocables : le divorce fut dès lors considéré comme une révocation

(1) D., 24, 1, 2.
(2) D., 24, 1, 1. 11 et 12.
(3) *Ibid.*, 1. 13 pr.

tacite ; mais le rapprochement des époux faisait revivre la donation.

Nous ferons enfin remarquer que si l'un des conjoints avait été victime de détournements commis par l'autre conjoint, il pouvait intenter contre lui l'action *rerum amotarum*.

Telles sont les conséquences du divorce par rapport aux biens des époux divorcés. On observera que nous avons été amenés en même temps à traiter des peines pécuniaires successivement portées contre le divorce. C'est là un sujet que nous avions déjà effleuré dans notre chapitre *des causes du divorce*, mais dans une pareille matière où les textes successifs ont été si multipliés par Justinien, il est impossible de ne pas revenir sur des points déjà mentionnés. Nous préférons encourir le reproche de redites et de longueurs, plutôt que celui de confusion ou d'omissions.

<h2 style="text-align:center">SECTION III</h2>

EFFETS DU DIVORCE RELATIVEMENT AUX ENFANTS ISSUS DU MARIAGE

En examinant les effets du divorce relativement aux biens des époux, nous avons vu que les intérêts des enfants avaient été protégés, puisque le bénéfice résultant du divorce devait être conservé par l'époux auquel il avait été attribué, pour être remis après sa mort à ses enfants. C'est là l'objet de la *retentio propter liberos*.

Nous n'avons donc rien à ajouter en ce qui concerne les effets pécuniaires du divorce par rapport aux enfants. Mais nous avons à nous demander, et c'est là une question qui a toujours, et à juste titre, préoccupé les législateurs du divorce et qui a servi de prétexte à ses détracteurs, ce que devaient devenir après le divorce les enfants, et à qui devait être confiée leur garde.

Il est évident que la solution de cette question était à Rome intimement liée à la constitution de la puissance paternelle : « Nulli fere populi talem in suos liberos habent potestatem qualem habemus », disait-on pour rappeler le caractère particulier de cette institution, dans l'organisation de laquelle Montesquieu voit une des causes de la grandeur des Romains. Aussi, à l'époque qui suivit la loi des XII Tables, et pendant la période de formation du droit romain qui devait aboutir à cet épanouissement admirable dont le siècle des Antonins fut le témoin, le père investi de la plénitude de la puissance paternelle devait tenir et tenait les enfants sous sa garde, même après le divorce.

En même temps que le droit arrivait, grâce à l'influence parallèle de la jurisprudence et de la doctrine, à ce *summum* de l'époque des jurisconsultes, il s'était produit dans les mœurs un adoucissement qui devait permettre à la loi de se départir de ses rigueurs et admettre au principe de la puissance paternelle des atténuations et des tempéraments.

Un décret d'Antonin le Pieux et un rescrit de Marc-Aurèle et d'Alexandre-Sévère admettaient que la mère pourrait garder ses enfants après le divorce s'il y avait des raisons sérieuses pour agir ainsi; elle obtenait une exception pour repousser la réclamation du père (1). En principe le père pouvait réclamer son enfant par les interdits *de liberis exhibendis* ou *de liberis ducendis* (selon qu'il s'agissait de représenter ou de restituer l'enfant). Antonin permit au préteur de maintenir l'enfant chez la mère en opposant à ces interdits l'interdit *ne vis fiat* rendu à la suite d'une *cognitio causæ*. Ainsi si le père réclamait l'enfant par une revendication *adjectâ causâ* le préteur accordait à la mère une exception *cognita causa* (2).

Il va de soi qu'il s'agit d'enfants enlevés par la mère, emmenés avec elle; car s'ils sont restés en possession du père aucune action n'est donnée à la mère pour se les faire remettre.

Un grand empereur que les historiens modernes n'ont pas placé assez haut, Dioclétien, alla plus loin et, embrassant à cet égard les idées qui devaient triompher par le christianisme qu'il persécutait, il autorisa le juge à décider quel serait celui des époux auquel seraient confiés les enfants (3).

Justinien, qui avait adopté ces principes par l'insertion au Code de la constitution de Dioclé-

(1) D., *De lib. exhib.*, l. 1, § 3.
(2) D., 6, 1, l. 1, § 2.
(3) C. V, 24, l. unique.

tien, détermina dans ses Novelles (1) les règles à suivre relativement à la garde et à l'éducation des enfants après le divorce. Si c'est le père qui a donné lieu au divorce, la mère les garde, pourvu qu'elle ne convole pas à d'autres noces, mais c'est aux frais du père qu'ils sont élevés. Quand au contraire le divorce est occasionné par la mère, c'est le père qui les garde, et les frais d'éducation et d'entretien sont encore en ce cas à sa charge. Il en est autrement au cas où le père serait sans ressources, tandis que la femme au contraire serait riche ; car il est juste en ce cas, dit Justinien, que la mère entretienne ses enfants, comme, s'ils étaient riches, et qu'elle fût dans le besoin, ils devraient eux-mêmes la nourrir.

Une autre Novelle (2) prévoit le cas où les époux qui divorcent abandonneront d'un commun accord leurs enfants en les réduisant ainsi à la mendicité ; Justinien décide à titre de punition qu'en ce cas les enfants auraient la nue propriété de la dot et de la *donatio propter nuptias*, et que l'époux auquel cette dot ou cette donation devaient être attribuées n'en aurait que l'usufruit ; de plus cet usufruit était subordonné à la condition d'entretenir les enfants.

(1) Nov. 117, ch. 2.
(2) Nov. 118, ch. 2.

LÉGISLATION FRANÇAISE

INTRODUCTION HISTORIQUE

Nous avons vu le divorce établi dès la plus haute antiquité chez les Juifs, chez les Grecs et chez les Romains.

Nous savons peu de choses sur l'ancien droit gaulois. Cependant il est à croire que le mariage n'y était point indissoluble. Les lois du pays de Galles, encore en usage au dixième siècle, qui sont considérées comme ayant une origine celtique, donnaient au mari le privilège de la répudiation. Il pouvait toutefois se repentir et reprendre sa femme. Mais, s'il en avait épousé une autre, la première épouse devenait libre de convoler en secondes noces. La répudiation par l'époux était un acte libre du pouvoir marital : mais elle s'exerçait avec des conséquences plus sévères, et prenait, dans les lois galloises, le caractère du divorce lorsque la femme avait déserté le domicile conjugal.

L'épouse alors perdait sa dot et payait une amende. La femme ne pouvait abandonner son mari que pour cause d'hydrophobie, d'haleine infecte ou d'impuissance. Elle pouvait encore le quitter, si trois fois elle le découvrait avec une autre femme (1).

Les lois barbares des Burgondes et des Bavarois établis sur le territoire de l'ancienne Gaule, constatent l'existence du divorce pour des causes motivées. Seulement elles paraissent n'accorder qu'au mari le droit de renvoyer son épouse. La première de ces lois punit même de mort la femme qui abandonne son mari. Quant à celui-ci, selon qu'il a ou qu'il n'a pas de cause légitime, il ne doit pas ou il doit une indemnité à sa femme. Les lois salique et ripuaire se taisaient au sujet de la répudiation et du divorce ; mais le *Recueil des formules* de Marculfe, publié vers l'an 660, contient une formule sur le divorce, conforme sans doute aux coutumes des Francs, et destinée à suppléer le silence de leur loi écrite (2).

L'Église cependant s'élevait contre la dissolution du mariage par divorce, tout en permettant aux époux de vivre séparés lorsque la vie commune leur était devenue insupportable (3).

---

(1) Laferrière, *Histoire du droit civil de Rome et du droit français*, II, p. 65 ; Michelet, *Origines du droit français*, p. 49, 57 et 58.

(2) Laferrière, *op. cit.*, III, p. 151. — Pardessus, *Loi salique*, p. 681. — *Formules de Marculfe*, II, 30, *libellus repudii*. — D'Espinay, *De l'influence du droit canonique sur la législation française*, p. 65.

(3) D'Espinay, *op. cit.*, p. 40 et suiv., 169, et suiv.

D'après l'Eglise Romaine en effet le mariage une fois consommé ne peut être dissous que par la mort. Elle enseigne pourtant qu'il y a plusieurs causes qui permettent de se séparer même d'habitation, *quoad thorum seu quoad mensam;* ce sont : l'adultère de l'un des époux; — les mauvais traitements de l'un envers l'autre; — le fait du mari faisant profession d'hérésie, de s'efforcer d'altérer la foi de sa femme et de l'empêcher de pratiquer sa religion ; — la crainte pour la femme d'être impliquée dans les crimes de son mari ; — la fureur de l'un des conjoints poussée à tel point que l'autre ait à craindre quelque accident fâcheux; — enfin la piété des époux qui veulent renoncer aux jouissances du mariage (1).

Mais l'Église eut peine à triompher des mœurs des Francs. Nous voyons notamment Caribert, roi de Paris, délaisser Ingoberge pour épouser Ménoflède, et Chilpéric, qui avait déjà plusieurs femmes, épouser Galswinthe, sœur de Brunehaut, en répudiant les autres (2).

Dans les premières années des Carlovingiens, le divorce ne fut pas proscrit d'une manière absolue. Il resta permis, d'après le capitulaire de Verneuil rendu par Pépin le Bref en 752, d'épouser une seconde femme du vivant de la première. C'est ainsi que le mari dont la femme a machiné la mort, peut la renvoyer et en prendre une autre. De même, le

(1) *Théologie morale,* par le cardinal Gousset, I, p. 602.
(2) Augustin Thierry, *Récits des temps mérovingiens,* I, p. 263 et 280.

mari qui a été forcé de fuir dans un autre duché ou une autre province, ou qui a suivi son seigneur sans espoir de revenir au foyer domestique, peut, alors que sa femme n'a pas voulu l'accompagner, prendre une autre épouse dans sa nouvelle patrie. Mais la femme ainsi abandonnée n'a pas le même droit et doit rester dans le veuvage (1).

Sous le règne de Charlemagne, la législation devint plus sévère sur ce sujet et reproduisit les idées de l'Eglise. Le divorce fut prohibé d'une manière absolue ; il fut défendu à tout époux séparé de contracter une nouvelle union du vivant du premier conjoint (2).

Et les successeurs de Charlemagne continuèrent de combattre le divorce (3).

Il faut noter que le droit canonique déclarait le mariage nul pour cause d'impuissance antérieure au mariage ; mais l'Eglise, jouant sur les mots, in-

(1) Capit. de Verneuil, c. 5 et 9 : « Si qua mulier mortem viri sui cum aliis hominibus consiliavit,..... ille vir potest uxorem dimittere, et si voluit aliam accipiat. — Si quis necessitate inevitabili cogente in alium ducatum seu provinciam fugerit, aut seniorem suum cui fidem mentiri non poterat, secutus fuerit ; et uxor ejus, cum valet et potest, amore parentum aut rerum suarum, eum sequi noluerit, ipsa omni tempore, quamdiu vir ejus quem secuta non fuit vivit, semper inupta permaneat. Nam ille vir qui necessitate cogente in illum locum fugit, si nunquam in suam patriam se reversurum sperat, si se abstinere non potest, aliam uxorem potest accipere. »

(2) Capit. d'Aix, c. 42 (anno 789) : « Nec uxor a viro dimissa alium accipiat virum vivente viro suo, nec vir aliam accipiat vivente uxore priore. »

(3) Troisième capitulaire de Worms (anno 829): « Quicumque, propria, uxore derelicta vel sine causa interfecta, aliam duxerit uxorem, armis depositis publicam agat pœnitentiam. Et si contumax fuerit, comprehendatur a comite et ferro vinciatur et in custodia mittatur, donec res ad nostram notitiam deducatur. »

sistait sur ce qu'il y avait nullité du mariage, et non divorce (1).

La prétendue règle de l'indissolubilité du mariage fut néanmoins encore maintes fois enfreinte. Philippe 1er fut deux fois excommunié pour avoir usé du divorce, et Innocent III força par son anathème Philippe-Auguste à reprendre sa première femme Berthe qu'il avait abandonnée pour épouser Agnès de Méranie.

Beaumanoir, à la fin du treizième siècle, enseignait que la séparation de corps ne dissout pas le mariage ; « cependant les enfants qui naissent dans ce temps sont regardés comme bastards, mais après la réconciliation ils sont de loiel mariage et poeut être loiels hoirs (2). »

Lors de la rédaction des coutumes, aux quinzième et seizième siècles, nous ne trouvons pas qu'il y soit question de divorce. Elles parlent, au contraire, de séparation (3).

Après le concile de Trente, au milieu du seizième siècle, le triomphe de l'Eglise romaine est complet : le divorce est complètement proscrit. Non que les canons du concile de Trente aient jamais été admis en France par le pouvoir civil ; mais leurs prescriptions sur le mariage furent reproduites pendant la fin du seizième siècle et la première

(1) D'Espinay, *op. cit.*, p. 171.

(2) Coutumes de Beauvoisis, ch. 18 (de l'oir loial et du bastard), et ch. 57 (des malentens entre homme et feme qui sont assamblés par mariage).

(3) Coutume du Maine, art. 327 — Coutume de Bretagne, art. 433 et suiv.

moitié du dix-septième dans les provinces ecclésiastiques de France par de nombreux conciles provinciaux et ils ont été depuis consacrés par l'usage (1).

Pendant que l'Eglise romaine triomphait sur ce point elle était vaincue d'un autre côté. Sa juridiction en matière de séparation de corps fut attaquée par les Parlements, qui finirent par l'emporter (2).

Les causes de séparation étaient laissées à l'arbitrage du juge, qui ne devait être « ni trop facile ni trop difficile à l'accorder. »

Pouvaient notamment servir de causes de séparation : les mauvais traitements de la part du mari, son refus de fournir les choses les plus nécessaires à la vie ; le fait d'avoir intenté une accusation calomnieuse ; l'adultère de la femme (3).

La séparation de corps devait être prononcée en justice. Elle ne pouvait avoir lieu par consentement mutuel, même constaté par un acte notarié (4).

Cette séparation déliait la femme de l'obligation « de demeurer avec le mari et de lui rendre le devoir conjugal. » Elle n'enlevait pas toutefois au

---

(1) D'Espinay, *op. cit.*, p. 253; nouv. Denisart, v° *Divorce*, 5; Pothier, *Du contrat de mariage*, n°˙ 462 et s.

(2) Coquille, *Coutumes de mariage de Nivernois*, p. 250. — Pothier, *Traité du Contrat de mariage*, n° 517 — Merlin, *Rép.*, 4° éd., v° *Séparation de corps*, § 3, n° 2.

(3) Pothier, n°˙ 507 et suiv.

(4) Pothier, n° 517 ; Denisart, v° *Séparation entre le mari et la femme*, n° 18,

mari le droit de se plaindre de sa femme qui mène une vie déréglée : l'accusation d'adultère lui était toujours ouverte (1).

La séparation de biens s'ensuivait. Elle avait donc pour conséquence le partage de la communauté ou la reprise par chaque époux de ses propres, suivant le régime adopté. Les enfants étaient élevés à frais communs. La femme n'était dispensée de l'autorisation maritale que pour les actes concernant la simple administration de ses biens. Les époux pouvaient, sans l'intervention de justice, se réunir et se réconcilier, c'est-à-dire rétablir les choses dans leur état primitif (2).

Au mari seul appartenait le droit d'accuser sa femme d'adultère et d'arriver ainsi à la séparation d'habitation. Exceptionnellement le ministère public pouvait poursuivre, au cas de scandale et de prostitution publique, surtout si le mari était complice de la prostitution de sa femme. La femme adultère était enfermée dans un couvent où elle portait l'habit séculier durant deux ans. Si à l'expiration de ce délai son mari ne l'avait pas reprise, elle était rasée et cloîtrée. Le mari pouvait cependant la faire sortir en se réconciliant avec elle. S'il mourait elle gardait sa retraite, à moins qu'on ne la demandât en mariage. En outre elle perdait ses avantages matrimoniaux. Ces peines résultant d'une Novelle ou authentique,

(1) Denisart, v° *cit.*, n° 5.
(2) Pothier, n°ˢ 522 et 523, v° *Séparation entre mari et femme*, n° 2,

on disait, en ce cas, que la femme était « authentiquée » (1).

La disposition de l'art. 7 de la Constitution du 3 septembre 1791 déclarant qu'elle ne considérait le mariage que comme un contrat civil, renfermait en germe le divorce, puisque l'indissolubilité du mariage n'est fondée que sur le vœu de la religion romaine. La loi des 20-25 septembre 1792 établit le divorce et alla même jusqu'à abolir la séparation de corps (2).

Le divorce pouvait avoir lieu par le consentement mutuel des époux (art. 2). L'un ou l'autre pouvait le faire prononcer sur la simple allégation d'incompatibilité d'humeur ou de caractère (art. 3). Chacun d'eux pouvait également le faire prononcer pour des motifs déterminés, savoir : démence, folie ou fureur de l'un des époux ; condamnation de l'un d'eux à des peines afflictives ou infamantes, crimes, sévices ou injures graves de l'un envers l'autre ; déréglement de mœurs notoire ; abandon de la femme par le mari ou du mari par la femme pendant deux ans au moins ; absence de l'un d'eux sans nouvelle au moins pendant cinq ans ; émigration dans les cas prévus par les lois (art. 4).

Tel était l'état de la législation au moment de la confection du Code civil français. Ce Code admit le divorce que nous avons par conséquent à étudier spécialement.

(1) Pothier, nos 326 et 327.
(2) Art. 1 et 7.

CHAPITRE PREMIER

DIVORCE SELON LA LOI DE 1804

PRÉLIMINAIRES

Lors de la confection du Code Napoléon, les principes du catholicisme avaient peu à peu repris leur empire. Aussi (mais seulement après vive discussion, car le projet du Code civil ne l'autorisait pas), la séparation de corps fut rétablie pour venir au secours des catholiques romains qui, religieusement, ne croyaient pas pouvoir recourir au divorce (1).

Celui-ci, encore admis par consentement mutuel et pour causes déterminées, était contenu par des formes plus rigoureuses et par des limites plus étroites que sous la législation de 1792. Les causes déterminées de divorce étaient restreintes à l'adultère de la femme, l'adultère du mari lorsqu'il avait tenu sa concubine dans la maison commune; les excès, sévices ou injures graves; la condamnation de l'un des époux à une peine infamante. Les époux devaient tout d'abord comparaître devant le magistrat chargé de leur faire des représenta-

(1) Locré, V, p. 131 à 142.

tions propres à opérer un rapprochement. Puis s'ouvrait une procédure longue et difficile sur laquelle nous reviendrons. La réconciliation survenue pendant l'absence détruisait tous les faits qui auraient pu autoriser le divorce, et l'action était alors éteinte. La femme adultère était condamnée à une peine d'emprisonnement ; elle ne pouvait jamais épouser son complice. L'époux contre lequel le divorce était admis perdait tous les avantages que l'autre époux lui avait faits, soit par contrat de mariage, soit depuis le mariage contracté.

Quand il s'agissait de divorce par consentement mutuel, nous verrons les formalités se multiplier. La loi employait des précautions, prescrivait des épreuves, imposait des sacrifices. Ainsi le consentement mutuel n'était pas admis si le mari avait moins de vingt-cinq ans ou si la femme était mineure de vingt-un ans ; il n'était admis qu'après deux ans de mariage et ne pouvait plus l'être après vingt ans, ni lorsque la femme avait quarante-cinq ans. Le divorce devait être autorisé par les père et mère des époux ou par leurs autres ascendants vivants. Les époux devaient se présenter ensemble et en personne devant le président du tribunal civil de l'arrondissement et lui faire part de leurs volontés en présence de deux notaires chargés d'en prendre acte. Le président essayait de les rapprocher et leur expliquait les conséquences de leur demande. La même déclaration devait être renouvelée par les époux de la même manière, par trois fois, de trois mois en trois mois, et chaque fois ils devaient rapporter la preuve par acte public que leurs père, mère ou autres ascendants persistaient à autoriser le divorce. Après une année révolue les époux devaient se présenter une dernière fois devant le président, assisté chacun de deux personnes notables, et requérir l'admission du divorce. Alors seulement le président les renvoyait au tribunal. Le ministère public, après avoir vérifié l'accomplissement des formalités, donnait ses conclusions : « La loi permet ».

Le divorce prononcé, les époux ne pouvaient plus se réunir. Chacun d'eux ne pouvait se remarier qu'au bout de trois ans. Enfin la propriété de la moitié des biens de chacun des époux était acquise de plein droit aux enfants; néanmoins pendant leur minorité l'usufruit de ces biens était réservé aux parents, à charge par eux de pourvoir à l'entretien et à l'éducation des enfants.

Après avoir ainsi esquissé à grands traits les règles du titre VI du Code, nous croyons, malgré son abolition, devoir entrer dans leur examen détaillé. En effet, cet examen nous servira de base pour nos développements ultérieurs. Nous devons tenir compte en outre d'un retour possible à cette législation. Nous devons enfin rappeler que les dispositions abrogées en France ont été maintenues lors de l'adoption en Roumanie du Code civil français.

Ces diverses considérations nous décident à donner un certain développement à l'examen de la législation de 1804.

SECTION I

CAUSES, PROCÉDURE ET PREUVES EN MATIÈRE DE DIVORCE

Quand on considère le trouble que le divorce avait porté dans un très grand nombre de familles, par l'abus qui en avait été fait, on est tenté de croire que les mœurs françaises ne comportaient pas une pareille institution.

Mais, quand on réfléchit que les causes de cet abus existaient dans les mœurs, que le trouble eût peut-être été plus grand sans ce remède, on peut le déplorer, mais on convient que le législateur ne pouvait pas le supprimer; que tout ce qu'on pouvait attendre de lui, c'était qu'il diminuât, par de sages mesures, la fréquence des abus.

« Quand des eaux se sont ramassées, dit M. Maleville, et qu'elles forcent la digue qui les tenait enfermées, le débordement est effrayant; il offre l'image d'un torrent. Bientôt il se ralentit, et l'on ne voit plus qu'un cours très ordinaire d'eaux, qui n'attire même pas l'attention de celui qui passe sur ses bords. »

Les législateurs de 1804 avaient consenti à laisser subsister le divorce comme un remède nécessaire à des maux que seul il pouvait faire cesser.

Il en diminua les causes : il supprima le divorce pour incompatibilité; et la sévérité de ses dispositions atteste la sagesse de ses vues et pouvait assurer le succès de son entreprise. Enfin, pour ménager le scrupule des consciences, il permettait la séparation de corps à ceux à qui leurs opinions religieuses défendaient le divorce.

Le mari pouvait demander le divorce pour cause d'adultère de sa femme.

La femme pouvait demander le divorce pour cause d'adultère de son mari, lorsqu'il avait tenu sa concubine dans la maison commune.

Les époux pouvaient réciproquement demander le divorce pour excès, sévices ou injures graves de l'un d'eux envers l'autre.

La condamnation de l'un des époux à une peine infamante était pour l'autre époux une cause de divorce.

Le consentement mutuel et persévérant des époux, exprimé de la manière prescrite par la loi, sous les conditions et après les épreuves qu'elle déterminait, prouvait suffisamment que la vie commune leur est insupportable, et qu'il existait, par rapport à eux, une cause péremptoire de divorce.

Quelle que fût d'ailleurs la nature des faits ou des délits qui donneront lieu à la demande en divorce pour cause déterminée, la demande ne pouvait être formée qu'au tribunal de l'arrondissement dans lequel les époux avaient leur domicile.

Le divorce pour cause déterminée était naturellement de la compétence des tribunaux. L'époux accusé devait se défendre, récuser les témoins, les discuter, opposer des fins de non-recevoir. Tout cela sort, en effet, de la nature des difficultés qui sont du ressort de l'administration.

L'art. 229 était ainsi conçu : « Si quelques-uns des faits allégués par l'époux demandeur donnent lieu à une poursuite criminelle de la part du ministère public, l'action en divorce restera suspendue jusqu'après le jugement du tribunal criminel; alors elle pourra être reprise, sans qu'il soit permis d'inférer du jugement criminel aucune fin de non-recevoir ou exception préjudicielle contre l'époux demandeur ».

Les demandes en divorce pour incompatibilité d'humeur avaient eu souvent pour cause réelle des délits graves de la part de l'époux défendeur. L'incompatibilité d'humeur et de caractère n'était que le prétexte et le voile de torts plus sérieux. C'est cette raison qui avait déterminé principalement l'opinion de ceux qui voulaient conserver ce mode de divorce.

On l'abolit néanmoins, parce que ce ne sont pas quelques faits particuliers qui doivent décider le législateur. On considéra d'ailleurs qu'il est bien des cas où il importe beaucoup à la société qu'un délit ne reste pas ignoré et échappe à la vindicte publique.

Et peut-être le législateur, en décrétant l'article 229, voulait-il arrêter bien des demandes en divorce, qui, quoique fondées sur des articulations graves, ne devaient leur existence qu'à un moment de colère que l'époux demandeur pouvait regretter longtemps. Une menace de la part du législateur de livrer l'époux défendeur à la justice criminelle, devait rendre l'époux demandeur moins prompt à suivre les premiers mouvements d'un sentiment qui ne laisse pas toujours le temps de calculer ses effets.

Passons à l'art. 230 :

« Toute demande en divorce détaillera les faits ; elle sera remise, avec les pièces à l'appui, s'il y en a, au président du tribunal, ou au juge qui en fera les fonctions, par l'époux demandeur en personne ; à moins qu'il n'en soit empêché par maladie : auquel cas, sur sa réquisition et le certificat de deux docteurs en médecine ou en chirurgie, ou de deux officiers de santé, le magistrat se transportera au domicile du demandeur pour y recevoir sa demande.

« Cette disposition est infiniment sage. La loi ne voulait pas qu'il y eût un intermédiaire entre l'époux demandeur et le juge. Par là le juge se convainquait, autant qu'il était possible, qu'il n'y avait pas un agent secret qui poussait l'époux à une demande précipitée, forçant souvent sa volonté, et lui faisant hâter une démarche qu'un moment plus tard l'époux demandeur n'aurait pas voulu hasarder. Il pouvait d'ailleurs lui faire des observations, toujours mieux reçues quand l'éclat n'est pas fait que lorsque l'action intentée a rendu la réconciliation impossible. C'est l'esprit des articles suivants.

« Le juge, après avoir entendu le demandeur, et lui avoir fait les observations qu'il croira convenables, paraphera la demande et les pièces, et dressera procès-verbal de la remise du tout en ses mains. Ce procès-verbal sera signé par le juge et par le demandeur, à moins que celui-ci ne sache ou ne puisse signer : auquel cas il en sera fait mention.

« Le juge ordonnera, au bas de son procès-verbal, que les parties comparaîtront en personne, devant lui, au jour et à l'heure qu'il indiquera, et qu'à cet effet copie de son ordonnance sera par lui adressée à la partie contre laquelle le divorce est demandé.

« Au jour indiqué, le juge fera aux deux époux, s'ils se présentent, ou au demandeur, s'il est seul comparant, les représentations qu'il croira propres à opérer un rapprochement : s'il ne peut y parvenir, il en dressera procès-verbal, et ordonnera la communication de la demande et des pièces au commissaire du gouvernement, et le référé de tout au tribunal.

« Dans les trois jours qui suivront, le tribunal, sur le rapport du président ou du juge qui en aura fait les fonctions, et sur les conclusions du commissaire du gouvernement, accordera ou suspendra la permission de citer ; la suspension ne pourra excéder le terme de vingt jours.

« Le demandeur, en vertu de la permission du tribunal, fera citer le défendeur, dans la forme ordinaire, à comparaître en personne à l'audience (en personne) à huis clos, dans le délai de la loi ; il fera donner copie, en tête de la citation, de la demande en divorce, et des pièces produites à l'appui.

« A l'échéance du délai, soit que le défendeur comparaisse ou non, le demandeur en personne, assisté d'un conseil, s'il le juge à propos, exposera ou fera exposer les motifs de sa demande ; il représentera les pièces qui l'appuient, et nommera les témoins qu'il se propose de faire entendre.

« Si le défendeur comparaît en personne ou par un fondé de pouvoir, il pourra proposer ou faire proposer ses observations, tant sur les motifs de la demande, que sur les pièces produites par le demandeur, et sur les témoins par lui nommés ; le défendeur nommera, de son côté, les témoins qu'il se propose de faire entendre, et sur lesquels le demandeur fera réciproquement ses observations.

« Il sera dressé procès-verbal des comparutions, dires et observations des parties, ainsi que des aveux que l'une ou l'autre pourra faire ; lecture de ce procès-verbal sera donnée auxdites parties, qui seront requises de le signer ; et il sera fait mention expresse de leur signature, ou de leur déclaration de ne pouvoir ou de ne vouloir signer.

« Le tribunal renverra les parties à l'audience

publique, dont il fixera le jour et l'heure; il ordonnera la communication de la procédure au commissaire du gouvernement, et commettra un rapporteur. Dans le cas où le défendeur n'aurait pas
comparu, le demandeur sera tenu de lui faire
signifier l'ordonnance du tribunal, dans le délai
qu'elle aura déterminé. »

Au jour et à l'heure indiqués sur le rapport du
juge commis, le procureur de la République entendu, le tribunal statuera d'abord sur des fins de
non-recevoir, s'il en a été proposé. En cas qu'elles
soient trouvées concluantes, la demande en divorce sera rejetée : dans le cas contraire, ou s'il n'a
pas été proposé des fins de non-recevoir, la demande en divorce sera admise.

Cette dernière disposition est contenue à l'article 240.

Cet article, en ordonnant de statuer d'abord
sur les fins de non-recevoir, était conforme à l'ordonnance de 1667.

Mais nous devons faire ici une observation essentielle; c'est que toutes les fins de non-recevoir
devaient être proposées à la même audience. Il ne
pouvait être au pouvoir de l'une des parties d'é-
terniser une demande en divorce en éloignant le
jugement par des fins de non-recevoir, qui se seraient succédé à l'infini.

Il y avait cependant une exception : c'était pour
le cas d'une fin de non-recevoir survenant après
la proposition des premières; hors ce cas, elles

devaient toutes être proposées cumulativement.
C'est là un point certain, et l'on ne peut pas le combattre par l'esprit des législateurs, quoiqu'ils ten-
dissent visiblement à faire gagner du temps à l'é-
poux défendeur. En effet, si l'époux défendeur doit
profiter de tous les délais que la loi lui accorde, il
ne peut pas en créer de son chef par des moyens
qui sont réprouvés dans toutes les affaires.

« Immédiatement après l'admission de la demande en divorce, sur le rapport du juge commis,
le tribunal statuera au fond. Il fera droit à la demande, si elle lui paraît en état d'être jugée; sinon, il admettra le demandeur à la preuve des faits
pertinents par lui allégués, et le défendeur à la
preuve contraire. »

La demande, si elle est fondée sur une allégation de faits non contestés par l'époux défendeur
qui ne comparaît pas, doit-elle être, aux yeux du
juge, en état d'être jugée (1)?

Nous ne le pensons pas; le juge peut et doit voir
dans le refus de comparaître de la part de l'époux
défendeur un concert entre les deux époux de faire
prononcer un divorce par consentement mutuel,
sous le voile d'un divorce pour cause déterminée;
et, s'il ne voit pas ce concert frauduleux, il doit
être aussi difficile pour prononcer sur un divorce
que pour prononcer une séparation de biens,

____

(1) Nous employons souvent le présent parce qu'un certain nombre des articles abrogés en France, sont encore en vigueur en Roumanie, comme en Belgique, etc.

qu'on n'admet jamais si la preuve des faits articulés par la femme n'est pas faite soit par titres soit par témoins.

Il doit considérer aussi que l'absence des époux peut être la cause de son défaut de comparution pour contester les faits.

Il peut supposer aussi qu'il peut avoir beaucoup d'autres motifs pour ne pas comparaître.

Dans tous les cas soit réels, soit connus ou hypothétiques, le juge ne doit pas prononcer sur une demande en divorce fondée sur une allégation de faits, sans que les faits lui paraissent évidemment prouvés.

A chaque acte de la cause, les parties peuvent, après le rapport du juge, et avant que le Procureur de la République ait pris la parole, proposer ou faire proposer leurs moyens respectifs, d'abord sur les fins de non-recevoir, et ensuite sur le fond; mais en aucun cas le conseil du demandeur n'est admis si le demandeur n'est pas comparant en personne.

Aussitôt après la prononciation du jugement qui ordonne les enquêtes, le greffier du tribunal donne lecture de la partie du procès-verbal qui contient la nomination déjà faite des témoins que les parties se proposent de faire entendre. Elles sont averties par le président, qu'elles peuvent encore en désigner d'autres, mais qu'après ce moment elles n'y seront plus reçues.

Les parties proposent de suite leurs reproches

respectifs contre les témoins qu'elles veulent écarter. Le tribunal statue sur ces reproches, après avoir entendu le Procureur de la République.

En effet, il est juste que les parties proposent de suite les reproches contre les témoins, avant qu'elles aient pu apprendre leurs dépositions. Il est juste aussi que le juge prononce de suite sur ces reproches; si cependant quelque reproche devait être justifié par une pièce qu'il ne fût pas au pouvoir de l'époux de produire, il devrait lui être accordé un délai que le juge déterminerait.

Les parents des parties, à l'exception de leurs enfants et descendants, ne sont pas reprochables du chef de la parenté, non plus que les domestiques des époux, en raison de cette qualité; mais le tribunal doit avoir tel égard que de raison aux dépositions des parents et des domestiques.

Il serait en effet contre tous les principes de la morale et de la décence publique d'admettre à déposer les enfants et descendants des époux, sur des faits en divorce. Quant aux autres parents et aux domestiques, ils sont témoins nécessaires. Cependant, comme des affections particulières peuvent les faire pencher pour l'un des époux contre l'autre, la loi laisse à la sagacité du tribunal à démêler les motifs qui les font parler, et à sa sagesse d'avoir à leur disposition tel égard qu'il jugera à propos.

Tout jugement qui admet une preuve testimoniale, doit dénommer les témoins qui seront entendus, et déterminer le jour et l'heure auxquels les parties devront les présenter.

Les dépositions des témoins seront reçues par le tribunal séant à huis clos, en présence du procureur de la République, des parties et de leurs conseils ou amis jusqu'au nombre de trois de chaque côté.

Les parties, par elles ou par leurs conseils, pourront faire aux témoins telles observations et interpellations qu'elles jugeront à propos, sans pouvoir néanmoins les interrompre dans le cours de leurs dépositions.

Chaque déposition est rédigée par écrit, ainsi que les dires et observations auxquels elle aura donné lieu. Le procès-verbal d'enquête est lu tant aux témoins qu'aux parties : les uns et les autres sont requis de le signer ; et il sera fait mention de leur signature, ou de leur déclaration qu'ils ne peuvent ou ne veulent signer.

Après la clôture des deux enquêtes, ou de celle du demandeur, si le défendeur n'a pas produit de témoins, le tribunal renvoie les parties à l'audience publique, dont il indique le jour et l'heure ; il ordonne la communication de la procédure au procureur de la République, et commet un rapporteur. Cette ordonnance est signifiée au défendeur, à la requête du demandeur, dans le délai qu'elle détermine.

Au jour fixé pour le jugement définitif, le rapport est fait par le juge commis : les parties peuvent ensuite faire, par elles-mêmes ou par l'organe de leurs conseils, telles observations qu'elles jugent utiles à leur cause; après quoi le Procureur de la République donne ses conclusions.

Le jugement définitif est prononcé publiquement. Lorsqu'il admet le divorce, le demandeur est autorisé à se retirer devant l'officier de l'état civil pour le faire prononcer.

Remarquons que c'est l'instruction seule qui se fait à huis clos, et que le jugement se prononce publiquement. Il paraîtrait même que les observations, ou plaidoiries, après le rapport, devaient être faites à huis clos, mais il s'introduisit un usage tout différent. Le rapport se faisait publiquement et se fait ainsi que les observations : il en pourrait être ordonné autrement, si les faits étaient de nature à choquer la décence publique.

Au surplus, comme on le voit, le jugement ne fait que décider que le divorce doit avoir lieu; c'est l'officier civil qui le prononce. Le lien de mariage ayant été formé par l'autorité civile, elle seule peut le rompre.

Lorsque la demande en divorce aura été formée pour cause d'excès, de sévices ou d'injures graves, encore qu'elle soit bien établie, les juges peuvent ne pas admettre immédiatement le divorce; et alors avant de faire droit, ils autorisent la femme à quitter la compagnie de son mari, sans être tenue de le recevoir si elle ne le juge à propos; et ils condamnent le mari à lui payer une pension alimentaire proportionnée à ses facultés, si la femme n'a pas elle-même des revenus suffisants pour fournir à ses besoins.

On peut se demander si, avant ce moment, les juges peuvent accorder une pension alimentaire ou une provision à la femme demanderesse en divorce?

La loi ne le dit pas; dès lors il semblerait vrai de dire que la femme n'a pas le droit de la demander : la loi suppose qu'avant cette époque la femme est dans la maison commune. Car ce n'est qu'à cette époque qu'elle pourra être autorisée à quitter la compagnie de son mari.

Cependant l'art. 242 décide le contraire : il dit que la femme demanderesse ou défenderesse en divorce pourra quitter la demeure du mari, et obtenir une pension alimentaire. C'est à cette décision positive qu'il faut s'en tenir.

On se demande aussi, si le mari ne jouissant pas des biens de sa femme quoique non encore restitués, est obligé de faire cette pension alimentaire, quand la femme est autorisée à quitter sa compagnie?

Selon nous, le mari ne peut pas y être forcé, en consentant que sa femme touche sur ses simples quittances les revenus de ses biens.

Après une année d'épreuves, si les parties ne sont pas réunies, l'époux demandeur peut faire citer l'autre époux à comparaître au tribunal, dans les délais de la loi, pour y entendre prononcer le jugement définitif, qui alors admet le divorce.

Lorsque le divorce est demandé par la raison qu'un des époux est condamné à une peine infamante, les seules formalités à observer consistent à présenter au tribunal civil une expédition en bonne forme de l'arrêt de condamnation, avec un certificat du greffe portant que ce même jugement n'est plus susceptible d'être réformé par une voie légale.

En cas d'appel du jugement d'admission ou du jugement définitif, rendu par le tribunal de première instance en matière de divorce, la cause est instruite et jugée en appel comme affaire urgente.

« L'appel ne sera recevable qu'autant qu'il aura été interjeté dans les trois mois, à compter du jour de la signification du jugement rendu contradictoirement ou par défaut. Le délai pour se pourvoir au tribunal de cassation contre un jugement en dernier ressort sera aussi de trois mois, à compter de la signification : le pourvoi sera suspensif. »

Rappelons que cette disposition de l'art. 247 a été modifiée par le Code de procédure civile.

En vertu de tout jugement rendu en dernier ressort, ou passé en force de chose jugée, qui autorise le divorce, l'époux qui l'a obtenu est obligé de se présenter, dans le délai de deux mois, devant l'officier de l'état civil, l'autre partie dûment appelée, pour faire prononcer le divorce.

Ces deux mois ne commencent à courir, à l'égard du jugement de première instance, qu'après l'expiration du délai d'appel ; à l'égard des jugements rendus par défaut en cause d'appel, qu'après l'expiration du délai d'opposition ; et à l'égard des jugements contradictoires en dernier ressort, qu'après l'expiration du délai du pourvoi en cassation.

L'époux demandeur qui laisse passer le délai de deux mois ci-dessus déterminé sans appeler l'autre époux devant l'officier de l'état civil, est déchu du bénéfice du jugement qu'il avait obtenu, et ne peut reprendre son action en divorce, sinon pour nouvelle cause ; auquel cas il pourra néanmoins, dit la loi, faire valoir les anciennes.

La femme demanderesse ou défenderesse au divorce peut quitter le domicile du mari pendant la poursuite, et demander une pension alimentaire proportionnée aux facultés du mari. Le tribunal indique la maison dans laquelle la femme sera tenue de résider, et fixe, s'il y a lieu, la provision alimentaire que le mari sera obligé de lui payer.

Rien de plus juste. On ne pouvait pas forcer la femme qui plaidait en divorce à demeurer avec son mari ; il était conforme « à la décence publique, » qu'il ne lui fût pas libre de se retirer où elle voudrait. Il doit lui être désigné une maison par le tribunal, et ce n'est qu'en y résidant rigoureusement qu'elle a droit, soit à sa pension alimentaire, soit à la continuation de la poursuite de son divorce, si elle est demanderesse.

La femme sera tenue de justifier de sa résidence dans la maison indiquée toutes les fois qu'elle en sera requise : à défaut de cette justification, le mari pourra refuser la provision alimentaire ; et, si la femme est demanderesse au divorce, la faire déclarer non recevable à continuer ses poursuites.

La femme commune en biens, demanderesse ou défenderesse en divorce, pourra, en tout état de cause, à partir de la date de l'ordonnance dont il est fait mention en l'article 232, requérir, pour la conservation de ses droits, l'apposition des scellés sur les effets mobiliers de la communauté; ces scellés ne seront levés qu'en faisant inventaire avec prisée, et à la charge par le mari de représenter les choses inventoriées, ou de répondre de leur valeur comme gardien judiciaire; car il les lève à cette condition après qu'inventaire a été fait avec prisée.

Toute obligation contractée par le mari à la charge de la communauté, toute aliénation par lui faite des immeubles qui en dépendent postérieurement à la date de l'ordonnance, sera déclarée nulle, s'il est prouvé d'ailleurs qu'elle ait été faite ou contractée en fraude des droits de la femme.

TERNOVÉANO.

Ainsi ce n'est qu'à partir de l'ordonnance du juge qui cite les parties à comparaître devant lui, que le mari ne peut nuire aux intérêts de sa femme, soit par des obligations, soit par des aliénations. Il importe donc beaucoup à la femme de tenir secret son projet de divorce jusqu'au moment où le juge aura délivré son ordonnance.

Fins de non-recevoir contre l'action en divorce pour cause déterminée.

L'action en divorce, dit l'article 246, sera éteinte par la réconciliation des époux, survenue, soit depuis les faits qui auraient pu autoriser cette action, soit depuis la demande en divorce.

Mais comment prouver la réconciliation? — On le peut par la représentation de lettres écrites par l'époux demandeur à l'époux défendeur ; on le peut aussi par témoins qui auraient vu les deux époux en bonne intelligence.

Si la réconciliation est alléguée avoir eu lieu avant la demande en divorce, les domestiques sont témoins d'autant plus nécessaires, qu'eux seuls peuvent donner la preuve de la réconciliation, la femme n'ayant pas quitté la maison conjugale.

Dans l'un et l'autre cas, le demandeur sera déclaré non recevable dans son action ; il pourra néanmoins en intenter une nouvelle, pour cause survenue depuis la réconciliation, et alors faire usage des anciennes causes, pour appuyer sa nouvelle demande.

Les juges doivent, en effet, être favorables à l'époux qui allègue la réconciliation, pour peu qu'il puisse raisonnablement présumer qu'elle a eu lieu.

Si le demandeur en divorce nie qu'il y ait eu réconciliation, le défendeur en fera preuve, soit par écrit, soit par témoins, dans la forme prescrite en la première section du présent chapitre.

Du divorce par consentement mutuel.

Le consentement mutuel des époux n'était point admis, si le mari avait moins de vingt-cinq ans, ou si la femme était mineure de vingt-un ans.

Comme la loi voulait prémunir les époux contre la légèreté de l'âge, il fallait que les vingt-cinq ans et les vingt-un ans fussent accomplis.

Le consentement mutuel n'était admis qu'après deux ans de mariage et la loi entendait par la même raison, que les deux ans fussent accomplis.

Il ne pourra plus l'être, dit l'art. 271, après vingt ans de mariage, ni lorsque la femme aura quarante-cinq ans.

Par la raison contraire, il semblerait qu'on dût croire que la vingtième et la quarante-cinquième année dont il s'agit ici devraient seulement être commencées. Cependant, la loi se servant des mêmes expressions, veut évidemment que ces deux époques soient entièrement écoulées.

Dans aucun cas, le consentement mutuel des époux ne suffisait, s'il n'était autorisé par leurs pères et mères, ou par leurs autres ascendants vivants, suivant les règles prescrites au titre du mariage.

Quand les pères, mères et ascendants sont morts, les époux pouvaient divorcer par leur seul consentement mutuel. Que décider en cas de dissentiment? — Il faut se conformer à l'art. 140 qui porte : « S'il y a dissentiment entre l'aïeul et l'aïeule de la même ligne, il suffit du consentement de l'aïeul ; s'il y a dissentiment entre les deux lignes, ce partage emporte consentement. »

C'est, dans le silence de la loi, cette décision qu'il faut suivre, bien que la faveur du mariage eût dû rendre le législateur plus sévère, quand il s'agit de le rompre, et le porter à décider qu'en cas de dissentiment le partage aurait été pris pour refus.

Les époux déterminés à opérer le divorce par consentement mutuel seront tenus de faire préalablement inventaire et estimation de tous leurs biens meubles et immeubles et de régler leurs droits respectifs, sur lesquels il leur sera néanmoins libre de transiger.

Cette faculté que la loi donne aux époux de transiger sur leurs droits respectifs, avant que l'autorité maritale soit anéantie, est une exception à la règle générale, qui ne permet pas que deux époux règlent leurs droits tant que le lien conjugal subsiste. La loi considère sans doute deux époux qui veulent divorcer comme deux êtres étrangers l'un à l'autre et pouvant traiter ensemble sans risque.

Observons cependant que, pour traiter ainsi, la femme doit être autorisée par son mari ou par la justice, ce qui suppose que l'autorité maritale subsiste encore.

Les époux seront pareillement tenus, dit la loi, de constater par écrit leur convention sur les trois points qui suivent :

1° A qui les enfants nés de leur union seront confiés, soit pendant le temps des épreuves, soit après le divorce prononcé.

2° Dans quelle maison la femme devra se retirer et résider pendant le temps des épreuves.

3° Quelle somme le mari devra payer à sa femme pendant le même temps, si elle n'a pas de revenus suffisants pour subvenir à ses besoins.

La loi veut qu'après le divorce prononcé, il n'existe plus de cause de procès entre les époux. Et ces traités préliminaires annoncent même un consentement bien formel et bien déterminé.

Les époux doivent se présenter ensemble et en personne devant le président du tribunal civil de leur arrondissement, ou devant le juge qui en fera la fonction, et lui faire la déclaration de leur volonté, en présence de deux notaires amenés par eux.

Il est évident qu'ils ne peuvent se faire remplacer sous aucun prétexte, et pour aucune cause ; car la loi dit qu'ils se présenteront en personne.

Si les deux époux avaient été séparés de fait, c'est le tribunal du domicile du mari qui réglerait la compétence ; la femme, quoique vivant éloignée de son mari, n'a pas d'autre domicile, tant que le lien conjugal n'est pas rompu.

Le juge doit faire aux deux époux réunis, et à chacun d'eux en particulier, en présence des deux notaires, telles représentations et exhortations qu'il croira convenables ; il leur donne lecture du chap. IV, qui règle les effets du divorce, et son procès-verbal doit constater que cette lecture a été faite aux deux époux.

Si les époux persistent dans leur résolution, il leur est donné acte, par le juge, de ce qu'ils demandent et consentent mutuellement au divorce, et ils sont tenus de produire et déposer à l'instant, entre les mains des notaires, outre les actes mentionnés aux art. 273 et 274 :

1° Les actes de leur naissance, et celui de leur mariage.

2° Les actes de naissance et de décès de tous les enfants nés de leur union.

3° La déclaration authentique de leurs père et mère ou autres ascendants vivants, portant que, pour les causes à eux connues, ils autorisent tel ou telle, leur fils ou fille, petit-fils ou petite-fille, marié ou mariée à tel ou telle, à demander le divorce et à y consentir. Les pères et mères, aïeuls ou aïeules des époux, doivent être présumés vivants jusqu'à la représentation des actes constatant leur décès.

Il faut donc, outre les pièces, que les époux rapportent la preuve que leurs ascendants sont décédés, s'ils ne justifient pas de leur consentement. L'article ne le dit pas ; mais c'est ce qu'il a donné à entendre par ces mots : « Les pères, mères, aïeuls « et aïeules des époux seront présumés vivants « jusqu'à la représentation des actes constatant « leur décès. »

Les notaires, dit la loi, dresseront procès-verbal détaillé de tout ce qui aura été dit et fait en exécution des articles précédents ; la minute en restera au plus âgé des deux notaires, ainsi que les pièces produites, qui demeureront annexées au procès-verbal, dans lequel il sera fait mention de l'avertissement qui sera donné à la femme de se retirer, dans les vingt-quatre heures, dans la maison convenue entre elle et son mari, et d'y résider jusqu'au divorce prononcé.

Que résulterait-il du défaut d'habitation par la femme dans la maison convenue entre elle et son mari?

Sans doute le mari a le droit de la forcer à cette habitation, et de lui refuser la pension alimentaire tant qu'elle n'habitera pas cette maison. Il est hors de doute aussi que le ministère public peut l'exiger, et que le tribunal, sur le refus de la femme, peut différer l'admission du divorce.

La mesure prescrite par la loi a pour but la décence publique. Il doit être au pouvoir des juges de forcer la femme à s'y soumettre.

La déclaration ainsi faite doit être renouvelée dans la première quinzaine de chacun des quatrième, septième et dixième mois qui suivront, en observant les mêmes formalités.

Les parties seront obligées à rapporter chaque fois la preuve, par acte public, que leurs pères et mères, ou autres ascendants vivants, persistent dans leur première détermination ; mais elles ne seront tenues à répéter la production d'aucun autre acte.

Il ne suffirait pas de rapporter le même consentement : il faut que l'acte porte persévérance de la part des ascendants.

Dans la quinzaine du jour où sera révolue l'année, à compter de la première déclaration, les époux, assistés chacun de deux amis, personnes notables dans l'arrondissement, âgés de cinquante ans au moins, se présentent ensemble et en personne devant le président du tribunal ou le juge qui en fera les fonctions ; ils lui remettent les expéditions en bonne forme des quatre procès-verbaux contenant leur consentement mutuel, et de tous les actes qui y auront été annexés, et requièrent du magistrat, chacun séparément, en présence néanmoins de l'un et l'autre notable, l'admission du divorce.

Le magistrat a le droit de demander aux notablés la représentation de leur acte de naissance, la loi voulant que chacun d'eux ait cinquante ans au moins.

Après que le juge et les assistants auront fait leurs observations aux époux, s'ils persévèrent, il leur est donné acte de leur réquisition, et de la remise par eux faite des pièces à l'appui. Le greffier du tribunal dresse procès-verbal, qui est signé tant par les parties (à moins qu'elles ne déclarent ne savoir ou ne pouvoir signer, auquel cas il en est fait mention) que par les quatre assistants, le juge et le greffier. La signature est de rigueur ; car la loi ne dit pas : « à *moins qu'elles ne déclarent qu'elles ne veulent signer,* » comme dans l'art. 229.

Le juge met de suite au bas de ce procès verbal son ordonnance, portant que, dans les trois jours, il sera par lui référé du tout au tribunal, en la chambre du conseil, sur les conclusions par écrit du procureur de la République, auquel les pièces seront, à cet effet, communiquées par le greffier.

Si le procureur de la République trouve dans les pièces la preuve que les deux époux étaient âgés, le mari de vingt-cinq ans, la femme de vingt-un ans, lorsqu'ils ont fait leur première déclaration ; qu'à cette époque ils étaient mariés depuis deux ans, que le mariage ne remontait pas à plus de vingt, que la femme avait moins de quarante-cinq ans, que le consentement mutuel a été exprimé quatre fois dans le cours de l'année, après les préalables prescrits, et avec toutes les formalités requises, notamment avec l'autorisation des pères et mères des époux, ou avec celles de leurs autres ascendants vivants, en cas de prédécès des pères et mères, il donne ses conclusions en ces termes : *la loi permet;* dans le cas contraire, ses conclusions sont conçues en ces termes : *la loi empêche.*

Le tribunal, sur le référé, ne peut faire d'autres vérifications que celles indiquées par l'article précédent. S'il en résulte que, dans l'opinion du tribunal, les parties ont satisfait aux conditions, et rempli les formalités déterminées par la loi, il admet le divorce, en renvoyant les parties devant l'officier de l'état civil, pour le faire prononcer : dans le cas contraire, le tribunal déclare qu'il n'y a pas lieu à admettre le divorce, en déduisant les motifs de la décision.

L'appel du jugement qui aurait déclaré ne pas y avoir lieu à admettre le divorce n'est recevable qu'autant qu'il est interjeté par les deux parties et néanmoins par actes séparés, dans les dix jours au plus tôt, et au plus tard dans les vingt jours de la date du jugement de première instance.

Les parties peuvent appeler si l'admission du divorce est refusée : mais que décider si le divorce est accordé contre le vœu du procureur de la République, celui-ci a-t-il le droit d'interjeter appel? On doit admettre qu'il l'a; car il s'agit de la rupture d'un lien qui intéresse l'ordre social l'observation de formes précieuses à cet ordre public.

Les actes d'appel sont réciproquement signifiés tant à l'autre époux qu'au Procureur de la République près du tribunal de première instance.

Dans les dix jours, à compter de la signification qui lui a été faite du second acte d'appel, le Procureur de la République près du tribunal de première instance fait passer au Procureur Général près la Cour d'appel l'expédition du jugement, et les pièces sur lesquelles il est intervenu. Le Procureur Général près la Cour d'appel donne ses conclusions par écrit, dans les dix jours qui suivent la réception des pièces; le président, ou le conseiller qui le supplée, fait son rapport à la Cour d'appel, en la chambre du conseil, et il est statué définitivement dans les dix jours qui suivront la remise des conclusions du Procureur Général.

Le délai de la prononciation du jugement par la Cour d'appel n'est d'ailleurs nullement fatal. La Cour, suivant les exigences de son rôle, peut le différer. Le délai pour faire prononcer le divorce est au contraire fatal, la loi le dit dans l'art. 238.

En vertu du jugement qui admet le divorce, et dans les vingt jours de sa date, les parties se présentent ensemble et en personne devant l'officier de l'état civil, pour faire prononcer le divorce. Ce délai passé, le jugement demeure comme non avenu.

Telles sont les formalités édictées par le Code et qu'a maintenues la législation des pays qui l'ont adopté : elles présentent donc pour les étrangers un intérêt actuel, et c'est ce qui nous a déterminé à les développer.

SECTION II

DES EFFETS JURIDIQUES DU DIVORCE

§ I. — *Effets juridiques du divorce quant à la personne des époux.*

Les époux qui divorcent pour quelque cause que ce soit, ne pourront plus se réunir.

Cette défense manquait dans les anciennes lois sur le divorce. Il en résultait des réunions scandaleuses, qui n'avaient d'autre but que de favoriser la cupidité de l'un des époux.

Dans le divorce prononcé pour cause déterminée, la femme divorcée ne peut se remarier que dix mois après le divorce prononcé.

Cette règle a pour objet de régler le sort de la filiation de l'enfant qui peut naître dans cet intervalle; aussi les dix mois doivent-ils être accomplis.

Dans le cas de divorce par consentement mutuel, aucun des deux époux ne peut contracter un nouveau mariage que trois ans après la prononciation du divorce.

Par là, le législateur mettait un frein à la légèreté des époux qui voulaient divorcer. Il faut que les trois ans soient accomplis avant de contracter un nouveau mariage.

Dans le cas de divorce admis en justice pour cause d'adultère, l'épouse coupable ne peut jamais se marier avec son complice. La femme adultère est condamnée, par le même jugement et sur la réquisition du ministère public, à la réclusion dans une maison de correction, pour un temps déterminé, qui ne peut être moins de trois mois ni excéder deux années.

Punition juste que commandaient les mœurs ! Les lois anciennes étaient plus sévères : elles l'étaient trop: et c'est un défaut qui fait qu'on craint d'en solliciter l'exécution.

§ 2. — *Effets juridiques du divorce quant aux biens des époux.*

Pour quelque cause que le divorce ait lieu, hors le cas de consentement mutuel, l'époux contre lequel le divorce a été admis, perd tous les avantages que l'autre époux lui avait faits, soit par leur contrat de mariage, soit depuis le mariage contracté.

Dans ces avantages est compris le préciput s'il en a été stipulé (c'est ce que les Coutumes appelaient le *douaire*), si c'est contre la femme que le divorce est prononcé.

L'époux qui a obtenu le divorce, conserve au contraire les avantages à lui faits par l'autre époux, encore qu'ils aient été stipulés réciproques, et que la réciprocité n'ait pas lieu (art. 300).

Rien de plus juste ! Il ne peut pas être au pouvoir d'un époux de faire perdre à l'autre ses avantages, en le forçant par une conduite indigne ou par sa cruauté, à demander un divorce devenu nécessaire.

Si les époux ne s'étaient fait aucun avantage, ou si ceux stipulés ne paraissaient pas suffisants pour assurer la subsistance de l'époux qui a obtenu le divorce, le tribunal peut lui accorder sur les biens de l'autre époux une pension alimentaire, qui ne peut excéder le tiers des revenus de cet autre époux. Cette pension est révocable dans le cas où elle cesserait d'être nécessaire.

C'est là une disposition fondée sur les principes de l'humanité et de la décence publique. Et dès lors il n'y a pas nécessité que la pension aille jusqu'au tiers de la fortune de l'époux défendeur, qui est un *maximum*. Il ne faut pas non plus que, si l'époux défendeur est très-riche, la pension soit bornée à ce qui peut assurer étroitement la subsistance de l'époux demandeur ; il est juste qu'elle soit proportionnée à l'état que les époux ont tenu, sans cependant trop grever l'époux défendeur. Le mieux serait, dans le cas d'une grande fortune, de prendre un juste milieu en assurant à la femme le tiers de la dépense qu'elle occasionnait dans la maison commune. Au surplus, la décision laissée à l'arbitrage du juge qui doit toujours tendre à la décharge de l'époux défendeur : on ne peut guère, en effet, contraindre à faire que ce qui est strictement

de devoir et d'obligation, après une rupture où il
a rarement tous les torts.

§ 3. — *Effets du divorce quant aux enfants nés du mariage.*

L'administration provisoire des enfants reste
au mari demandeur ou défendeur au divorce, à
moins qu'il n'en soit autrement ordonné par le
tribunal, sur la demande soit de la mère, soit de
la famille, soit du procureur de la République,
pour le plus grand avantage des enfants.

Cette disposition de l'art. 241 est conforme aux
vrais principes. Le mari étant le chef de la famille, c'est à lui qu'appartient l'administration
provisoire des enfants.

Mais il peut se trouver des maris qui s'en soient
rendus indignes et alors le tribunal dispose autrement, en prenant pour guide de sa décision le
plus grand avantage des enfants.

La loi ne parle ici que de l'administration provisoire : elle ne dit rien du sort des enfants après
le divorce. A qui seront-ils confiés ? L'art. 235 décide qu'ils seront confiés à l'époux demandeur en
divorce si le plus grand avantage des enfants
n'exige pas une autre mesure. Le tribunal peut en
effet, sur la demande de la famille ou du procureur
de la République, ordonner que tous ou quelques-uns d'entre eux seront confiés aux soins,
soit de l'autre époux, soit d'une tierce personne.

Il peut se faire en effet que les torts de l'époux

défendeur envers l'époux demandeur ne soient pas de nature à lui faire perdre la confiance de la loi et s'il n'est pas indigne de la qualité de père ou de mère, l'intérêt des enfants demande qu'il surveille leur éducation ; il est tout naturel qu'il en reste chargé.

Il peut se faire aussi que l'époux demandeur soit moins digne de cette tâche, ou moins fait pour la remplir que l'époux défendeur, et dans ce cas encore l'époux défendeur doit avoir la préférence.

Enfin, l'intérêt des enfants peut demander qu'une personne tierce en soit chargée. C'est aux tribunaux que la loi a dû s'en rapporter.

Quelle que soit la personne à laquelle les enfants seront confiés, les père et mère conserveront respectivement le droit de surveiller l'entretien et l'éducation de leurs enfants, et seront tenus d'y contribuer proportionnellement à leurs facultés.

Les liens qui unissaient les époux sont brisés : mais ceux de la paternité subsistent, ainsi que les droits qui en dérivent, et les obligations qui en naissent. C'est de là que résulte que les époux conservent la surveillance des enfants, et qu'ils sont obligés de fournir à leur entretien et leur éducation ; de là résulte aussi la soumission des enfants à leur volonté.

La dissolution du mariage par le divorce admis en justice ne doit priver les enfants nés de ce mariage d'aucun des avantages qui leur étaient assurés par les lois, ou par les conventions matrimoniales de leurs père et mère, mais il n'y aura d'ouverture aux droits des enfants que de la même manière et dans les mêmes circonstances où ils se seraient ouverts s'il n'y avait pas eu de divorce.

Le mariage dissous par le divorce admis en justice n'avait pas les effets de la dissolution par mort naturelle ou, avant 1854, par mort civile. Il n'a, par rapport aux enfants, que les effets d'une séparation de biens entre les époux. Il en était autrement, si le divorce s'était opéré par consentement mutuel. L'art. 305 établit cette différence.

Cet article dispose que, dans le cas de divorce par consentement mutuel, la propriété de la moitié des biens de chacun des deux époux sera acquise de plein droit, du jour de leur première déclaration, aux enfants nés de leur mariage.

Cet article a eu pour objet de rendre plus rares les divorces par consentement mutuel. Le législateur voulait que les époux entraînés par la légèreté de leur caractère fussent au moins retenus par l'intérêt.

Nous en avons fini avec l'examen du divorce tel qu'il existait en France avant 1816, tel qu'il existe dans les pays qui, comme la Belgique, la Roumanie, ont adopté le Code civil. Nous allons passer à la séparation de corps seule subsistante en France aujourd'hui.

CHAPITRE II

DE LA SÉPARATION DE CORPS

INTRODUCTION

La doctrine de l'Eglise fut définitivement fixée à l'égard de la séparation de corps, et le principe de l'indissolubilité du mariage fut consacré par les conciles d'Afrique, de Frioul et de Nantes au huitième siècle et fut encore solennellement proclamé au seizième siècle par le concile de Trente (vingt-quatrième session, canon 7).

Le mari qui avait renvoyé sa femme et qui contractait ensuite un nouveau mariage était exclu de la communion des fidèles (concile de Vannes, 465).

L'Eglise remplaçait le divorce par la séparation de corps qui laisse subsister le lien conjugal, c'est le divorce *a thoro et mensâ*.

L'Eglise qui avait affirmé sa doctrine sur le mariage, devait s'efforcer de la faire admettre par les lois.

Nous avons vu cependant que, même après leur conversion au christianisme, les empereurs romains ne crurent pas possible de supprimer le divorce et qu'ils se bornèrent à déterminer limitativement les cas dans lesquels il serait autorisé.

La législation de Constantin et d'Honorius fut appliquée dans les Gaules devenues romaines : le mari put divorcer si sa femme était adultère, adonnée aux maléfices ou proxénète; la femme eut le même droit si son mari était homicide, violateur de tombeaux ou magicien.

L'influence de l'Eglise s'exerça non-seulement sur les Gallo-Romains, mais aussi sur les peuples barbares qui envahirent la Gaule. Malgré leur conversion au christianisme, les Francs n'abandonnèrent pas immédiatement l'usage du divorce; nous trouvons dans le formulaire de Marculfe (1), qui vivait au septième siècle, un acte de divorce, ce qui nous montre que cette institution persista pendant plusieurs siècles.

D'autre part le mariage à l'origine chez les peuples germaniques pouvait être très facilement rompu par le mari qui avait acheté son autorité sur la femme.

La loi des Burgondes, des Bavarois, des Allemands, admettait la répudiation au profit du mari. L'Eglise fit tous ses efforts pour restreindre cette faculté.

Chez les Bavarois et les Allemands, en cas de répudiation, le mari perdait le *mundium* et devait restituer tout ce qui revient à la femme; il était de plus obligé de payer aux parents une amende qui

(1) Liv. II, form. 30.

est fixée à quarante sous par la loi des Allemands et à quarante-huit par celle des Bavarois.

La loi des Burgondes, appelée *lex Poudobada*, du nom de Poudebeau son auteur, renferme une disposition qui prononce contre le mari qui répudie sa femme une amende de douze sous et l'oblige à restituer le double prix du *mundium*. Une autre disposition, due à l'influence de la législation des empereurs chrétiens, n'autorise la répudiation que pour adultère, sortilège et violation de sépulture. Le mari, qui répudiait en dehors de ces cas, devait abandonner sa maison et tous ses biens à la femme (1).

La loi des Allemands est la seule qui parle du divorce par consentement mutuel (2).

L'Eglise luttait avec âpreté contre le divorce qu'elle s'efforçait de faire proscrire et bientôt sa doctrine passa dans les capitulaires des rois carlovingiens, et la séparation de corps tendit de plus en plus à remplacer le divorce qui ne disparut cependant complètement qu'au douzième siècle, quand ce fut l'Eglise qui décida souverainement de toutes les questions relatives au mariage, dont elle avait fait un sacrement.

Les lois Salique et Ripuaire ne s'occupent pas de la séparation de corps.

En 744, un capitulaire de Pépin le Bref promulgua la décision du concile de Soissons : « Qu'aucun

---

(1) *Lex Burg.*, t. XXXIV, § 2 à 4.
(2) *Lex Allem. addit.*, c. 29.

laïque n'épouse une femme pendant la vie de son mari, et qu'aucune femme n'épouse un autre mari pendant la vie de son premier époux (1). »

En 752, le même prince sanctionna la règle édictée par le concile de Verberie qui reconnaissait la complicité de la femme dans un complot contre la vie de son mari comme une cause de séparation de corps et qui proclamait indissoluble le mariage des esclaves comme celui des hommes libres.

La juridiction ecclésiastique connaissait des demandes en séparation de corps : les époux ne pouvaient rompre la vie commune sans l'assentiment des évêques.

Par un capitulaire donné à Aix-la-Chapelle en 789 Charlemagne proscrivit le divorce, et défendit à l'époux séparé de contracter une nouvelle union du vivant de son conjoint ; ceux qui bravaient cette défense étaient déclarés coupables d'adultère et devaient être enfermés dans un couvent.

Un capitulaire de Worms, (Louis le Débonnaire — 829), décida que le mari qui répudierait sa femme et en épouserait une seconde devrait déposer les armes et faire une pénitence publique.

L'Église avait fait triompher sa doctrine sur l'indissolubilité du mariage qui était maintenant une règle du droit civil. La papauté défendit avec sa ténacité ordinaire la victoire qu'elle avait ainsi remportée, et elle ne craignit pas de

(1) *Pappini* Capit., c. 9.

soutenir la lutte contre les rois eux-mêmes, quand ils tentèrent de faire revivre à leur profit l'ancienne institution du divorce.

Nous voyons le pape Urbain II excommunier Philippe Ier, pour avoir répudié la reine Berthe et avoir épousé, après l'avoir enlevée, Bertrade, femme du comte d'Anjou.

Plus tard Philippe-Auguste ayant fait annuler par une assemblée d'évêques français son mariage avec Ingeburge et ayant épousé ensuite Agnès de Méranie, Innocent III frappa d'interdit le royaume pour punir le souverain qui refusait de reprendre sa première femme. Malgré sa puissance, Philippe-Auguste, sous la pression des mœurs religieuses de son temps, dut céder au pontife qui défendait bien moins les prétendus droits de la morale et de la dignité du mariage que ceux de la souveraineté universelle de la papauté.

L'union conjugale était devenue un sacrement, dont aucun pouvoir ne pouvait plus supprimer d'une façon absolue les effets : au douzième siècle la doctrine du droit canonique était acceptée sans conteste.

Le mariage n'était pas même dissous quand il avait été contracté par deux infidèles dont l'un se faisait chrétien. Il en était autrement si l'infidèle refusait de vivre avec l'époux chrétien ; en ce cas un nouveau mariage devait pouvoir sembler légitime même aux plus ardents zélateurs de l'indissolubilité. Cependant cette solution, basée sur l'idée que le mariage des infidèles n'est qu'un contrat ordinaire, était appliquée par certains tribunaux ecclésiastiques, et repoussée par d'autres, et cette dernière opinion fut confirmée par un arrêt du parlement de Paris (1).

Le divorce ne fut même pas permis au cas où il était déterminé par le désir de l'un des époux d'entrer dans les ordres religieux. On n'admit la possibilité d'une séparation qu'au cas où chacun des époux non-seulement consentirait à cette rupture, mais embrasserait la vie religieuse.

Le concile de Trente distingua le *matrimonium ratum non consommatum* et le *matrimonium consommatum*. Le mariage qui n'a pas été consommé peut être dissous par la volonté d'un des époux qui entre dans les ordres sacrés, mais le mariage qui a été consommé ne peut jamais être dissous; il ne pourrait y avoir lieu qu'à une séparation aux conditions dont nous avons parlé tout à l'heure (2).

L'Eglise qui repoussait le divorce d'une façon absolue, admit seulement la séparation de corps comme remède à la situation d'époux dont les relations sont devenues intolérables.

Le lien qui les unit et qui, selon l'Eglise, tient sa force de la consécration religieuse qu'a reçue leur union, continuera à subsister, mais les conjoints seront soustraits aux difficultés de la vie commune.

(1) 2 janvier 1758.
(2) Session 24, canon 6.

Trois causes peuvent donner lieu à une demande en séparation de corps selon le droit canonique :

1° L'adultère de la femme ou du mari.

2° L'hérésie.

3° Les sévices (1).

C'était le tribunal ecclésiastique que présidait l'évêque qui connaissait des demandes en séparation de corps et qui prononçait la séparation.

Le droit canonique fit de l'adultère une cause de séparation en s'appuyant sur le texte de l'évangile de saint Mathieu qui, on le sait, permet au mari de renvoyer sa femme coupable d'adultère. On admit pour la femme le même droit en invoquant la parole de saint Paul : « La femme ne s'appartient pas à elle-même, mais à son mari; de même le mari n'appartient pas à lui-même, mais à sa femme. » Si l'adultère a été réciproque, la séparation n'est plus admise; aucun des époux n'a le droit de reprocher à son conjoint son inconduite.

L'hérésie qui met en danger la foi de l'époux catholique permet, d'après l'Église, de se séparer d'un conjoint qui a renoncé à sa religion.

Enfin les excès et sévices, quand ils ont été très graves, sont une cause de séparation.

Jamais les infirmités de l'un des époux, ni les condamnations criminelles ne peuvent motiver une séparation ; les devoirs de l'époux vis-à-vis de son conjoint subsistent entièrement en ce cas.

Nous verrons bientôt que, même dans l'ancien

(1) Concile de Trente, session 24, canon 8.

droit, quand la juridiction civile eut réussi à reconquérir la compétence en matière de séparation
de corps, ces causes du droit canonique furent
quelque peu modifiées.

L'Eglise, qui intervenait au mariage pour lui
donner la consécration qui seule le rendait, selon
elle, indissoluble, devait également seule pouvoir
en relâcher les liens ; la justice ecclésiastique prononçait la séparation de corps et la justice seigneuriale réglait les intérêts des époux séparés.

Il y eut du reste au moyen âge des avantages à
l'attribution à l'Eglise de la connaissance des procès en séparation de corps. Ses tribunaux exigeaient du moins une procédure régulière et rendaient souvent des décisions plus conformes à
l'équité que les justices seigneuriales de cette époque.

C'est l'évêque qui avait en principe le droit de
juger, mais en raison de l'extension de la juridiction ecclésiastique, il dut déléguer ses pouvoirs à
un tribunal qui fut appelé *officialité*. Dans le principe les évêques s'étaient réservé la connaissance
des causes les plus importantes, entre autres de
celles relatives au mariage et à la séparation de
corps, mais ils durent les laisser également au jugement des officialités.

Beaumanoir, dans ses coutumes de Beauvoisis (1), reconnaît que « les mantaleas qui muevent
entre homne et fame qui sont assemblés par ma-

(1) Chap. 57.

riage » ne sont qu'une cause de séparation de corps et que c'est l'Eglise seule qui doit en connaître.

Les Assises de Jérusalem qui donnent au royaume fondé par les croisés la législation féodale, déclarent que : « Nulle cour ne se doit entremettre du fait de mariage, sinon sainte Eglise. »

L'indissolubilité de l'union y est reconnue et on n'admet la possibilité d'une répudiation et d'un nouveau mariage qu'au cas tout à fait exceptionnel où l'un des conjoints serait atteint de la lèpre ou de quelque autre maladie contagieuse. On l'enfermait alors dans un couvent et l'autre époux pouvait se remarier.

Les établissements de saint Louis (1260) constatent que la femme peut demander la séparation sans l'autorisation de son mari, car en cour d'Eglise elle peut comparaître sans assistance.

Les juges ecclésiastiques prononçaient la séparation de corps, mais les juges laïques pouvaient seuls décider qu'il y aurait séparation de biens.

La rédaction des Coutumes n'apporta pas de modifications aux règles en vigueur, relativement à la compétence en cette matière. Notons seulement que lorsque la séparation avait lieu par la faute du mari, la femme conservait son droit au douaire.

Cet état de choses devait changer avec la Réforme ; Luther réduisit le nombre des sacrements à deux et ne considéra plus le mariage que comme un contrat conforme à la loi divine, mais non pas nécessairement indissoluble.

La doctrine de l'Eglise catholique se maintint
en France, comme dans les autres pays qui n'a-
doptèrent pas la Réforme. Le concile de Trente
qui se réunit alors (1545-1563) affirma de nouveau
solennellement la théorie catholique sur le mariage, et les règles qu'il édicta à cet égard furent
reproduites par les conciles provinciaux qui se
réunirent en France au seizième et au dix-septième siècle.

Les juges laïques, avons-nous dit, étaient seuls
compétents pour prononcer les séparations de
biens; quand la juridiction civile fut mieux organisée, que l'étude du droit romain se fut dévelop-
pée et eut formé des jurisconsultes distingués, on
chercha à arrêter l'extension trop considérable
qu'avait prise la juridiction ecclésiastique.

Déjà au douzième siècle la justice seigneuriale
accordait, en cas de séparation de fait, une certaine somme sur le fonds commun, pour lui permettre de vivre, à la femme qui avait été chassée
par son mari du domicile conjugal ou forcée de le
quitter en raison de menaces de mort ou de mauvais traitements ayant pour but d'obtenir son consentement pour vendre son bien ou son douaire.
Le droit coutumier, que Beaumanoir nous fait
connaître sur cette matière, sanctionnait donc une
sorte de séparation qui n'avait pas été régulière-
ment prononcée par l'Eglise et dont les motifs n'é-
taient pas admis par elle comme des causes légitimes de séparation.

Plus tard, quand l'appel comme d'abus eut été créé, les Parlements revendiquèrent la connaissance de la plupart des causes ecclésiastiques et le droit de juger les séparations de corps, comme ils jugeaient déjà les séparations de biens.

L'Eglise combattit ce qu'elle appelait des empiétements de la juridiction civile, en s'appuyant sur cette idée que le mariage étant un sacrement elle seule avait droit de régler tout ce qui s'y rapportait. Elle invoquait, outre les canons des conciles, une Constitution du pape Alexandre II, défendant aux maris de quitter leurs femmes avant d'avoir exposé leurs griefs aux évêques.

Une ordonnance de Henri IV (1603), un édit de Louis XIII (1639) et enfin une ordonnance de Louis XIV (1695) reconnurent la compétence exclusive des tribunaux ecclésiastiques, mais les Parlements n'en continuèrent pas moins leurs efforts pour l'émancipation de la juridiction en cette matière.

Ils reconnaissaient que l'Eglise devait seule connaître des affaires dans lesquelles il s'agissait du mariage lui-même, *de fœdere matrimonii*, mais ils faisaient observer avec raison que la demande en séparation ne rentre pas dans cette classe de contestations, puisqu'elle laisse subsister le mariage.

D'autre part, ajoutaient-ils, la séparation d'habitation (comme on appelait alors la séparation de corps) entraîne la séparation de biens dont les juges ecclésiastiques ne peuvent connaître sans abus. On ne peut supposer de cas où il n'y ait aucun intérêt temporel à régler et où l'on puisse dire que pour ce motif la juridiction ecclésiastique sera compétente.

Au dix-huitième siècle les Parlements avaient enfin réussi à reprendre aux officialités la connaissance des causes de séparation de corps, et si l'Eglise en théorie continuait à ne pas admettre les prétentions des Parlements, en pratique les juges civils prononçaient seuls les séparations.

Il nous faut examiner rapidement quelles étaient les règles suivies en matière de séparation d'habitation dans le dernier état de l'ancien droit et étudier successivement :

1° Les causes de la séparation,
2° La manière de l'obtenir,
3° Ses effets.

§ 1. — *Causes de la séparation d'habitation.*

Les causes qui pouvaient donner lieu à la séparation n'étaient pas limitativement déterminées, on s'en rapportait à la sagesse des tribunaux. Pothier nous dit qu' « on doit laisser entièrement à l'arbitrage et à la prudence du juge les causes de séparation. Il ne doit être ni trop facile à l'accorder pour des dissensions passagères, ni trop difficile, lorsqu'il aperçoit dans les parties une antipathie et une haine invétérées, que la cohabitation ne pourrait qu'augmenter, si on les laissait ensemble. »

Pothier cite parmi les causes ordinaires de séparation au profit de la femme les mauvais traitements que son mari a exercés sur elle, lorsqu'il l'a
frappée ou poursuivie pour la frapper.

Le juge devait, en examinant si les faits reprochés au mari étaient assez graves pour motiver
une séparation, tenir compte :

1° De la qualité des parties, de leur éducation.

2° Du motif qui a entraîné le mari à se porter
à ces excès auxquels sa femme par ses paroles a
peut-être pu le provoquer.

3° Du caractère isolé ou habituel de ces actes.

On devait entendre dans un sens large les mauvais traitements : les injures, le mépris témoigné
par un mari à sa femme pouvaient même suffire
d'après les circonstances pour faire prononcer la
séparation.

Si le mari refusait de fournir à sa femme dans
un état d'infirmité les choses les plus nécessaires
à la vie, et que ce fût en vain que, par une première sentence, le juge lui eût ordonné de les
fournir, il pouvait y avoir séparation.

L'accusation calomnieuse d'un crime capital
était une juste cause de séparation : il en était
ainsi par exemple si un mari avait accusé sa
femme de supposition de part, injure qui doit
être plus sensible à une femme, nous dit Pothier,
que ne le seraient les sévices les plus cruels que

son mari aurait exercés contre elle. Il y avait là incontestablement une idée élevée des rapports d'estime qui doivent exister entre deux époux.

Les maladies les plus repoussantes, même au cas où elles auraient été contagieuses, ne pouvaient être une cause de séparation, non plus que la folie ou une difformité survenue depuis le mariage ; le droit canonique avait déjà formulé la même décision à l'égard de la lèpre : les époux doivent supporter mutuellement les infirmités qui les frappent. Il en est de même, selon Pothier, du cas où le mari serait atteint d'une maladie honteuse, mais cependant on trouve dans l'ancienne jurisprudence des arrêts en sens contraire (1).

Le droit canonique admettait que l'hérésie était une cause de séparation à cause du danger que la femme court que son mari ne lui enlève sa foi : il n'y a pas lieu, dit Pothier, d'appliquer cette règle en France, « où il n'y a plus qu'une religion. » (Grâce à la révocation de l'Édit de Nantes et aux dragonnades !)

L'adultère du mari, que l'Eglise considérait comme un cas de séparation, ne pouvait être invoqué par la femme devant les tribunaux civils. L'adultère de la femme était au contraire pour le mari une cause de séparation, c'est même la seule qui soit indiquée par Pothier, mais on pourrait évidemment y ajouter l'attentat à la vie du mari.

(1) Arrêt du parlement de Paris, 16 décembre 1771.

Seul l'époux offensé pouvait accuser la femme;
ses héritiers n'étaient pas recevables à opposer
ce crime à la veuve pour ne pas lui payer son
douaire; ils pouvaient seulement continuer l'instance si le mari était mort pendant le cours du
procès. Le ministère public ne pouvait agir que
s'il y avait scandale et complicité du mari relativement à l'inconduite de sa femme.

La peine de l'adultère, après avoir été d'abord
la mort, était devenue à peu près analogue à celle
édictée par la législation de Justinien (1) : la
femme convaincue d'adultère était enfermée dans
un monastère; son mari pouvait la voir et la reprendre pendant deux ans, mais après ce délai la
femme était rasée et devait rester désormais dans
le monastère; de plus, elle perdait sa dot, son
douaire et autres avantages matrimoniaux.

A la différence de ce qui avait lieu en droit
Romain, le monastère ne recevait qu'une somme
à titre de pension; d'autre part, la réclusion
prononcée contre la femme convaincue d'adultère,
n'empêchait pas qu'elle ne pût, après la mort de
son mari, sortir du monastère en adressant une
réquête au juge, si elle trouvait à contracter un
nouveau mariage.

Telles étaient les causes de séparation que nous
trouvons admises dans l'ancien droit devant la
juridiction civile. Si, à la différence du droit canonique, on ne considérait plus l'adultère du mari

____
(1) Novelle 134, ch. 10.

comme une cause de séparation, ce qui pouvait être une lacune regrettable en certains cas, l'accusation calomnieuse et les mauvais traitements, même quand ils n'avaient pas un caractère d'extrême gravité, mais témoignaient d'un mépris injurieux de la part du mari, suffisaient pour autoriser la cessation de la vie commune.

§ 2. — *Procédure de la séparation d'habitation.*

D'après les idées que l'Eglise avait fait prévaloir, la séparation dont nous avons étudié les causes dans l'ancien droit, ne pouvait résulter valablement d'une convention des parties. Aussi décidait-on que toute séparation volontaire serait sans valeur, même au cas où elle aurait lieu en vertu d'un acte reçu par des notaires, par lequel une femme exposerait les faits qu'elle reproche à son mari et par lequel le mari reconnaîtrait la vérité de ces imputations et consentirait en conséquence à la séparation ; il fallait une sentence du juge qui devait examiner avec soin l'affaire avant de rendre une décision aussi importante.

On suivait pour la procédure les règles de l'ordonnance de 1667. Quand la femme voulait obtenir une séparation d'habitation, elle devait agir par voie civile et non par voie criminelle et porter son action devant le bailliage du domicile du mari. L'appel pouvait être porté devant le présidial et de là au parlement.

Elle adressait d'abord au juge une requête dans

laquelle elle exposait les faits; elle demandait l'autorisation d'assigner son mari et de se retirer pendant le cours du procès dans une communauté ou autre lieu décent. Le mari devait lui faire remettre ses habits et linge, et lui payer une pension pendant la durée du procès; en cas de refus, le juge devait l'y condamner.

La cause portée à l'audience, si les faits paraissaient suffisants pour donner lieu à une séparation, la femme était autorisée à faire la preuve par témoins des faits qu'elle avait exposés, sauf au mari à faire la preuve contraire.

En cette matière, contrairement à ce qui avait lieu dans les affaires ordinaires, l'aveu du mari était impuissant à fournir une preuve, car on serait arrivé sans cette règle à des séparations qui n'auraient eu que l'apparence de séparations judiciaires et auraient été en réalité conventionnelles.

Les pièces étaient communiquées au ministère public qui donnait ses conclusions; devant les tribunaux ecclésiastiques, ce rôle était rempli par le promoteur de l'évêché.

Après l'enquête et les plaidoiries, le juge rendait son jugement et prononçait, s'il trouvait les faits suffisamment établis, la séparation d'habitation; dans le cas contraire, il donnait congé de la demande de la femme et la condamnait à retourner avec son mari, mais en lui accordant quelquefois un certain délai, afin que le ressentiment du mari en raison de la demande intentée par sa femme, pût être apaisé par le temps.

Quand il s'agissait de l'accusation d'adultère, que seul un mari pouvait porter contre sa femme, une plainte était adressée sous forme de requête au juge qui permettait d'informer, ou sous forme de procès-verbal écrit par le greffier; les témoins étaient assignés, entendus par le juge et leurs dépositions consignées dans un acte appelé information.

Le mari qui devait se porter partie civile en demandant la séparation, obtenait ensuite un décret de prise de corps ou d'ajournement, et la femme était interrogée par le juge.

Les pièces étaient communiquées au ministère public et, sur son intervention, l'affaire s'instruisait à l'extraordinaire, par récolement et confrontation, c'est-à-dire que les témoins devaient affirmer leur précédente déposition ou la modifier après la lecture qui leur en était faite, et que, mis ensuite en présence de l'accusée, ils déposaient de nouveau sous la foi du serment, tandis que l'accusée, après avoir également prêté serment, pouvait faire les objections qui lui semblaient utiles.

Le ministère public déposait ses conclusions par écrit et, sur le rapport d'un juge, le tribunal rendait son jugement.

Nous avons vu les peines qui, indépendamment de la séparation, étaient infligées à la femme convaincue d'adultère.

§ 3. — *Effets de la séparation d'habitation.*

La séparation d'habitation, quel qu'en fût le motif, ne rompait pas le lien du mariage ; elle ne portait atteinte qu'à certains de ses effets.

La femme, même séparée, avait besoin, pour les actes d'aliénation de ses immeubles, de l'autorisation du mari ou, sur son refus, de celle de la justice; elle ne pouvait faire sans autorisation que des actes de simple administration.

La séparation avait pour effet de dispenser les époux de l'obligation d'avoir un domicile commun et du devoir de cohabitation; la femme pouvait s'établir là où elle le voulait.

Un autre effet important de la séparation d'habitation était d'entraîner la séparation de biens : la femme pouvait réclamer sa dot. S'il y avait communauté elle était dissoute : la femme avait le droit d'accepter la communauté ou d'y renoncer et, en cas d'acceptation, de poursuivre le partage des biens communs.

Enfin la séparation d'habitation faisait tomber les avantages nuptiaux constitués par l'époux innocent à son conjoint coupable; il y avait là, disait-on, une révocation pour cause d'ingratitude.

Les effets de la séparation cessaient quand il intervenait entre les époux une réconciliation; l'obligation de cohabiter renaissait et la commu-

nauté de biens était rétablie rétroactivement. La
communauté était censée n'avoir jamais été dissoute ; toutefois les actes faits par la femme pendant la durée de la séparation, dans la limite de
ses pouvoirs, continuaient à subsister.

La séparation de corps, dont nous venons
d'examiner les règles dans l'ancien droit, était,
nous l'avons dit, l'œuvre de l'Eglise qui l'avait
introduite dans les lois, aussi s'appliquait-elle naturellement aux catholiques, mais fut-elle également imposée, comme unique remède aux inconvénients d'une union malheureuse, aux personnes
qui professaient un culte admettant le divorce,
c'est-à-dire aux protestants et aux juifs?

Après l'édit de Nantes (1598) qui reconnaissait
aux protestants le droit d'exercer librement leur
culte, il semble qu'ils devaient pouvoir divorcer
dans les cas où leur religion les y autorisait, car
la question de l'indissolubilité du mariage n'é-
tait alors envisagée qu'au point de vue religieux.

Mais, après la révocation de l'édit de Nantes
(1685), le divorce devint impossible. Nous avons rap-
pelé le passage de Pothier déclarant qu'il n'y avait
plus en France « qu'une religion ». Si le mariage
des protestants qui se trouvaient encore en France,
avait été contracté suivant les formes légales, il
était indissoluble d'après la loi ; s'il avait été contracté dans les formes admises par leur religion,
il était nul, à moins que la justice ne présumât

dans l'intérêt des enfants la validité et l'indissolubilité de l'union.

Quant aux juifs, ils apportèrent en France leurs
coutumes et Henri II leur permit de vivre selon
leurs usages. On reconnut que leurs mariages,
formés d'après leurs lois, pouvaient être dissous
de même. La jurisprudence s'établit en ce sens et
les tribunaux saisis de questions de cette nature,
se référèrent aux coutumes juives avant de prononcer sur les différends qui leur étaient soumis.

L'influence de l'Eglise, qui avait amené dans
l'ancien droit la suppression absolue du divorce
et son remplacement par la séparation de corps,
fut de plus en plus ébranlée pendant le dernier
siècle.

La Révolution française fit enfin consacrer par
les lois les réformes réclamées par la philosophie :
le législateur sécularisa le mariage et rétablit le
divorce, qui découlait nécessairement de l'idée
désormais admise que le mariage n'est qu'un contrat civil : c'était une conséquence des principes
de liberté que les lois nouvelles proclamaient.

SECTION I

DES CAUSES DE LA SÉPARATION DE CORPS.

Le Code civil a pris soin d'indiquer limitativement les causes de la séparation; l'art. 306 décide
que les causes déterminées du divorce pourront

donner lieu à une demande en séparation de corps.

Ces causes, énumérées dans les art. 229 à 232 sont, nous le savons, au nombre de trois :

1° L'adultère, 2° les excès, sévices ou injures graves, 3° la condamnation à une peine infamante.

En dehors de ces cas, le juge ne peut admettre la séparation, mais nous verrons qu'il a un pouvoir absolu d'appréciation relativement aux faits qui constituent les excès, sévices ou injures graves.

Examinons brièvement chacune des trois causes de séparation déterminées par la loi.

§ 1. — *Adultère.*

L'adultère est la violation du devoir de fidélité que les époux ont contracté l'un envers l'autre par le fait de leur mariage.

Nous avons vu quelles étaient les peines criminelles de l'adultère dans le droit romain et dans l'ancien droit ; ces peines ne s'appliquaient qu'à la femme, toutefois, rappelons que Théodose et Valentinien placèrent l'adultère même du mari au nombre des justes causes de divorce.

Dans l'ancienne France nous savons que le droit canonique permettait à la femme comme au mari de demander la séparation de corps pour cause d'adultère, mais que les tribunaux civils ne lui reconnurent pas ce droit.

Aujourd'hui le Code civil exige des conditions

particulières pour que l'adultère du mari puisse
motiver une séparation de corps, et au point de
vue pénal la situation des deux époux est très
différente : l'adultère de la femme, en quelque lieu
qu'il soit commis, est puni de la peine de l'emprisonnement pendant trois mois au moins et deux
ans au plus (art. 337 du Code pénal), tandis que
le mari n'est frappé d'une peine que s'il a entretenu
une concubine dans la maison conjugale et il n'est
puni en ce cas que d'une amende de cent francs à
deux mille francs (art. 339).

De plus, si le mari surprend sa femme en flagrant délit d'adultère, le meurtre qu'il commet
sur la personne de la femme et de son complice
est dit excusable, tandis que jamais le flagrant
délit d'adultère du mari ne serait une excuse pour
le meurtre que la femme commettrait en ce
cas.

Ces différences qu'établit la loi pénale entre les
conséquences d'un même acte, selon qu'il est imputable au mari ou à la femme, semblent à certains
esprits excessives, particulièrement la dernière.

La loi a cependant toujours considéré l'adultère
de la femme comme beaucoup plus grave que celui
du mari. Au point de vue moral il faut reconnaître, il est vrai, que la violation de la fidélité conjugale est tout aussi répréhensible, qu'il s'agisse du
mari ou de la femme, mais l'opinion publique,
dans l'état des mœurs, montre beaucoup plus
d'indulgence pour la faute du mari, tandis qu'elle

regarde l'adultère de la femme comme portant la plus grave atteinte à l'honneur de l'époux.

La faute de la femme a, du reste, des conséquences bien plus dangereuses au point de vue de la famille, car elle peut y faire entrer des personnes étrangères et ainsi imposer au mari une paternité mensongère; il ne faut donc pas s'étonner si le législateur l'a réprimée avec une plus grande rigueur. Ces idées, on le sait, ont été développées avec une remarquable puissance de raisonnement par Montesquieu (1).

Au point de vue spécial de la séparation de corps demandée pour cause d'adultère, le législateur distingue suivant qu'il s'agit du mari ou de la femme : l'adultère de la femme donne lieu à la séparation de corps comme il pouvait autrefois aussi donner lieu au divorce, en quelque endroit qu'il ait été commis et même s'il n'y a pas eu de relations suivies (art. 229); l'adultère du mari n'autorise au contraire une demande en séparation que si l'époux a tenu sa concubine dans la maison commune (art. 230); en ce dernier cas seulement la loi a jugé que la femme avait une situation intolérable au foyer domestique.

Deux conditions sont donc exigées pour que l'adultère du mari soit une cause de séparation de corps :

1° Il nécessaire d'abord qu'il ait tenu une con-

_____

(1) *Esprit des lois*, liv. **XXVI**, ch. 7.

cubine; des faits d'infidélité accidentels, même commis dans la maison conjugale, seraient insuffisants; il faut un état de concubinage qui rende la situation de la femme absolument inacceptable.

Il ne faut pas distinguer, croyons-nous, suivant que c'est le mari ou la femme qui a introduit la concubine dans la maison commune.

M. Marcadé (1) soutient qu'il est nécessaire que ce soit par l'autorité du mari que cette femme soit venue dans la maison ou qu'elle y ait demeuré; en conséquence il n'admet pas comme rentrant dans l'art. 230 le cas où il s'agirait d'une servante qui ne serait entrée dans la maison et n'y aurait habité que sous l'autorité et la surveillance de l'épouse qui l'aurait choisie.

On ne peut pas dire, selon cet auteur, que c'est là une concubine tenue dans la maison par le mari; il faudrait, pour qu'il en fût autrement, qu'il eût interposé son autorité pour faire entrer cette personne dans la maison ou pour l'y retenir.

Nous repoussons cette interprétation de l'art. 230 qui a pris le mot « tenir une concubine » dans le sens du mot entretenir qui se trouve dans l'art. 339 du Code Pénal relatif à cette hypothèse. Le mari a tenu cette fille comme concubine par le fait du commerce illicite qu'il a eu avec elle depuis son entrée dans la maison. Ce cas auquel M. Marcadé voudrait ne pas appliquer l'art. 230

____

(1) Art. 306, n° 2.

est le plus fréquent, et la morale exige que la femme puisse rompre la vie commune, quand son mari a manqué d'une façon aussi grave à ses devoirs dans le domicile commun.

De même, peu importe à quel titre la concubine ait été reçue et habite dans la maison, comme servante, institutrice, etc.; si c'était à titre de parente, la conduite du mari serait d'autant plus coupable, loin que cette qualité pût constituer une excuse (1).

2° Il est une seconde condition exigée par la loi pour que l'adultère du mari soit une cause de séparation, cette condition est relative au lieu où le fait s'est produit : il faut que le mari ait tenu sa concubine *dans la maison commune*.

Le législateur a voulu protéger l'épouse qui serait exposée à rencontrer une rivale dans la demeure où elle est en droit d'exercer son autorité domestique.

Il faut entendre par maison commune les lieux habités par les époux, ceux dans lesquels la femme a le droit d'être reçue. Les tribunaux doivent apprécier suivant les circonstances du fait si l'on peut dire que cette condition est remplie.

L'expression maison commune ou maison conjugale veut dire l'ensemble des lieux occupés par l'époux, les époux, où ils sont chez eux. Suivant les cas la maison commune comprendra tantôt

____

(1) Cass., 5 juillet 1813. Cf. Merlin, *Rép.*, t. **XV**, v° **Adultère**, n° 8 *bis*.

toute une maison et ses dépendances, par exemple un pavillon placé dans un jardin attenant à la maison, tantôt une partie seulement de maison si elle est complètement indépendante; la loi a en vue de frapper les relations illicites que le mari entretient sous le toit commun.

On devrait encore, malgré l'opinion de M. Demolombe, appliquer l'art. 230 si la concubine habitait un appartement distinct, mais dans la maison conjugale, car les rapports inévitables de l'épouse avec elle rendraient la situation de celle-ci également intolérable.

Il faut entendre par maison commune, non-seulement le domicile même des époux, mais tous les lieux de leur résidence, par exemple une maison de campagne ou une maison située dans une autre ville, les motifs de la loi s'appliquant parfaitement en ce cas.

Il n'est même pas nécessaire que la femme habite elle-même la maison dans laquelle habite son mari avec sa concubine. C'est en vain qu'on soutiendrait que cette maison n'est pas habitée en commun et que la femme ne souffre plus dès lors de la présence d'une rivale; en réalité la maison commune est la maison du mari, car partout où il juge à propos de résider, la femme est obligée de le suivre et d'habiter avec lui et il est de son côté obligé de la recevoir (art. 214). La maison où le mari demeure est donc bien la maison commune, et souvent si sa femme n'habite plus avec lui, c'est qu'il l'aura abandonnée pour se fixer ailleurs avec sa concubine ou qu'elle aura dû quitter le domicile de son mari, pour céder la place à la nouvelle venue ; dans ces conditions l'art. 230 doit évidemment s'appliquer au mari, pourvu qu'il demeure dans la maison.

La loi ayant fait de l'adultère une cause péremptoire de séparation quand certaines conditions sont réunies, nous croyons que la femme qui aurait abandonné le domicile de son mari pourrait cependant solliciter la séparation, si le mari avait alors entretenu une concubine dans la maison conjugale. Malgré l'absence de la femme, le scandale a eu lieu aux yeux des enfants et des domestiques ; le mari a du reste la ressource de former une demande reconventionnelle en séparation, si le fait de cet abandon lui paraît constituer une injure grave ; de cette manière il ne sera pas le seul à souffrir de la séparation.

La maison commune conserve encore ce caractère au cas où la femme, pendant une instance en séparation, a été autorisée à la quitter, car il n'y a là qu'une décision provisoire au bénéfice de laquelle la femme, si elle est demanderesse, peut évidemment renoncer ; l'introduction d'une concubine dans ces conditions permettrait d'appliquer l'art. 230 (1).

Mais, pour qu'une maison puisse être dite com-

(1) Lyon, 6 fév. 1833 ; — *Contrà*, Cass., 27 avril 1838 (Dalloz, *Rép.*, v° Séparat. de corps, 71).

mune, il faut, nous le répétons, que la résidence du mari ait un caractère de fixité permettant à la femme de considérer cette demeure comme la sienne ; on ne pourrait appliquer cette expression à une résidence passagère dans un hôtel garni.

On ne peut non plus considérer comme maison commune un appartement loué par un mari sous un nom supposé pour y entretenir sa concubine quand il a un autre domicile où il réside avec sa femme (1).

Il peut se faire que le mari entretienne en dehors du domicile conjugal des relations illicites ou qu'il introduise dans sa maison des personnes de mauvaise vie ; dans ce cas, il ne peut être question d'appliquer l'art. 230 du Code civil, mais ne pourra-t-on pas, si l'adultère se présente avec des circonstances de nature à blesser d'une façon très grave la femme, permettre à l'épouse de voir dans ces faits une injure pouvant motiver une séparation de corps ?

La loi, pourrait-on objecter, a déterminé dans l'art. 230 les conditions nécessaires pour que la séparation puisse être prononcée pour cause d'adultère du mari ; en dehors du cas prévu, ce serait violer la loi que d'admettre une cause de séparation.

Nous croyons que si le législateur a voulu que l'adultère du mari ne fût pas en principe, comme

____

(1) Cass., 7 juin 1861. *Contrà*, Jurisprudence du tribunal de la Seine.

celui de la femme, une cause péremptoire de séparation, en tout cas, rien ne s'oppose à ce
que les juges puissent y voir une de ces injures
qu'ils ont le droit d'apprécier souverainement,
quand, en raison des circonstances, l'adultère du
mari affecte un caractère particulièrement injurieux à l'égard de la femme à cause de la publicité
qu'il a reçu et de la connaissance que la femme
a pu en avoir.

C'est, du reste, en ce sens que s'est prononcée la
jurisprudence (1). Mais les juges ne devront pas
se montrer trop faciles dans l'appréciation des
circonstances, car ce serait aller contre l'intention
évidente du législateur qui a voulu empêcher que
la femme n'allât surveiller au dehors la conduite
de son mari.

§ 2. — *Excès, sévices, injures graves.*

L'art. **231** fait une cause de divorce et par conséquent de séparation de corps, des excès, sévices
ou injures graves de l'un des époux envers l'autre :
les deux conjoints sont traités à cet égard avec
une complète égalité.

La loi n'a pas défini ces expressions *excès, sévices, injures*, qui, du reste, s'appliquent à des
faits dont les magistrats doivent apprécier souverainement le caractère et la gravité.

1° *Excès.*

Les excès sont des actes de violence qui dépas-

(1) Cass., 14 juin 1836. (Dalloz, 1836, 1, 353.)

sent toute mesure et qui peuvent compromettre la vie de la personne envers laquelle ils sont exercées.

Le projet de Code contenait un article ainsi conçu :

« L'attentat de l'un des époux à la vie de l'autre sera pour celui-ci une cause de divorce. »

Le Tribunat demanda la suppression de cet article, afin de ne pas mettre l'époux demandeur dans la nécessité de porter contre son conjoint une accusation qui pourrait entraîner une poursuite criminelle ; le mot sévices paraissait au Tribunat pouvoir comprendre ce cas. L'article fut supprimé, mais on ajouta dans l'art. 231 le mot *excès* pour distinguer les attentats des simples sévices.

L'historique de cet article prouve que le législateur n'exige pas que les excès soient habituels pour que la séparation puisse avoir lieu, car on ne peut obliger la femme à courir plusieurs fois un tel danger.

Les excès une fois constatés seront, en raison de la gravité qui leur est inhérente, une cause nécessaire de séparation, tandis qu'il en est autrement des sévices et des injures : les juges ont cependant en réalité un pouvoir absolu d'appréciation en ce sens qu'ils décident souverainement si l'on peut dire en fait qu'il y a eu excès.

2° *Sévices.*

Les sévices sont de mauvais traitements, moins violents, mais en général plus habituels que les excès ; des actes de méchanceté, des voies de fait qui rendent la vie commune impossible.

La loi ne demande plus pour permettre la séparation de corps des sévices d'une extrême gravité, comme l'exigeait autrefois le droit canonique, mais les tribunaux ne doivent évidemment pas admettre légèrement cette cause de séparation. Ils ont à cet égard un pouvoir souverain, mais ils doivent tenir compte, qu'il s'agisse de sévices ou d'injures, de la situation sociale, de l'éducation, des habitudes des parties, de la gravité ou de la fréquence des faits et de toutes les circonstances de la cause.

On s'est demandé si les excès et les sévices peuvent donner lieu à la séparation de corps, lorsque l'auteur de ces actes est atteint d'aliénation mentale?

On a soutenu qu'il pouvait y avoir lieu en ce cas de prononcer une séparation pour excès ou sévices; le jugement qui interviendra n'aura pas un caractère pénal, la vie et le repos de l'autre époux sont compromis par l'état de l'aliéné et il est nécessaire de faire cesser une vie commune qui peut être pleine de dangers pour l'un des conjoints.

Nous repoussons complètement ce système : le mariage crée entre les époux des devoirs auxquels il ne peut être permis de se soustraire par une séparation de corps motivée sur des faits dont le conjoint qui les a commis n'est pas responsable puisqu'on ne peut lui reprocher aucune intention malveillante. La séparation prononcée pour excès ou sévices dans ces conditions serait en réalité une peine qui frapperait injustement une personne irresponsable, car nous verrons qu'elle entraîne la révocation des avantages faits par l'autre époux au conjoint contre lequel elle est obtenue. Si la vie commune est devenue dangereuse en raison de l'état de l'aliéné, son conjoint pourra seulement provoquer des mesures de prudence, une séparation momentanée.

Une question assez délicate est celle de savoir si l'exercice du droit marital peut, en certaines circonstances, être assimilé à des excès ou sévices, et devenir ainsi une cause de séparation. Nous pensons que, tout en évitant d'entrer dans les détails de la vie intime des époux, les tribunaux pourraient prononcer la séparation contre un mari qui persisterait à vouloir user de ses droits, alors que la femme en raison de son état de santé, ne pourrait céder à ses sollicitations sans subir une souffrance ou courir un danger.

3° *Injures graves.*

Les injures graves résultent de paroles, d'écrits ou de faits qui atteignent l'honneur et la considération de l'un des époux et témoignent de la répulsion ou de la haine de son conjoint.

Les tribunaux apprécient suivant les circonstances si l'on peut dire qu'il y a injure grave ; ils doivent tenir compte, comme lorsqu'il s'agit de sévices, de l'éducation et des habitudes des époux.

La publicité des injures n'est pas nécessaire pour qu'il y ait lieu à séparation, mais cependant l'absence de publicité peut souvent affaiblir beaucoup la portée des injures.

Le renouvellement des mêmes torts est une circonstance aggravante.

Il faut aussi examiner si l'injure a été provoquée par la conduite de l'autre époux ou a eu lieu sans motif; ainsi le reproche d'adultère adressé par le mari à sa femme dont la conduite est légère et imprudente, ne donnerait pas lieu, croyons-nous, à une séparation de corps.

Les tribunaux n'admettront la séparation que lorsque l'injure leur semblera assez grave pour que la vie commune soit désormais intolérable. Ils doivent tenir compte de toutes les considérations que nous avons indiquées et chercher à concilier l'intérêt des époux, celui des enfants et celui de la société.

On ne peut déterminer théoriquement les cas

où les tribunaux doivent admettre qu'il y a injure grave ; les circonstances de la cause jouent un rôle décisif dans chaque affaire et ce sont elles qui doivent éclairer la religion des juges. Cependant certaines hypothèses particulières méritent d'attirer l'attention en raison des questions qu'elles soulèvent.

Les injures peuvent, avons-nous dit, être verbales, ou avoir lieu par écrit, ou résulter de faits, de procédés outrageants pour l'un des époux.

Nous avons déjà vu que l'adultère du mari pouvait, dans certaines circonstances, alors qu'il ne réunissait pas les conditions requises par l'article 230, constituer une injure grave.

On peut citer aussi comme injures graves : les imputations calomnieuses, le reproche public et immérité d'adultère, l'abandon injurieux de l'un des époux par son conjoint, le désaveu de paternité mal fondé, si rien dans la conduite de la femme ne justifiait les soupçons du mari, le refus persévérant de cohabitation.

Il y aura une cause de séparation dans le refus du mari de recevoir sa femme ou de la femme de revenir au domicile conjugal, même si, dans le premier cas, l'épouse a volontairement quitté la maison commune, et dans le second, si le mari l'a expulsée lui-même, pourvu, d'ailleurs, que l'époux d'abord offensé ne demande pas la séparation. Mais il faut cette demande.

La Cour suprême a cassé le 27 janvier 1874 un

arrêt de la Cour de Paris du 31 mars 1873 qui décidait que le mari, qui a de justes motifs de refuser de recevoir sa femme chez lui, peut se contenter de repousser la demande en séparation formée contre lui, sans être forcé d'en former une de son côté; dans l'espèce la femme avait adressé à son mari une sommation de la recevoir et le mari y avait répondu par un refus absolu (1).

La communication d'une maladie honteuse par l'un des époux à l'autre ne pouvait, d'après Pothier, servir de fondement à une demande en séparation. Nous ne pensons pas qu'on doive aujourd'hui voir dans ce fait une cause nécessaire de séparation, mais nous admettons qu'il peut cependant constituer souvent une injure grave, en raison des circonstances qui l'accompagnent, si l'époux, par exemple, savait être atteint de ce mal; la jurisprudence s'est prononcée en ce sens.

Le refus de l'un des époux de procéder à la célébration religieuse du mariage, après une promesse expresse ou tacite, ouvrira-t-il une action en séparation?

Nous repoussons tout d'abord l'opinion qui consiste à voir dans ce fait une cause de nullité du mariage. Le mariage peut, a-t-on dit, être annulé en ce cas, en vertu de l'art. 180, comme entaché d'erreur dans la personne. Nous croyons que l'art. 180 ne peut s'appliquer à l'erreur sur les qualités de la

____

(1) Sirey, 1874, 1, 214.

personne qu'on peut éviter avec de la prudence, mais est relatif à l'erreur sur la personne physique ou civile qui est invincible. Mais, même dans le système qui admet la nullité du mariage pour erreur sur les qualités, on peut encore repousser ici l'annulation, car il ne s'agit pas d'une qualité affectant la personne elle-même, comme par exemple l'état de condamné à une peine infamante, mais d'une différence d'opinion religieuse.

Seulement nous admettons que, dans cette hypothèse, il peut y avoir lieu, selon les circonstances, à une séparation de corps pour cause d'injure grave.

On a soutenu toutefois l'opinion contraire, en s'appuyant sur cette idée « qu'il ne peut y avoir d'injure sans intention de la part de celui qui la commet, et qu'en ce cas le conjoint qui refuse de faire procéder au mariage religieux, n'entend pas outrager son conjoint, qu'il a une autre manière de voir et voilà tout » (1).

Nous croyons que l'injure grave existe lorsque la promesse du mariage religieux a été faite expressément ou tacitement, ce qui est une question de fait ; l'autre époux a dû compter sur son exécution et il y a une injure grave à vouloir exiger de lui une vie commune qui ne serait à ses yeux qu'un concubinage ; sa liberté de conscience doit être protégée. De plus le mari commet une injure en refusant de recevoir sa femme et c'est ce

(1) *Revue de législation*, 1846, t. III, p. 161.

qu'il fait en mettant une condition inacceptable à l'accomplissement de cette obligation. C'est en ce sens que la Cour d'Angers a résolu cette question par un arrêt du 29 janvier 1859 (1).

Nous n'admettrions pas la même solution pour le cas du changement de religion de l'un des époux depuis le mariage : c'est un acte qui est l'exercice d'un droit reconnu par la loi et qui ne saurait constituer une injure.

Le refus du père de faire baptiser ses enfants ne serait pas non plus en principe une injure, car la loi donne au père le droit de diriger selon son gré l'éducation de ses enfants et il ne fait qu'exercer ainsi, quoique d'une façon peut-être excessive, son pouvoir paternel.

Mais le mari qui voudrait contraindre sa femme à embrasser une religion nouvelle ou qui l'empêcherait de remplir ses devoirs religieux, pourrait être atteint par une demande en séparation de corps.

La femme qui aurait à son insu contracté mariage avec un prêtre qui aurait renié les ordres religieux pourrait, en admettant avec nous un tel mariage comme valable, demander la séparation de corps pour injure, car son mari, en dissimulant sa qualité, l'a trompée d'une manière très grave et elle doit pouvoir se soustraire aux devoirs d'une vie commune qui serait condamnée par sa conscience.

(1) Dalloz, 1860, 2, 96.

Le refus absolu et sans motif de l'un des époux de remplir le but du mariage est évidemment une marque de mépris envers l'autre conjoint et est ainsi une cause de séparation de corps, c'est ce qu'a décidé un arrêt de la cour de Metz du 29 mai 1869 (1).

La demande en nullité de mariage ne constitue pas par elle-même une injure grave, cependant il se pourrait qu'elle eût ce caractère en raison des circonstances et surtout de la cause pour laquelle elle aurait été formée.

Il peut se faire que l'un des époux ait encouru avant le mariage une condamnation à une peine afflictive et infamante ou infamante seulement, et que cette circonstance ait été dissimulée à l'autre époux ; en ce cas pourra-t-il y avoir lieu à séparation de corps ? Nous verrons bientôt que si cette condamnation était postérieure au mariage, on serait dans le cas de l'art. 232 et il y aurait dans ce fait une cause spéciale de séparation ; mais il s'agit ici d'une condamnation antérieure, et ce n'est donc que pour injure grave que la séparation pourrait être prononcée.

On a soutenu qu'il n'y avait pas là d'injure grave ; il faut, dit-on, que l'injure ait été commise pendant la durée du mariage et il n'y a ici qu'un fait antérieur.

Il est nécessaire, sans doute, que l'injure soit

____

(1) Dalloz, 1869, 2, 202.

contemporaine du mariage, mais on peut dire que cette condition se trouve ici remplie, car cette injure est produite à l'instant de la célébration par suite de la dissimulation faite par l'un des conjoints de sa véritable situation, ce qui a trompé l'autre époux. S'il en était autrement, on obligerait une femme innocente à vivre avec un repris de justice qui a surpris sa bonne foi. Si l'on n'admet pas la nullité du mariage en ce cas, il faut au moins ne pas repousser la possibilité d'une séparation de corps.

Nous pouvons généraliser notre théorie et dire que l'époux qui, lors de la célébration du mariage, trompe son conjoint sur des faits graves qui seraient de nature à empêcher l'union parce qu'ils atteignent l'honneur de la nouvelle famille qui se forme en ce moment, se rend coupable d'une criminelle dissimulation, non envers un étranger, mais envers un époux, car c'est l'époux qui va en subir les funestes conséquences.

Ainsi la femme qui, lors de son mariage, était enceinte et qui a caché son état à son époux, pourra être attaquée en séparation de corps. M. Duranton a soutenu l'opinion contraire en se fondant sur cette idée qu'il n'y a pas là d'adultère, puisque la grossesse est antérieure au mariage (1); mais ce n'est pas un motif suffisant pour empêcher de prononcer la séparation de corps, car, à

____

(1) T. II, n° 392.

défaut d'adultère, il y a une injure grave de la part de la femme qui, en contractant mariage, cherche, grâce à sa dissimulation, à introduire dans la famille de son époux un enfant qui doit lui rester étranger. Un arrêt de la cour de Bordeaux du 22 mars 1826 (1) admet l'existence d'une injure grave dans ce cas, mais reconnaît en même temps que cette injure peut, comme toute autre, être couverte par la réconciliation.

Nous avons déjà dit que l'injure grave pouvait être le résultat d'actes, de paroles ou d'écrits. Il est bien certain que des lettres missives peuvent contenir des injures suffisantes pour motiver une séparation de corps. Il n'est même pas nécessaire, croyons-nous, qu'il existe plusieurs lettres ayant ce caractère injurieux ; les tribunaux peuvent, en raison de la nature des imputations contenues dans une seule lettre, juger que la vie commune est désormais impossible entre les époux.

Il est nécessaire de distinguer entre les lettres injurieuses écrites par un époux à son conjoint et celles qui sont adressées à des tiers.

Les premières peuvent sans aucun doute être invoquées par l'époux qui les a reçues. La publicité n'est pas une condition essentielle pour qu'il y ait injure grave, car un conjoint peut se sentir profondément blessé par des imputations outrageantes, même au cas où elles n'ont été connues que de lui seul.

(1) Dalloz, *Répert. v° Séparat. de corps*, n° 61.

Toutefois les tribunaux auront à examiner s'il n'y a pas eu en ce cas un concert franduleux entre les époux pour arriver à une séparation de corps qui serait en réalité obtenue par consentement mutuel et qui entraînerait comme conséquence la modification du régime matrimonial, modification que la volonté des conjoints doit être impuissante à amener.

Les lettres adressées à un tiers par l'un des époux peuvent-elles également être invoquées pour obtenir la séparation de corps, de quelque manière qu'elles soient arrivées entre les mains de l'époux demandeur, et le tiers peut-il être tenu de les produire si le demandeur ne les possède pas ?

Nous pensons, malgré l'opinion contraire de M. Demolombe (1) que l'époux injurié ne peut se prévaloir de telles lettres dans tous les cas.

Il faut faire une distinction entre les lettres qui sont ou qui ne sont pas confidentielles: celles auxquelles on reconnaît ce caractère en raison de l'intention de leur auteur ou de la nature des relations existant entre lui et les personnes auxquelles elles sont adressées, ne peuvent pas, selon nous, être invoquées par l'époux qui prétend y être injurié. La plupart des lettres missives ont du reste ce caractère confidentiel qui ne permet pas à un autre qu'à celui qui les a reçues d'en faire usage. La confiance que l'auteur de la lettre a témoignée à une

_____

(1) Tome IV, n° 394. — Cf. Massol, p. 42-45.

personne à qui il a dévoilé ses pensées les plus in-
times ne doit pas contribuer à fournir des armes
contre lui.

Il a été jugé du reste qu'une telle pièce est la propriété de celui qui l'envoie et un dépôt entre les
mains de celui qui la reçoit (1), et la Cour de cassation a même décidé que des lettres écrites par une
femme à un procureur de la République et contenant des injures contre son mari pouvaient être
déclarées confidentielles et écartées du procès, nonobstant la demande du mari, tendant à ce
qu'elles fussent produites (2).

Les juges examineront avec soin l'esprit et le but
de la lettre et ils n'hésiteront pas à y voir une injure grave si elle n'a été écrite que dans un but
évidemment diffamatoire.

MM. Demolombe et Massol (3) soutiennent que
dans tous les cas l'époux injurié peut réclamer
l'exhibition des lettres : l'opinion contraire se re-
commande, dit M. Demolombe, par un profond
sentiment d'honnêteté, mais elle n'est pas juridique. Aucun texte ne s'oppose à la production en
justice d'une lettre confidentielle, même par un
autre que celui auquel elle a été adressée. Si c'est
par suite de la trahison de la personne qui a reçu
la lettre ou même par suite d'une soustraction
qu'elle est tombée entre les mains de l'époux, il y

(1) Limoges, 17 juin 1824, Dalloz, v° *Lettre missive*, n° 28.
(2) Cass., 9 nov. 1830, Dalloz, v° *Lettre missive*, n° 22.
(3) *Ubi supra*.

-aura eu indélicatesse et déloyauté, mais il n'y a pas là de motif suffisant pour autoriser les juges à repousser une preuve qui offre tous les caractères de la certitude. On doit pouvoir, du reste, demander à un tiers la production d'un écrit privé, dès lors qu'on pourrait le faire interroger comme témoin. La loi du 10 août 1790 qui a proclamé inviolable le secret des lettres, n'a entendu parler que des lettres non encore parvenues à leur destination; il n'y a donc aucun motif juridique pour interdire la production en justice d'une lettre adressée à un tiers.

Nous repoussons énergiquement ce système qui enlèverait aux relations par correspondance toute sécurité; nulle confidence ne pourrait être livrée à une lettre, même adressée à l'ami le plus sûr, sans qu'on s'exposât à fournir des armes contre soi; on serait forcé de peser ses expressions même en écrivant dans le secret de l'intimité. Le succès d'un procès pourrait être le prix de la déloyauté la plus grave, de la soustraction d'une lettre; la propriété de cette pièce qui est confiée à la foi du destinataire ne serait pas même respectée. Il n'est pas besoin d'un texte formel pour condamner une doctrine qui, en admettant la production d'une lettre confidentielle, permet de manquer à un engagement tacite de la plus grande importance. Sans discuter l'opinion qui consiste à prétendre que celui qui n'est pas dépositaire par état des secrets d'autrui peut être requis de déposer en justice même sur des faits qui ne lui ont été communiqués que confidentiellement, il y a une grande différence entre l'effet produit par une lettre, témoin muet, ou par une déposition, dont les explications qui l'accompagnent peuvent diminuer la portée. Nous croyons qu'il est d'un intérêt supérieur de moralité d'écarter avec la jurisprudence les lettres confidentielles adressées à des tiers du nombre des moyens de preuve que peut invoquer un conjoint demandeur en séparation de corps pour cause d'injures graves.

§ 3. — *Condamnation à une peine infamante.*

La condamnation de l'un des époux à une peine infamante est la dernière cause de séparation admise par la loi (art. 232).

Le législateur n'a pas voulu qu'un époux innocent fût obligé de vivre avec un conjoint flétri par un pareil châtiment.

La condamnation doit avoir été prononcée depuis la célébration du mariage (1) et ne peut être susceptible d'être réformée par aucune voie légale (art. 261).

La condamnation, si elle est contradictoire, ne devient définitive qu'après l'expiration du délai de trois jours accordé au condamné pour se pourvoir en cassation, et, s'il s'est pourvu, qu'après le rejet du pourvoi ; la condamnation par contumace ne

____

(1) Sauf ce que nous avons dit p. 178 et s.

devient définitive qu'après vingt ans depuis l'arrêt, délai pendant lequel le condamné peut se représenter.

Quant à la possibilité de la révision future de l'arrêt de condamnation, elle ne fait pas obstacle à ce qu'il produise tous ses effets, car c'est là une voie tout à fait extraordinaire de réformation.

Il suffit, pour que l'art. 232 s'applique, qu'il y ait eu condamnation ; l'expiration ou la prescription de la peine, la grâce même n'enlèveraient pas à l'autre époux le droit de demander la séparation.

L'amnistie et la réhabilitation, qui effacent la tache d'infamie que la condamnation avait produite, y feraient seules obstacle.

Il importe peu que la peine soit afflictive ou infamante ou seulement infamante pour qu'il y ait lieu à séparation. Mais la classification légale des peines, telle qu'elle résulte des art. 8 et 9 du Code pénal, peut produire dans ce cas des conséquences tout à fait regrettables ; ainsi l'époux condamné à une peine correctionnelle d'emprisonnement pour vol ne tombera pas sous le coup de l'art. 232 du Code civil, tandis qu'un juge qui aura encouru la dégradation civique pour s'être immiscé dans l'exercice du pouvoir administratif (1) pourra être, pour ce fait, qui n'a en soi rien de flétrissant, en butte à une demande en séparation de corps.

____

(1) Art. 127 du Code pénal.

Rappelons qu'avant la loi du 31 mai 1854 qui a supprimé la mort civile, il fallait qu'il ne s'agît pas d'une peine emportant mort civile, car il y avait en ce cas dissolution du mariage.

Les trois causes de séparation de corps que nous venons d'examiner sont les seules autorisées par la loi, les tribunaux ne peuvent en admettre d'autres. Les maladies les plus contagieuses ou les plus graves, la démence, ne sont pas des causes de séparation.

La loi, dans l'art. 307, a pris soin de déclarer que la séparation ne pourrait avoir lieu par le consentement mutuel des époux. Avant la loi de 1816 le divorce pouvait avoir lieu par consentement mutuel, mais non la séparation de corps. Cette différence tenait d'abord à ce qu'on avait emprunté la séparation de corps à l'ancien droit et conservé la plupart des règles qui la régissaient, et, du reste, eût-on voulu introduire la séparation de corps par consentement mutuel, on se serait trouvé en présence de grandes difficultés.

Toutes les formalités exigées au cas de divorce par consentement mutuel pour indiquer la volonté bien arrêtée des époux de dissoudre leur union, n'étaient pas admissibles pour arriver non à la rupture du lien conjugal, mais à un état provisoire pouvant cesser à chaque instant.

Ce mode de séparation aurait de plus été souvent frauduleux et aurait servi aux époux comme moyen de modifier leur régime matrimonial. La

séparation de corps emporte la séparation de
biens. Mais quand la séparation de corps vient à
cesser (et la réunion des époux est le vœu de la loi),
la séparation de biens n'en continue pas moins à
subsister avec tous ses effets. Par conséquent lorsque les époux auraient eu intérêt à modifier leur
régime matrimonial, ils auraient formé une demande en séparation de corps basée sur leur consentement mutuel, puis ils se seraient réunis
presque aussitôt après le jugement, et la séparation de biens eût été ainsi obtenue : la collusion
eût été fort difficile à prouver.

En fait, il est évident que des époux peuvent se
séparer par consentement mutuel et vivre isolé-
ment d'un commun accord, mais ils ne pourraient
à cet égard faire une convention qui fût obligatoire.

SECTION II

FORMES ET PROCÉDURE DE LA SÉPARATION DE CORPS

Le Code civil, (art. 234 et suivants), avait
tracé des règles spéciales de procédure pour le
divorce; l'art. 307 en disposant « que la demande
en séparation sera intentée, instruite et jugée de
la même manière que toute autre action civile, »
opère un retour au droit commun. Il ne serait cependant pas complètement exact de dire que la
séparation de corps est en tout assimilée à une

instance ordinaire ; le Code de Procédure trace quelques formalités spéciales que nous indiquerons au cours de ce chapitre.

§ 1. — *Introduction de la demande.*

Toute demande en séparation doit être portée devant le tribunal civil de l'arrondissement dans lequel les époux sont domiciliés.

L'époux qui veut se pourvoir en séparation de corps doit adresser au président du tribunal une requête contenant sommairement les faits sur lesquels il fonde sa demande, et il y joint les pièces à l'appui, s'il y en a (1). Le président répond à cette requête par une ordonnance invitant les époux à comparaître devant lui, à jour déterminé. Les conjoints doivent comparaître en personne, sans être assistés d'avoués ou d'avocats ; le législateur a pensé que les observations bienveillantes du président seraient plus efficaces en l'absence de toute influence étrangère. Si le demandeur ne se présente pas, il est présumé avoir renoncé à sa demande, à moins qu'il n'ait été retenu par un empêchement sérieux. Si c'est le défendeur qui vient à faire défaut, l'instance continue. Si les deux époux se présentent, le président leur fait les observations qu'il croira propres à opérer un rapprochement, S'il échoue dans une première tentative, il peut la renouveler, même plusieurs

(1) Art. 875 C. Pr.

fois ; si malgré ses efforts, il n'arrive pas à concilier les parties, il rendra une seconde ordonnance les renvoyant à *se pourvoir sans citation préalable au bureau de conciliation* (art. 878 C. Pr.).

Une faute d'impression (une virgule placée à tort après les mots *sans citation préalable*) avait fait naître la question de savoir s'il fallait que les parties se représentassent devant le juge de paix. Mais évidemment c'est le contraire qu'a voulu la loi et elle ne pouvait ni renverser la hiérarchie judiciaire ni imposer aux parties une nouvelle tentative de conciliation tout au moins superflue.

La demande reconventionnelle formée par le défendeur n'étant ni introductive d'instance ni principale serait dispensée de la tentative de conciliation devant le président (art. 48 C. Pr.). On a cependant soutenu et jugé le contraire (1) en se fondant sur les termes des art. 875 et suivants du Code de procédure. Dans cette opinion l'époux outragé pendant l'instance ne serait pas fondé à demander reconventionnellement la séparation de corps avant d'avoir rempli les formalités des art. 875 et 878 Pr. Mais franchement quelle utilité pourrait offrir une seconde tentative de conciliation quand déjà les choses ne sont plus entières, quand déjà les plaidoiries et les faits révélés à l'audience sont venus rendre toute réconciliation plus difficile ou plutôt impossible ? Comme le dit très bien M. De-

____

(1) Massol, p. 96. — Colmar, 24 nov. 1864. — Bordeaux, 11 juillet 1864. — *Contrà.* Demolombe, t. II, p. 551 ; Aubry et Rau, I, 5, § 493.

molombe, le défendeur auquel le président conseillerait de renoncer à sa demande reconventionnelle répondrait à bon droit : « Mon conjoint n'a pas voulu renoncer à la sienne, et puisqu'il m'attaque en ce moment même, laissez-moi donc aussi me défendre! » Nous croyons donc que l'art. 875 ne concerne pas les demandes reconventionnelles qui restent régies par le droit commun.

On s'est demandé si le préliminaire de conciliation serait nécessaire, alors que la demande serait motivée sur la condamnation à une peine infamante. Quelques auteurs appliquent ici la procédure sommaire de l'art. 261 consistant à présenter au tribunal l'expédition de l'arrêt de condamnation avec un certificat de la cour d'assises portant que ce même arrêt n'est plus susceptible d'être réformé par aucune voie légale. Que pourrait répondre le défendeur, pourquoi le faire venir, la cause de la séparation n'est-elle pas démontrée d'une manière certaine? Dès lors comment ne pas appliquer à la séparation l'art. 261? les motifs qui l'ont fait admettre pour le divorce se rencontrent ici absolument identiques. En conséquence ne faut-il pas compléter les dispositions relatives à la séparation par les règles plus précises formulées au titre du divorce?

Nous ne pouvons admettre cette opinion et nous pensons avec MM. Aubry et Rau (1), que

____

(1) Aubry et Rau, t. V, § 493; Demolombe, t. II, p. 550; Marcadé, art. 307, n° 1. — *Contra*, Massol, p. 106 et la jurisprudence.

les art. 307 C. civ. et 879 Pr. sont trop absolus pour que l'on puisse se permettre cette extension. Rappelons-nous que l'art. 307 a eu pour but d'écarter les formes de procéder spéciales au divorce et de nous replacer ainsi sous le régime du droit commun. D'ailleurs une réconciliation est tout aussi possible au cas dont nous parlons que dans celui où la demande est fondée sur l'adultère, sur des injures ou sur de mauvais traitements. Et puis pourquoi ne pas appeler le condamné ? Pourquoi le juger sans l'entendre alors qu'il peut avoir des exceptions à faire valoir, alors que, par exemple, il peut invoquer sa réhabilitation ?

L'essai de conciliation serait inutile et n'est pas exigé quand la demande en séparation est formulée par le tuteur d'un interdit. L'art. 875 C. Pr. ne peut ici trouver son application : le conseil de famille a donné son autorisation pour demander une séparation qu'il a jugée nécessaire, et non pour favoriser un rapprochement. Du reste les demandes qui intéressent les interdits sont dispensées du préliminaire ordinaire de conciliation (art. 49 C. Pr.).

Le président ne doit pas, comme le juge de paix, dresser procès-verbal des dires ou conventions des parties.

Si l'un des époux comparaissant en conciliation devant le président venait à être outragé par son conjoint, pourrait-il faire la preuve de ces injures devant le tribunal ? M. Massol soutient que non

Nous pensons avec lui que la loi, en ne mettant en présence que les parties et le magistrat conciliateur et en éloignant toute autre personne, n'a voulu que les paroles prononcées par les époux, pas les reproches qu'ils auraient à se faire, puissent être répétés. Dans ce cas le président doit être assimilé aux personnes assujetties au secret à raison de leurs fonctions. Ce serait même pour ce motif qu'aucun procès-verbal ne doit être dressé.

Les tribunaux civils sont seuls compétents pour prononcer une séparation de corps, c'est l'opinion de la presque unanimité des auteurs. En effet l'art. 234 au titre du divorce est certainement l'un de ceux qu'il faut appliquer à notre matière. Ainsi un tribunal de répression ne pourrait pas, à la suite du délit de l'un des époux, être saisi de conclusions tendant à faire prononcer la séparation.

L'ordonnance du président autorisant les parties à continuer l'instance est signifiée à la requête du demandeur par un exploit contenant assignation à comparaître devant le tribunal. Cette ordonnance lie l'instance et le tribunal devant lequel les époux sont renvoyés reste compétent alors même que le mari changerait de domicile ; autrement, si le procès n'était engagé que par la demande, le mari pourrait se soustraire indéfiniment aux poursuites de la femme.

En matière de séparations de biens, la demande doit être affichée et publiée (866, C. Pr.). Ni le

Code civil ni le Code de procédure ne parlent de cette formalité pour la séparation de corps, elle n'est donc pas exigée.

L'autorisation maritale n'est pas requise pour la femme qui veut obtenir la séparation, le mari la lui aurait en effet presque toujours refusée : l'ordonnance du président suffit pour l'habiliter : Il faut en dire autant pour l'époux mineur, qui n'aura besoin ni de l'assistance d'un curateur ni de l'adhésion du conseil de famille.

Nous devons examiner ici une question qui divise fort les auteurs : les tribunaux français peuvent-ils connaître d'une demande en séparation de corps formée par des étrangers ?

Pour résoudre cette question, envisageons deux situations différentes : ou bien les deux époux étrangers ne sont pas autorisés à résider en France, ou bien ils sont autorisés à y avoir un domicile.

Supposons d'abord que les époux étrangers ne sont pas autorisés à résider en France. D'après les principes généralement admis, le défendeur étranger dans une action personnelle peut décliner la compétence du tribunal français. Mais le tribunal devra-t-il d'office se déclarer incompétent ? — C'est l'opinion de M. Demolombe qui ne veut pas que des questions relatives à l'état et à la capacité d'étrangers puissent être jugées par les tribunaux autres que ceux de la nation à laquelle ces étrangers appartiennent (1). Si l'on admet, avec

(1) T. II, p. 5, 12.

M. Demangeat (1) que les étrangers jouissent de tous les droits civils que la loi ne leur a pas retirés, il faut écarter cette solution. Aucune loi n'ayant, en effet, expressément retiré aux étrangers le droit de demander la séparation de corps, ils en jouissent comme tout Français. L'étranger défendeur pourrait cependant refuser d'être jugé par nos tribunaux. — On peut objecter que la loi exige que l'instance soit engagée devant le tribunal du domicile du mari, d'où l'on conclut que les étrangers ne pouvant avoir de domicile en France ne peuvent procéder devant aucun tribunal. L'on peut répondre que la fixation du tribunal compétent a été faite dans l'intérêt du défendeur et que l'étranger qui ne propose pas l'incompétence accepte la juridiction devant laquelle il est assigné. L'étranger pourra donc dans ce système assigner son conjoint devant tout tribunal, car il n'a pas de domicile, mais celui-ci aura le droit d'accepter ou de ne pas accepter la juridiction française.

Il est inutile de dire que la loi à appliquer aux étrangers est la loi de leur pays (art. 3 C. C.).

Supposons maintenant que les époux sont autorisés à avoir leur domicile en France : en ce cas, ils jouissent de tous les droits civils comme les Français eux-mêmes : ils pourront donc évidemment exercer une action en séparation de corps, et les solutions que nous adoptions dans la pré-

(1) Cond. des étrangers en France, p. 320.

cédente hypothèse devront *a fortiori* s'appliquer dans celle-ci. Cependant, comme dans l'hypothèse où nous nous plaçons, l'étranger a un domicile, c'est le tribunal du domicile du mari qui sera compétent.

§ 2. — *Mesures conservatoires et provisoires.*

Ces mesures sont celles que le Code civil prescrivait pour le divorce (art. 267-271). L'extension de ces mesures à la séparation de corps est admise par tous les auteurs comme par la jurisprudence.

Ces mesures ont trois objets :

1° La personne des enfants ;
2° La personne de la femme ;
3° Les biens des époux.

I° Mesures concernant les enfants.

Tant que dure l'instance, la garde des enfants continuera d'appartenir au mari. Cependant le tribunal peut ordonner qu'il en sera autrement sur la demande soit de la mère, soit de la famille, soit du ministère public, pour le plus grand avantage des enfants. Le droit de pourvoir provisoirement à la garde des enfants appartient au tribunal tout entier ; le projet de Code portait le mot *juge*, mais pour prévenir tout équivoque, il fut remplacé par le mot *tribunal* dans la rédaction définitive. Donc le président seul n'aurait pas le droit de désigner la personne chargée de garder les enfants. M. Demolombe admet cependant qu'il le pourrait en cas d'urgence; mais comme il le fait observer, ce doit être l'exception et non la règle (1).

Le tribunal ne peut d'office priver le père de ses enfants; cela résulte de l'art. 267; il ne le peut que sur l'initiative soit de la mère, soit du ministère public, soit de la famille. Le mot famille impliquant une collectivité de personnes, il ne suffirait pas de l'intervention d'un seul parent. Les rédacteurs du Code ont voulu désigner par ce mot l'assemblée de la famille; ils reproduisaient ainsi une disposition de la loi du 20 septembre 1792 (ch. 4, art. 2), qui voulait qu'*une assemblée de famille* désignât celui des époux auquel les enfants seraient confiés. Cette assemblée serait aujourd'hui, d'après M. Massol, le conseil de famille présidé par le juge de paix (2).

2° Mesures concernant la personne de la femme.

Ces mesures sont indiquées par les art. 268 C. civ. et 878 C. pr. Le président autorisera la femme à se retirer provisoirement dans telle maison qu'il indiquera soit d'office, soit d'après la convention des parties. Il ordonnera que les effets à l'usage journalier de la femme lui soient remis. Ces dispositions s'appliquent à la femme demanderesse ou défenderesse. Le président a plein pouvoir de fixer

(1) Demolombe, II, p. 560.
(2) Massol, 153.

le lieu de résidence ; il pourrait même autoriser la femme à rester au domicile conjugal et ordonner au mari d'en sortir. Cette mesure pourrait être prise, par exemple, quand la maison appartiendrait en propre à la femme, ou bien si, étant commerçante, son éloignement du lieu où est établi son commerce pouvait nuire à ses affaires.

Le président a en cette matière un pouvoir discrétionnaire, mais ses ordonnances sont susceptibles d'appel, au moins celles qui ont été rendues sur des points contestés entre les époux (1).

La femme a également le droit de réclamer à son mari soit une provision alimentaire, soit une provision *ad litem* pour subvenir aux frais du procès. Il peut arriver que ce soit le mari qui ait besoin de l'assistance pécuniaire de sa femme : il aura alors les mêmes droits qu'elle aurait eus contre lui (art. 212).

La provision sera calculée proportionnellement aux facultés de l'époux à qui elle est réclamée, et elle n'est due qu'à celui qui n'a pas d'autres biens pour pourvoir à son entretien et à la continuation de la procédure. La demande en provision n'est pas faite au président, mais au tribunal (art. 878 C. Pr.). Elle peut être réclamée même en appel, car jusqu'à ce moment elle a pu ne pas être nécessaire à raison des ressources épuisées depuis.

(1) Cass., 4 avril 1859.

3° *Mesures relatives aux biens des époux.*

La femme est autorisée à prendre certaines mesures conservatoires à partir de la seconde ordonnance du président. Demanderesse ou défenderesse, elle pourra en tout état de cause requérir l'apposition des scellés sur les effets de la communauté. Le mot *requérir* employé par l'art. 270 indique que la femme peut exiger immédiatement et sans autorisation préalable cette apposition des scellés. Les lenteurs qu'amènerait la nécessité d'une autorisation judiciaire enlèveraient toute efficacité à cette mesure de précaution. « Ces scellés ne seront levés qu'en faisant inventaire avec prisée, et à la charge pour le mari de représenter les choses inventoriées ou de répondre de leur valeur comme gardien judiciaire, » (art. 270). La femme pourra en outre employer d'autres mesures conservatoires, notamment faire des saisies-arrêts sur les sommes dues à la communauté ou demander au tribunal que les deniers communs soient remis à la caisse des dépôts et consignations. S'il en était autrement le mari insolvable pourrait en dissipant le produit de ses immeubles rendre complètement illusoire la mesure prescrite par l'art. 270 destinée à empêcher les soustractions du mari.

La femme pourrait-elle réclamer le séquestre des biens? Pour le soutenir on a raisonné ainsi.

La femme peut demander toute mesure nécessaire à la conservation de sa fortune, car l'article 869 C. Pr. autorise, en cas de séparation de biens, et sans distinguer, toute espèce de mesures conservatoires.

Or une demande en séparation de corps renferme virtuellement une demande en séparation de biens (art. 311), donc l'art. 869 Pr. est ici applicable, et le séquestre pourra en conséquence être demandé. Lorsqu'il s'agit d'une séparation de corps il y a en effet autant de motifs d'accorder des mesures conservatoires que lorsqu'il s'agit de la séparation de biens. A ce moment le mari est aigri par les premières poursuites, il peut être poussé par la vengeance, la femme aura donc très souvent de justes appréhensions au sujet de son patrimoine et la loi devait lui donner le moyen de le sauvegarder (1).

Nous ne pouvons cependant nous ranger à cette opinion. L'art. 1961 nous paraît trop formel :

« La justice peut ordonner le séquestre :

1° Des meubles saisis sur un débiteur ;

2° D'un immeuble ou d'une chose mobilière dont la propriété ou la possession est litigieuse entre deux ou plusieurs personnes ;

3° Des choses qu'un débiteur offre pour sa libération. »

La femme qui réclame le séquestre ne peut évidemment invoquer aucune de ces trois causes

______

(1) Demolombe, II, p. 573 et suiv. — Massol, p. 165.

qui permettent de l'ordonner, dès lors la question nous paraît tranchée.

Toutefois le mari demeure pendant le cours du procès chef de la communauté, et sauf les restrictions que nous venons de faire connaître il continue d'administrer les biens de sa femme. Il pourrait donc passer des baux relativement aux biens propres de sa femme ou à ceux de la communauté (1), il pourrait aliéner les immeubles communs et les meubles non inventoriés.

M. Massol (2) enseigne que le mari ne pourrait pas aliéner les immeubles. Il ne peut aliéner les meubles, comment pourrait-il aliéner les immeubles? Tel est en deux mots son raisonnement. M. Demolombe lui répond avec beaucoup de raison que, si le mari ne peut aliéner le mobilier, ce n'est pas en sa qualité de mari appelé en procès de séparation, mais bien en sa qualité de gardien judiciaire, et que, si la femme n'a pas requis l'apposition des scellés, il conserve le droit de disposer des meubles. Disons donc que l'art. 270 n'ayant pas posé de restrictions à l'égard des immeubles, il n'est pas permis de créer l'incapacité dont M. Massol voudrait frapper le mari : ce serait faire la loi et non l'interpréter.

Cependant, toute aliénation d'immeubles communs, toute obligation contractée à la charge de la communauté postérieurement à l'ordonnance du

(1) *Contrà*, Massol, p. 182.
(2) Massol, p. 178.

président serait déclarée nulle si elle était faite ou contractée en fraude des droits de la femme (article 271); serait nulle aussi, bien que notre article ne le dise pas, l'aliénation de valeurs mobilières; il y a, en effet, identité de motifs. C'est au reste la consécration d'un principe du droit commun (art. 1167). Il faudra donc ici, comme chaque fois qu'il s'agit d'une action Paulienne, distinguer entre les acquéreurs à titre gratuit et les acquéreurs à titre onéreux. Ceux-ci ne pourront être attaqués que s'ils ont été complices de la fraude du mari, les autres au contraire pourront être poursuivis même dans le cas où il n'y a pas eu complicité de leur part.

Mais, quand les tiers acquéreurs à titre onéreux seront-ils considérés comme étant de mauvaise foi? M. Massol prétend (1) qu'ils doivent être réputés de mauvaise foi dès qu'il sera prouvé qu'ils ont eu connaissance de la demande en séparation. A notre avis, c'est plutôt là une question de fait laissée à l'appréciation des tribunaux.

En énonçant les mesures de précautions que peut prendre la femme, nous avons toujours supposé que les époux étaient mariés sous le régime de la communauté; c'est du reste l'hypothèse où se placent les art. 270 et 271. Mais les mêmes mesures conservatoires sont possibles quand les époux sont mariés sous un régime où le mari peut par son

_____

(1) Massol, p. 178.

administration compromettre les intérêts pécuniaires de la femme. Si les articles 270 et 271 ne parlent que de la communauté, la raison en est bien simple : on sait que le législateur de 1803 ne voulait doter la France que de ce seul régime, l'on ne croyait donc pas, lorsque le titre du divorce fut discuté, que la loi en établirait d'autres.

Si la loi n'autorise expressément les mesures conservatoires que nous avons énumérées qu'en faveur de la femme seulement, c'est qu'elle a prévu le cas le plus ordinaire ; mais il faut admettre que de son côté le mari pourrait requérir l'apposition des scellés, par exemple, sur les effets faisant partie d'un commerce géré par la femme.

§ 3. — *Instruction.*

Les art. 307 C. civ. et 879 proc. nous indiquent que les règles à suivre sont celles du droit commun. Le demandeur doit donc prouver les faits sur lesquels il appuie sa demande. La cause sera instruite dans les formes ordinaires, les enquêtes ne peuvent être faites sommairement et à l'audience. L'enquête pourrait ne pas être ordonnée par le tribunal s'il jugeait que les faits allégués par le demandeur ne sont pas pertinents, par exemple s'ils n'étaient pas fondés sur une des trois causes légales. L'enquête serait encore inutile dans le cas où les faits rapportés seraient évidents et la demande pleinement justifiée par des pièces non suspectes. Dans ce cas la séparation pourrait être immédiatement prononcée.

Même si le défendeur fait défaut, les faits doivent être démontrés, autrement les époux auraient eu un moyen facile de faire consacrer par le tribunal une séparation volontaire.

C'est pour le même motif que l'aveu du défendeur ne saurait être admis. La loi le dit formellement pour la séparation de biens (art. 870 C. pr.): « L'aveu du mari ne fera pas preuve, lors même qu'il n'y aurait pas de créanciers, » et les motifs qui ont dicté cette mesure se retrouvent dans la séparation de corps. Telle était déjà l'opinion de Pothier : « cette séparation ne pouvant se faire que pour de grandes causes, et n'étant pas permis aux parties de se séparer par un mutuel consentement ; la collusion qui est à craindre entre la femme et son mari qui convient des faits par elle allégués, doit empêcher le juge de tenir les faits pour avérés, et il doit en ordonner la preuve quoique le mari en soit convenu (1). »

L'enquête terminée, le demandeur pourrait proposer des faits qu'il aurait omis d'indiquer, c'est au moins l'opinion qui compte le plus de partisans. Cependant les adversaires de cette doctrine invoquent l'art. 249 du Code civil qui veut que les parties ne puissent plus, après lecture du jugement qui ordonne l'enquête, désigner de nouveaux

______

(1) Pothier, *Contr. de Mariage*, 519. — Demolombe, II, p. 578; Massol, p. 114; Aubry et Rau, § 491.

témoins, et sur l'art. 255 du Code de procédure qui veut que le jugement d'appointé en preuves énonce les faits à prouver. Nous répondrons que l'art. 255 C. pr. ne nous paraît pas contenir cette déchéance et que l'art. 249 n'est pas applicable en notre matière qui reste à cet égard régie par le droit commun. Rien ici ne nous porte à y déroger, au contraire; car pourquoi empêcher l'époux qui a voulu épargner l'honneur de son conjoint en n'invoquant que certains faits qu'il croyait pouvoir prouver facilement, d'en invoquer d'autres alors que la preuve des faits d'abord allégués vient à lui faire défaut ? Pourquoi le contraindre à recommencer une nouvelle procédure au cas où il viendrait à découvrir la preuve certaine d'un fait qu'il n'avait pas articulé parce que les moyens de le démontrer à la justice lui manquaient ? Du reste le tribunal peut ordonner d'office la preuve des faits qui lui paraissent concluants, à moins que la loi ne le défende et ici elle ne le défend par aucun texte.

Nous croyons donc que, même en Cour d'appel, le demandeur pourrait s'appuyer sur des faits qui ne seraient pas mentionnés dans sa requête introductive, et même sur des faits survenus depuis. L'art. 464 C. Pr. interdit de former en appel une nouvelle demande, mais elle n'interdit pas de proposer des moyens nouveaux (1).

(1) Demolombe, II, p. 583 et suiv. — Massol, p. 111. — Dijon, 29 mai 1845. — Aubry et Rau, V, § 493. — *Contrà*, Duranton, II, n°⁵ 600 et 601; — Bruxelles, 27 floréal an XII.

SECTION III

DES PREUVES ET FINS DE NON-RECEVOIR EN MATIÈRE DE SÉPARATION DE CORPS

§ 1. — *Des preuves.*

La preuve des faits d'adultère, d'excès, de sévices et d'injures graves allégués à l'appui d'une
demande en séparation de corps peut être fournie
au moyen des différents genres de preuve que la
loi autorise, par des écrits, par des témoins, et
même à l'aide de simples présomptions (1).

Du principe qui proscrit les séparations volon-
taires, nous avons conclu qu'en cette matière, pas
plus qu'en matière de simple séparation de biens
(que, du reste, la séparation de corps entraîne
toujours), l'aveu du défendeur ne fait pas preuve
complète des faits qui lui sont imputés (2).

Observons pourtant que cet aveu devrait être
pris en considération s'il était corroboré par d'autres indices ou éléments de conviction (3).

Du même principe il suit que le serment litis-
décisoire ne pourrait être déféré sur des griefs

(1) Aubry et Rau, § 491, note 32.

(2) Art. 307 et 311, C. N.; art. 870, C. pr.

(3) Poitiers, 16 décembre 1852; Cass., 6 juin 1853; Toullier, II, 759;
Duranton, II, 602; Carré, question n° 2981; Pigeau, *Procédure*, II,
p. 599; Boileux, II, p. 27; Proudhon et Valette, I, p. 534; Zachariæ,
édit. Massé-Vergé, L, § 138, note 8; Massol, p. 114; Aubry et Rau,
§ 491, notes 39 et 40; Demolombe, IV, 474; Marcadé, sur l'art. 306, n° 4;
Demante, II, 8 *bis*, II.

servant de fondement à une demande en séparation de corps. Si généraux que soient les termes de l'art. 1358, il faut reconnaître que le serment décisoire est un mode de preuve tout spécial qui constitue entre les parties une sorte de transaction établissant pour ainsi dire l'une des parties juge elle-même, ce qui est impossible dans la matière qui nous occupe (1).

Le juge ne serait pas même autorisé à déférer le serment supplétoire sur l'un ou l'autre des griefs servant de fondement à la demande. L'adhésion volontaire de l'un des époux est, à quelque degré que ce soit, illégale ; si la preuve du demandeur n'est pas complète, il est rationnel et moral de rejeter la demande (2).

Mais l'interrogatoire sur faits et articles pourrait être ordonné par le juge. Ce n'est là qu'une mesure préparatoire qui ne préjuge rien et qui ne présente pas les mêmes inconvénients que le serment (3).

Les lettres écrites par l'époux défendeur à son conjoint peuvent incontestablement être produites par ce dernier pour prouver des faits allégués à l'appui d'une demande en séparation. Ainsi, les injures contenues dans une pareille lettre peuvent

---

(1) Cf. L. 2 *D. de jurejurando,* XII, 11 ; Merlin, *Rép.,* t. XVI, v° Serment, § 2, art. 2, n° 6 ; Toullier, X, 378 ; Duranton, XIII, 574; Massol, p. 125 ; Boileux, I, p. 27 ; Aubry et Rau, § 491, note 41 : Demolombe, IV, 475; Grenoble, 19 juillet 1838.

(2) Demolombe, *loc. cit.;* Merlin, *op. v° et loc. cit.* Aubry et Rau, § 491, note 42 : Massol, p. 126; Boileux, *loc. cit.*

(3) Demolombe, IV, n° 476; Boileux, II, p. 27.

être prouvées par la production de celle-ci, sauf au juge à l'écarter si elle paraissait avoir été concertée entre lés époux pour arriver à faire sanctionner par la justice une séparation volontaire (1).

Quant aux lettres écrites à des tiers, nous avons vu que MM. Massol (2) et Demolombe (3) estiment que l'époux injurié peut dans tous les cas réclamer la production de telles lettres. Mais nous avons dit qu'elles ne peuvent en général être reçues à titre de preuve qu'avec le consentement des personnes auxquelles elles ont été adressées et qu'elles doivent même, malgré ce consentement, être rejetées quand elles ont un caractère purement confidentiel (4).

Complétons à cet égard notre démonstration. Il est vrai qu'il n'y a pas de texte qui interdise la communication de lettres confidentielles; mais l'honnêteté et l'équité, suppléments naturels de toutes les lois écrites, ne permettent pas de divulguer le secret des lettres. Si, d'un autre côté, il est vrai que la personne à qui a été faite une confidence écrite, étant appelée comme témoin serait obligée d'en déposer, on ne peut nier qu'il y a une grande différence entre l'effet produit par la lettre elle-même, qui ne permet ni doute, ni atténuation,

(1) Demolombe, IV, 393; Aubry et Rau, § 491, note 33.
(2) P. 42 à 47.
(3) IV, 394.
(4) Cf. *Suprà* : Cause de séparation.

et un témoignage qui sans s'écarter de la vérité peut cependant la faire paraître sous un jour favorable.

Enfin l'art. 456 C. I. C. invoqué en faveur de l'opinion des auteurs cités ci-dessus, ne dit pas d'une manière absolue que les personnes qui auront à leur disposition des écritures privées pouvant servir de pièces de comparaison seront contraintes à les remettre, mais au contraire qu'elles seront citées devant le tribunal saisi, *pour déduire le motif de leur refus;* et ce n'est que lorsque les motifs ont été jugés insuffisants que les détenteurs des écritures privées peuvent être contraints de les livrer. La question de savoir si le caractère confidentiel des écrits ne devrait pas être considéré comme un motif légitime de refus reste donc précisément indécise. Du reste l'article 456 C. I. C., a pour objet la constatation d'un crime des plus graves, intéressant l'ordre public, et ce serait en tirer une conséquence forcée que de l'appliquer aux matières civiles où l'intérêt privé est seul en jeu. Il appartient donc au juge d'apprécier souverainement si la lettre doit être ou non rejetée comme confidentielle. Quelle que soit sa décision à cet égard, elle ne peut donner ouverture à cassation (1).

Par dérogation à la règle générale que nous venons d'exposer de nouveau, il faut néanmoins

____

(1) Aubry et Rau, § 491, note 34, et § 754, notes 4 à 7; Boileux, II, p. 16; Dalloz, *Rép.* v° Sép. de corps, n° 42; Aix, 17 déc. 1834.

admettre que si le mari avait intercepté ou obtenu de toute autre manière des lettres contenant la preuve de relations adultérines entretenues par sa femme, il serait autorisé à en faire usage, qu'elles émanassent de la femme elle-même ou de son complice (1).

Les règles du droit commun sur les qualités juridiques et légales que doivent posséder les témoins et sur les causes pour lesquelles il est permis de les reprocher sont également applicables en matière de séparation de corps. Toutefois l'art. 251 décide que pour l'instance en divorce, par exception à l'art. 283 C. Pr. C., les parents des parties, à l'exception de leurs enfants et descendants, ne sont pas reprochables du chef de la parenté, non plus que les domestiques des époux en raison de leur qualité, sauf au tribunal à avoir tel égard que de raison à leurs dispositions. Cet article s'applique également aux demandes en séparation de corps. Il y a en effet identité absolue de motifs : ici aussi les parents et les domestiques sont des témoins presque nécessaires des débats élevés dans l'intérieur et au sein des ménages. D'un autre côté, les art. 307 du Code civil et 879 du Code de Procédure civile, d'après lesquels les demandes en séparation de corps sont intentées, instruites et jugées de la même manière que toute autre action civile, ne s'y opposent pas : en effet, la situation légale des témoins ne concerne pas les formes

(1) Arg. art. 338, C. pén. ; Aubry et Rau, § 491, note 35.

extrinsèques de l'instruction, mais bien plutôt le fond du droit. Enfin il serait inadmissible qu'un mode de preuve recevable dans un procès en divorce ne le fût pas dans un procès en séparation de corps dont les suites sont moins graves et que la loi elle-même ne soumet pas aux formalités exceptionnelles qu'elle avait imposées au divorce (1).

L'exception à la règle générale de l'art. 251 relative aux enfants et descendants, qui restent, en matière de divorce ou de séparation de corps, reprochables du chef de leur parenté, ne s'applique-t-elle qu'aux descendants communs ou doit-elle être étendue aux descendants issus d'un précédent mariage? En faveur de la première opinion on s'est prévalu de la construction grammaticale de l'article cité dont le pronom *leurs* enfants et descendants n'indiquerait que les enfants communs, et de la considération que si la morale publique s'oppose à ce qu'un enfant soit entendu *contre* son père ou sa mère, ce motif n'existe pas à l'égard de l'enfant d'un premier lit appelé en témoignage contre le conjoint de son auteur. Mais il nous paraît que la disposition de l'art. 251 est générale et que des motifs d'honnêteté et de morale doivent s'opposer à l'audition comme témoins dans un procès en séparation entre deux époux, de tous *leurs*

(1) Toullier, II, 769; Duranton, II, 607 ; Carré, quest. n° 1057, I, p. 672 et 2983, III, p. 441; Proudhon et Valette, I, p. 538: Massol, p. 116; Aubry et Rau, § 491, note 38; Demolombe, IV, 479; Amiens, 5 juillet 1821.

enfants et descendants, communs ou issus d'un précédent mariage (1).

La généralité de l'expression *descendants* employée par l'art. 251 doit faire décider que des enfants naturels ne devraient pas être assignés comme témoins. De même des enfants adoptifs.

Mais un enfant adoptif pourrait être entendu comme témoin dans un procès concernant le père de celui qui l'a adopté. Il n'y a en effet aucun lien de parenté entre ces deux personnes. Au contraire l'enfant naturel ne devrait pas être ouï en témoignage dans un procès intéressant le père et la mère de celui qui l'a reconnu. S'ils ne sont pas liés par une parenté donnant ouverture à des droits de succession, la loi reconnaît cependant qu'il existe un rapport entre eux, puisqu'elle leur interdit le mariage (2), et dès lors la généralité des termes de l'art. 251 et des considérations de haute convenance, analogues, quoique d'un degré moindre, à celles qui ont motivé la disposition de l'art. 261, nous amènent à la solution proposée.

L'art. 251 C. Civ. a du reste un caractère tout exceptionnel; il n'est relatif qu'aux causes de reproches qui peuvent exister contre les témoins, du chef de la parenté ou de la domesticité. Relativement à toutes autres causes de reproche, l'article 283 C. pr. demeure le droit commun (3).

(1) Douai, 16 août 1853. *Contra* Rennes, 22 janvier 1840,
(2) Massol, p. 122.
(3) Duranton, II, 607, note 1; Aubry et Rau, § 491, note 36; Demolombe, IV, 480; Massol, p. 118.

La loi admettant le témoignage des ascendants et des domestiques, ceux-ci ne pourraient pas être reprochés par le motif qu'ils seraient héritiers présomptifs ou qu'ils auraient bu et mangé avec la partie et à ses frais depuis la prononciation du jugement qui a ordonné l'enquête (1). C'est en effet une conséquence naturelle de l'exception même introduite par la loi; en effet les parents et les domestiques, se trouvant normalement dans ces conditions, ce serait mettre le législateur en contradiction avec lui-même et rendre pour ainsi dire sans application possible l'exception qu'il a spécialement édictée dans l'art. 251 C. Civ.

Lorsque la demande en séparation est fondée sur la condamnation de l'un des époux à une peine infamante, la preuve de ce fait doit être établie par la présentation au tribunal d'une expédition en bonne forme du jugement de condamnation, avec un certificat du greffier de la Cour d'assises portant que ce jugement n'est plus susceptible d'être réformé par aucune voie légale (2).

§ 2. — *Des fins de non-recevoir qui peuvent être opposées à la demande en séparation de corps.*

I. L'exception résultant de la proscription trentenaire peut, comme à toute action (3), être op-

(1) C. pr. 283.
(2) Art. 261; Dijon, 28 décembre 1864, Sir., 1834, 2, 124.
(3) Art. 2262.

posée à une demande en séparation de corps
fondée sur des faits qui remonteraient à plus de
trente ans (1).

M. Demolombe (2) faisant application de
l'art. 2253 d'après lequel la prescription ne court
pas entre époux, n'admet pas qu'une fin de non-
recevoir puisse être tirée de la prescription contre
une demande en séparation de corps (3). Mais
l'art. 2253 est nécessairement étranger à l'action
en séparation de corps, puisque d'une part cette
action ne peut être intentée que pendant le mariage, et que, d'autre part, le principal motif sur
lequel repose la suspension de prescription admise entre époux, à savoir le désir d'écarter tout
ce qui pourrait troubler la paix du ménage, disparaît ici complètement.

M. Massol (4), tout en repoussant la prescription trentenaire, professe cependant que d'après
les art. 637 et 636 du Code d'instruction criminelle
l'action publique et civile provenant d'un délit de
nature à être puni correctionnellement se prescrit par trois années; qu'ainsi un époux ne pourra
se plaindre de l'adultère de son conjoint après
que ce délai sera expiré; et que par conséquent il
ne sera pas écouté s'il fondait sur ce moyen une

(1) Merlin, *Quest.*, 4ᵉ édit., vᵒ Adultère, p. 177: Aubry et Rau, § 492,
note 23; Rennes, 28 déc. 1825; Zachariæ, édit. Massé-Vergé, I, § 139,
note 10.
(2) IV, 409.
(3) *Adde* Boileux, II, p. 21.
(4) P. 72.

demande en séparation de corps. — Il est vrai que d'après les articles cités, l'action civile et l'action publique se prescivent en même temps. Mais l'action civile dont il est parlé en ces dispositions, est uniquement celle qui a pour but la *réparation du dommage* causé par le fait que punit la loi pénale, tandis que la demande en séparation de corps a un but auquel ne s'est certainement pas étendue la pensée qui a dicté les art. 637 suiv. C. Inst. cr. Par suite, ces dispositions ne peuvent pas être invoquées contre une semblable demande.

On objecte que d'après l'art. 308 C. Civ. la femme contre laquelle la séparation de corps est prononcée pour cause d'adultère doit être condamnée à la peine de l'emprisonnement; que par conséquent elle serait punie pour un délit couvert par la prescription. Nous répondrons qu'il est vrai que le tribunal civil qui exerce en ce point la juridiction correctionnelle ne doit pas infliger une peine que ne pourrait appliquer le Tribunal correctionnel, mais que l'autre époux n'en a pas moins le droit de demander la séparation de corps (1).

D'après Toullier (2), si les mauvais traitements ou l'inconduite avaient entièrement cessé et que le silence de l'époux offensé se fût prolongé pendant une année entière, que les tribunaux devraient étendre à ce cas l'art. 957 suivant lequel la demande en révocation de donation pour cause

(1) Demante, 19 *bis*, II.
(2) II, 762.

d'ingratitude doit être formée dans l'année à compter du jour du délit ou du jour où le délit aura pu être connu du donateur. Mais il n'y a qu'un rapport très éloigné entre l'art. 957 et la demande en séparation ; on ne peut appliquer à cette demande ses dispositions sans étendre par analogie une déchéance d'un cas à un autre, ce qui est contraire aux principes en matière d'interprétation.

L'art. 277 d'après lequel le divorce par consentement mutuel ne peut plus être admis après vingt ans de mariage ni lorsque la femme a quarante-cinq ans, n'est évidemment pas applicable à la séparation de corps, puisqu'il ne l'était pas même au divorce pour cause déterminée.

II. Les articles 272 à 274 admettaient la réconciliation comme une fin de non-recevoir contre l'exercice de l'action en divorce. Il n'est pas douteux que cette fin de non-recevoir doive s'appliquer également à la séparation de corps. Les causes de divorce et de séparation étant identiques, doivent en effet s'éteindre toutes deux de même par la réconciliation.

Les art. 272 à 274 modifient sous ce rapport les art. 229 à 232 ; l'art. 306 qui nous renvoie à ceux-ci, nous renvoie donc par voie de conséquence à ceux-là, qui en sont inséparables. Ajoutons que l'art. 272 ne fait que déclarer un principe de droit commun qui, pour la séparation comme pour le divorce, aurait même pu être suppléé si la loi ne s'était pas expliquée à ce sujet (1).

La demande en séparation pourrait de même être repoussée par une fin de non-recevoir tirée de la renonciation à l'action lors même qu'elle résulterait de faits qui ne constitueraient pas une réconciliation proprement dite. En effet, la réconciliation dont le Code parle ne forme une fin de non-recevoir que parce qu'elle emporte nécessairement renonciation à l'action ouverte au profit de l'époux offensé (2).

On ne peut donc argumenter de ce que la réconciliation, que mentionne seule le Code, suppose des torts commis par l'un des époux envers l'autre et qui sont pardonnés, pour conclure que la fin de non-recevoir dont nous nous occupons n'est pas proposable contre la demande en séparation de corps fondée sur la condamnation de l'un des époux à une peine infamante : si dans un cas pareil il ne peut y avoir une réconciliation, il peut y avoir de la part de celui qui avait le droit de demander la séparation, renonciation à ce droit (3).

La loi n'ayant pas déterminé les circonstances

(1) Toullier, II, 761. Duranton, II, 563. Aubry et Rau, § 492, note 5. Demolombe, IV, 402. Marcadé, sur l'art. 307, n° 3. Demante, II, 14. Favard, v° *Séparation entre époux*, sect. II, § 2, n° 1. Zachariæ, édit. Massé-Vergé, I, § 139, note 2. Massol, p. 66.

(2) Aubry et Rau, § 492, note 6. Demolombe, IV, 404. Demante, II, 14 *bis*.

(3) Duranton, II, 572 et 573. Demolombe, IV, 404. Aubry et Rau, § 492, note 8. Demante, *loc. cit.* Zachariæ, édit. Massé-Vergé, I, § 139, note 3, et les Comm., § 138, note 19. Massol, p. 68. Boileux, II, p. 21. *Contra :* Grenoble, 17 août 1821. Rouen, 8 février 1841.

constitutives de la réconciliation s'en est, par cela même, remise à l'appréciation des tribunaux. Ceux-ci ont à décider si les faits allégués établissent ou non la réconciliation d'une manière suffisante, sans que leurs décisions tombent sous la censure de la Cour de cassation. Ainsi ils ont un pouvoir discrétionnaire pour admettre ou refuser la preuve des faits dont l'époux défendeur prétend faire résulter qu'il y a eu réconciliation, selon qu'ils estiment que ces faits prouvés, constitueraient ou non une vraie réconciliation (1).

En tout cas, il faut, bien entendu, que ces faits se soient passés à une époque où l'époux demandeur avait déjà connaissance des torts de son conjoint.

Nous examinerons brièvement quels sont les faits généralement allégués qui, d'après la jurisprudence et la doctrine, présentent ou ne présentent pas le caractère d'une réconciliation.

La cohabitation des époux continuée pendant un certain laps de temps sera souvent un indice grave de réconciliation, mais elle ne forme pas nécessairement une fin de non-recevoir à l'action en séparation. Les magistrats ont à apprécier, d'après diverses circonstances telles que la durée plus ou moins longue de cette continuité de cohabitation ou l'intimité plus ou moins grande qui y a régné, si elle constitue ou non une réconciliation,

____

(1) Cass., 30 janv. 1828 et 15 juin 1836.

une renonciation au droit de demander la séparation (1).

Il en est de même de la grossesse de la femme
qui ne serait qu'une suite de cette cohabitation :
elle pourra également être ou non admise, d'après
l'appréciation des tribunaux, comme constituant
une fin de non-recevoir (2).

De même aussi du désistement donné par le
mari de la plainte en adultère qu'il avait portée
contre sa femme (3).

Le retour de la femme dans le domicile conjugal qu'elle avait abandonné constituerait-il une
preuve de réconciliation? — La rentrée de la femme,
qui avait abandonné son mari sans l'autorisation
de justice, n'est que l'accomplissement d'un devoir, dans lequel on ne saurait trouver en général
la fin de non-recevoir. Que si la femme avait été
autorisée conformément à l'art. 878 C. Pr., à
se retirer dans une autre maison, les tribunaux
auraient encore à tenir compte des motifs qui, en
dehors de toute idée de réconciliation, auraient
pu déterminer la femme à rentrer dans le domicile commun, comme par exemple, si elle y avait
été rappelée par la maladie de l'un de ses enfants, etc. (4).

(1) Nîmes, 25 février 1808. Bordeaux, 4 juillet 1843. Duranton, II, 571.
Aubry et Rau, § 492, note 9.

(2) Duranton, II, 572. Demolombe, IV, 411. Boileux, II, p. 24. Demante, *loc. cit.* Nîmes, 25 février 1808, *supra cit.* Grenoble, 23 août 1822.

(3) Rouen, 18 nov. 1847. Demolombe, *loc. cit.* Aubry et Rau, § 492,
note 10.

(4) Demolombe, IV, 412. Massol, p. 75.

Il est, au reste, indifférent que la réconciliation soit antérieure ou postérieure à l'introduction de la demande en séparation. Peu importe également qu'elle ait duré plus ou moins longtemps : les jugements qui, après avoir admis l'existence de la réconciliation, question dont les tribunaux décident souverainement, nous l'avons vu, rejetteraient la fin de non-recevoir qui en résulte, sous prétexte du peu de durée de cette réconciliation, violeraient l'art. 272 et tomberaient sous la censure de la Cour de cassation (1).

La fin de non-recevoir résultant de la réconciliation ou de la renonciation peut être proposée en tout état de cause et même en instance d'appel. La Cour d'Aix (2) a cependant décidé, par application de l'art. 256, C. proc. civ., que la preuve des faits de réconciliation qui n'a pas été proposée en première instance, est non recevable en appel, « parce qu'elle tend à faire revivre en faveur de l'appelant un moyen de contre-enquête dont il a été déchu. » Mais nous croyons inexacte cette application de l'art. 256 C. proc. civ., car ce n'est point là cette *preuve contraire* dont il s'occupe, cette preuve destructive des faits mêmes de l'enquête principale (3).

Il y a plus : pour que les juges tiennent compte

(1) Cass., 8 déc. 1832. Aubry et Rau, § 492, note 11. Demolombe, IV 406 et 407. Zachariæ, édit. Massé-Vergé, I, S 139, note 4.

(2) 21 décembre 1831.

(3) Arg., art. 464, C. proc. civ., et 2224, Code Civ. Demolombe, IV, 421 ; Aubry et Rau, § 492, note 12.

de la réconciliation, il ne nous paraît pas nécessaire que le défendeur l'invoque. D'après l'art. 272 l'action en divorce *sera éteinte* par la réconciliation, et dans ce cas, d'après l'art. 273, le demandeur *sera déclaré* non recevable. Il suffit donc que les juges reconnaissent qu'il y a eu réconciliation pour devoir repousser l'action, et cette solution est confirmée par ce principe que la séparation ne peut avoir lieu par consentement mutuel. La réconciliation détruisant, selon la loi et la raison, les causes de séparation, permettre à l'époux défendeur de ne pas l'invoquer et au juge de n'en pas tenir compte, c'est ouvrir la porte aux fraudes que la loi veut prévenir.

Les faits de réconciliation ou de renonciation peuvent être établis au moyen des différents genres de preuve que la loi autorise (art. 274). L'aveu même du défendeur en exception suffit pour qu'ils soient réputés constants. Rien ne s'oppose également à ce que le serment supplétoire ou décisoire soit déféré sur l'existence de ces faits. On objecte que la délation du serment remet à la volonté de la partie elle-même la décision de sa cause et peut ainsi mettre, contrairement aux principes ci-dessus exposés, les juges dans l'impossibilité de tenir compte d'un moyen qui devrait faire rejeter la demande en séparation. Mais si l'aveu du demandeur est suffisant pour établir le fait de la réconciliation, on ne voit pas pourquoi le serment ne pourrait pas être déféré sur ce fait, éminemment favorable d'après l'esprit de la loi. Tout ce qu'on peut dire, c'est que le juge qui trouverait dans la procédure des éléments de conviction suffisants pour reconnaître l'existence de la réconciliation, pourrait la déclarer constante sans s'arrêter à la délation du serment (1).

Si l'on recourt, pour prouver la réconciliation, à la preuve testimoniale, on admettra le témoignage des parents et des domestiques : on appliquera l'article 251, Cod. Nap. Il serait étrange que l'exception qui se tire de la réconciliation, et qui est plus favorable que la demande en séparation de corps, ne jouît pas des mêmes prérogatives et ne fût pas susceptible d'être justifiée avec la même facilité (2).

Lorsqu'une demande en séparation de corps a été écartée au moyen de la fin de non-recevoir dont s'agit, si des faits nouveaux se produisent et qu'une demande en séparation en résulte, on pourra rappeler les faits antérieurs à la réconciliation ou à la renonciation; l'art. 273 qui en décidait ainsi pour une demande en divorce est évidemment applicable à la matière de la séparation de corps. Dans l'un et l'autre cas, les faits anciens servent à faire apprécier les mœurs, le caractère, le degré de sympathie des époux et les chances de bonheur

____

(1) Aubry et Rau, § 492, note 14. Zachariæ, édit. Massé-Vergé, I, § 139, note 7. Trèves, 28 mai 1813, *Contrà :* Massol, p. 127. Boileux, II, p. 22. Demolombe, IV, 420 et 475.

(2) Massol, p. 68.

que leur laisserait le refus de la séparation (1).

On ne pourrait exiger que les faits nouveaux soient assez graves pour motiver par eux seuls la séparation de corps : autrement l'art. 273 ne conférerait qu'une faculté dérisoire (2).

Les faits nouveaux permettraient d'invoquer les faits anciens pour repousser l'exception tirée de la réconciliation, alors même que pour la première fois une demande en séparation serait intentée. Parce qu'un époux a pardonné des injures ou souffert des excès sans se plaindre, il ne doit pas être dans une position plus défavorable que celui dont une précédente demande a été repoussée. De même au cas où les faits anciens n'auraient point été articulés dans une première demande (3).

L'art. 273 n'exige pas, pour que les faits nouveaux fassent revivre les anciens, qu'ils soient de la même nature que ceux-ci ; rien ne s'opposerait donc à ce qu'un adultère postérieur à la demande fasse revivre les excès et sévices et réciproquement (4).

III. D'après l'ancienne jurisprudence, la de-

(1) Duranton, II, 565. Demolombe, IV, 422. Aubry et Rau, § 492, note 15.

(2) Duranton, II, 566. Favard, v° *Séparation entre époux*, sect. II, § 2, n° 4. Zachariæ, édit. Massé-Vergé, I, § 139, note 8. Massol, p. 70. Boileux, II, p. 23. Aubry et Rau, *loc. cit.* Demolombe, IV, 423. Demante, II, 14 *bis*, III. Trèves, 28 mai 1813, *supra cit.* Rennes, 1er avril 1814.

(3) Pigeau, *Procédure*, II, p. 597. Favard, *loc. cit.* Duranton, II, 567. Demolombe, IV, 425. Aubry et Rau, § 492, note 16. Cass., 8 juin 1813

(4) Demolombe, IV, 424. Aubry et Rau, § 492, note 17. Boileux, II, p. 23. Toulouse, 30 janv. 1821.

mande en séparation de biens formait une fin de non-recevoir contre la demande en séparation de corps intentée ensuite par la femme pour des faits antérieurs et connus à l'époque de la première demande (1).

Mais il n'en est évidemment plus de même aujourd'hui, car il n'y a rien dans la conduite de la femme dont on puisse induire une renonciation au droit de demander la séparation de corps (2).

Une première demande en séparation de corps dans laquelle on a succombé ne saurait être un obstacle à en former une autre basée sur de nouveaux faits. On pourrait même dans cette nouvelle instance rappeler les faits qu'on avait invoqués dans la première, et qui, à cause de leur isolement ou de leur défaut de gravité, avaient été rejetés. Ils contribuent à former par leur groupement avec les faits nouveaux les moyens d'une cause nouvelle (3).

Le mari qui a fait condamner sa femme pour cause d'adultère, conformément à l'art. 337, Code pén., est, ce nonobstant, recevable à demander la séparation de corps pour le motif indiqué, les deux actions étant parfaitement distinctes (4).

(1) Merlin, *Rép.*, vº *Séparation de corps*, § 2, nº 2.

(2) Limoges, 3 juillet 1839. Paris, 6 août 1840. Favard, vº *Séparation entre époux*, sect. II, § 2, nº 3. Massol, p. 82. Toullier, II, 563. Duranton, II, 579. Zachariæ, édit. Massé-Vergé, I, § 154, note 2. Aubry et Rau, § 492, *in fine*. Demolombe, IV, 418.

(3) Arg., art. 273. Merlin, *Rép.*, vº *Séparation de corps*, § 2, nº 3. Duranton, II, 568. Demolombe, IV, 425. Aubry et Rau, § 492, notes 19 et 20. Massol, p. 79. Paris, 28 janvier 1822.

(4) Demolombe, IV, 417. Massol, p. 83.

IV. La demande en séparation de corps pourrait-elle être repoussée par une fin de non-recevoir tirée de ce que l'époux demandeur serait lui-même coupable de faits pareils à ceux qu'il reproche à son conjoint ou même de faits d'une nature différente, mais qui formeraient également contre lui une cause de compensation; en d'autres termes, la compensation des fautes doit-elle être admise?

La solution affirmative me paraît devoir être admise pour l'hypothèse où les deux époux ayant été condamnés à une peine infamante, l'un d'eux baserait sa demande en séparation contre l'autre sur la condamnation qui l'a frappé. La loi a voulu protéger la juste susceptibilité du conjoint et lui épargner le supplice de partager par une vie commune l'infamie légale qui ne doit atteindre que le coupable; or, cette considération ne saurait s'appliquer si l'époux demandeur était lui-même atteint d'une condamnation du même genre. D'un autre côté, le texte même de l'art. 232 ne répugne pas à cette solution, puisqu'il ne parle que de « la condamnation de *l'un des époux* à une peine infamante » (1).

Mais quand il s'agit d'une demande en séparation de corps fondée sur l'adultère ou sur les excès, sévices ou injures graves dont l'un des époux s'est rendu coupable envers l'autre, nous ne croyons pas

______

(1) Demolombe, IV, 415. Demante, II, 7 *bis*, IV. Proudhon et Valette, I, p. 533 en note. Boileux, II, p. 25.

qu'on puisse admettre comme fin de non-recevoir la compensation des torts.

On argumente contre cette solution de l'article 336 C. Pén., d'après lequel le mari qui a tenu une concubine dans le domicile conjugal ne peut dénoncer l'adultère de la femme et la faire condamner à la peine qu'elle encourrait sans cette réciprocité de fautes. Or, dit-on, si la loi déroge, dans un cas pareil, aux principes d'ordre public d'après lequel le délit de l'un n'efface pas le délit de l'autre, peut-on penser qu'elle permettra à ce même époux d'agir dans un intérêt privé, et de faire même prononcer par le tribunal civil, aux termes de l'art. 308 Code Napoléon, une peine dont il ne peut demander l'application aux tribunaux criminels (1).

Mais on ne saurait tirer de pareilles conséquences de l'art. 336 C. Pén. La loi en effet a pensé qu'il siérait mal au mari coupable d'avoir tenu une concubine dans la maison commune, sous les yeux de sa femme, de requérir la répression de l'adultère de celle-ci. Aussi coupable qu'elle, il ne peut l'accuser devant les tribunaux de police correctionnelle. Puisqu'il consent à ne pas rompre la vie commune tout en donnant lui-même l'exemple de la violation de la foi conjugale, qu'il se taise et qu'il pardonne pour qu'il lui

(1) Demante, II, 7 *bis*, III. Duranton, II, 574. Proudhon et Valette, I, p. 532 en note. Massol, p. 25. — Et on étend cette solution aux autres causes de séparation : Duranton, *loc. cit.;* Massol, *loc. cit. Contra :* Demante, *loc. cit.*

soit pardonné : un oubli réciproque est la seule chose possible. Pour la séparation de corps au contraire, les raisons de l'exception ne s'appliquant plus, il faut revenir au droit commun. Alors que les deux époux se sont rendus coupables l'un envers l'autre de tort réciproques, alors que le mal a toute la gravité possible, alors que les deux époux se sont réciproquement trompés, injuriés, excédés, la séparation doit plus que jamais être admise : plus que jamais elle est nécessaire, indispensable !

Mais le mari, alors que l'art. 336 C. Pén. lui refuse le droit de dénoncer sa femme aux tribunaux de police correctionnelle, pourra-t-il arriver indirectement, par application de l'art. 308 C. N., à la faire condamner à la prison ? Nous ne le pensons pas. Le tribunal civil remplit en ce cas l'office de tribunal de répression, et dès lors il ne peut infliger une peine que ce dernier tribunal ne pourrait lui-même prononcer. Ainsi l'art. 336 C. Pén. ne fournit point de base à la fin de non-recevoir tirée de la compensation, et conséquemment, cette fin de non-recevoir n'est pas admissible, ne s'appuyant sur aucun texte.

Mais, dit-on, qu'est-il besoin de texte ? Il n'y en a pas non plus pour repousser le mari, qui, complice de l'adultère de sa femme, voudrait se prévaloir de cet adultère pour demander la séparation, et cependant l'on ne saurait admettre qu'il réussît dans sa demande. Non certes, mais ce n'est pas à dire qu'on doive pour cela invoquer la réciprocité de torts. L'adultère de la femme est de toutes les injures la plus grave. Or le consentement du mari enlève à l'adultère son caractère d'injure. Ce consentement est même une renonciation expresse à la séparation de corps. Les torts dans ce cas se compensent si peu, qu'il n'y a plus pour le mari de tort dont il puisse se plaindre, et que la femme, au contraire, pourrait, en certains cas, fonder une demande en séparation sur les encouragements à la débauche que lui donnerait son mari (1).

Ainsi la compensation des torts n'est point à admettre comme une fin de non-recevoir (2).

Toutefois, si la compensation des torts ne constitue pas une fin de non-recevoir absolue, les juges peuvent apprécier les torts réciproques des parties et puiser dans les uns, s'il y a lieu, un motif d'atténuation en faveur des autres (3).

D'un autre côté, la séparation de corps entraînant des peines pécuniaires contre celui qui succombe, on ne pourrait sans injustice, alors que chacun des époux a des causes d'obtenir la séparation, les mettre à la charge de celui qui arrivera le dernier et faire du droit d'obtenir la séparation le prix de la course. Que chacun des époux de-

(1) Aubry et Rau, § 492, note 29. Domolombe, IV, 415. Massol, p. 21. Boileux, II, p. 22.

(2) Merlin, *Quest.*, 4ᵉ édit., vᵒ *Adultère*, § 8 et 6. Toullier, II, 766. Aubry et Rau, § 492, note 25. Demolombe, *loc. cit.* Zachariæ, édit. Massé-Vergé, I, § 139, note 12. Boileux, II, p. 25. Marcadé, sur l'art. 307, nᵒ 4. Rennes, 28 décembre 1825. Aix, 14 mars 1843.

(3) Cassation, 4 décembre 1855.

mande alors la séparation de corps, elle sera prononcée contre les deux, qui coupables et victimes, gagneront et perdront à la fois (1).

La provocation de l'époux demandeur peut modifier la culpabilité de l'époux défendeur et la rendre assez légère pour faire écarter la séparation de corps. C'est une excuse dont l'appréciation est entièrement laissée aux tribunaux. Remarquons seulement que cette justification ne paraît guère devoir s'appliquer aux sévices, c'est-à-dire à des actes d'une méchanceté continue et réfléchie, et qu'il serait difficile de l'admettre si, entre la provocation et la vengeance, il s'était passé un temps assez long pour permettre réflexion.

V. — Aux termes de l'art. 269 C. civ., lorsque la femme demanderesse au divorce avait été autorisée par le président du tribunal à se retirer dans une maison tierce, elle était tenue de justifier de sa résidence dans cette maison, toutes les fois qu'elle en était requise : « à défaut de cette justification, dit l'article cité, elle pourra être déclarée non recevable. »

Cette disposition est-elle applicable à la séparation de corps ?

A l'appui de l'affirmative, on dit que c'est surtout en matière de séparation de corps, où il y a

---

(1) Demolombe, IV, 416. Aubry et Rau, § 492, note 28. Zachariæ, édit. Massé-Vergé, I, § 139, notes 12 et 13. Colmar, 24 novembre 1864. Paris, 13 et 23 février 1865.

encore espoir de rapprochement, qu'il importe que la femme se trouve sous une surveillance telle, que le mari n'ait à concevoir aucun soupçon sur la pureté de ses mœurs pendant l'instance; que l'art. 307 qui soumet l'instance en séparation aux règles ordinaires n'est pas décisif, puisqu'on emprunte souvent pour la séparation des règles relatives au divorce; que l'art. 269 a dû se présenter à la pensée du législateur lorsque dans l'art. 878 C. de pr. civ., il autorise le président du tribunal à désigner à la femme le lieu où elle se retirera pendant l'instance; que sans cela cette dernière disposition resterait sans sanction (1).

Nous croyons cependant que l'abandon par la femme du domicile fixé par le président du tribunal ne constitue pas une fin de non-recevoir à l'instance en séparation. La disposition de l'art. 269 qui accorde non une exception péremptoire, mais une fin de non-procéder, constitue une règle de procédure. Elle ne peut donc, d'après la combinaison des art. 307, C. Civ. et 878, C. proc. civ., être étendue du divorce à la séparation de corps. L'art. 269 établit une vraie peine qui ne peut recevoir d'application par analogie. L'analogie même n'est pas parfaite : la loi pouvait être d'autant plus sévère pour le divorce que le moyen de la séparation de corps restait toujours et qu'ainsi

---

(1) *Procédure civile*, II, p. 596. Carré, *Quest.*, 2975, III, p. 438. Demolombe, IV, 414. Demante, II, 12 *bis*, II, Massé-Vergé sur Zachariæ, I, p. 279, note 9. Massol, p. 87. Boileux, II, p. 25.

l'application de l'art. 269 ne réduisait pas forcément à la vie commune l'épouse à qui était opposée la fin de non-recevoir tirée de cet article.

L'art. 878, C. proc. civ. ne reste pas pour
cela dépourvu de sanction. Les juges pourront
tenir compte du fait que la femme a quitté la
résidence fixée par le président du tribunal pour
apprécier sa moralité et la valeur de ses reproches.
En principe, l'obligation de demeurer avec son
mari subsiste pour la femme jusqu'à la demande
en séparation. L'ordonnance du président qui
fixe une maison où elle doit résider est la conséquence de cette obligation. L'abandon de cette
résidence doit donc produire les mêmes effets que
l'abandon du domicile conjugal. On pourrait voir
dans cet abandon une injure faite par la femme
au mari, injure dont les juges auraient à apprécier la gravité et qui peut, suivant les cas, leur
faire rejeter la demande ou servir de fondement à
une demande reconventionnelle de la part du mari.

En tout cas, dans le système opposé, la fin de
non-recevoir ne serait pas péremptoire et absolue.
Elle serait subordonnée à l'appréciation par le
tribunal des motifs de l'absence de la femme : « le
mari *pourra* la faire déclarer non recevable », dit
l'art. 269 (1).

De plus, dans cette même opinion que nous
combattons, il faut remarquer que le fait de la

(1) Demolombe, Massé-Vergé, Massol, Boileux, *loc. cit.* Cass.,
27 janvier 1819 et 23 nov. 1841. Agen, 14 mars 1865, *supra cit.*

femme d'avoir quitté le domicile qui lui avait été indiqué n'est pas une cause de déchéance de l'action. Elle élève seulement, cela résulte des termes de l'art. 269, une fin de non-recevoir contre la continuation de la poursuite (1).

SECTION IV

EFFETS DE LA SÉPARATION DE CORPS

La séparation de corps qui, sans rompre le lien de mariage, entraîne la cessation de la vie commune, produit des effets importants relativement :

§ 1. — Aux époux,

§ 2. — Aux biens,

§ 3. — Aux enfants.

§ 1. — *Effets de la séparation de corps relatifs aux époux.*

Les époux par l'effet du jugement qui prononce la séparation sont dispensés réciproquement de l'obligation de vivre ensemble.

Le mari n'est plus tenu de recevoir sa femme ni la femme d'habiter avec son mari.

La femme a désormais le droit de résider où il lui plaît, fût-ce en pays étranger, et de se choisir un domicile distinct de celui de son mari, car n'habitant plus avec lui, elle peut avoir où elle le veut son principal établissement.

(1) Cass., 16 janv. 1816.

Le mariage n'est cependant pas dissous par la séparation de corps, aussi les effets de l'union qui ne sont pas une conséquence de la communauté d'habitation, continuent-ils à subsister.

Les époux se doivent toujours mutuellement fidélité (art. 212), mais tandis que l'adultère de la femme sera encore punissable, il ne pourra en être de même de celui du mari, car il n'y a plus de maison conjugale où il puisse être convaincu d'avoir tenu une concubine.

Des secours sont dus par chacun des conjoints à l'autre en vertu des devoirs que crée le mariage et qui sont consacrés par l'art. 212 du Code civil, sans qu'il faille distinguer entre le conjoint qui a obtenu la séparation de corps et celui contre lequel elle a été prononcée, bien qu'on doive évidemment se montrer plus favorable au premier en fixant le montant de la pension alimentaire.

Quant au devoir d'assistance personnelle que commande aussi l'art. 212, nous croyons qu'il subsiste comme obligation morale, mais qu'il n'a plus une sanction légale, incompatible avec la situation nouvelle qui dérive pour les époux du jugement de séparation de corps.

Si l'art. 212 continue à être applicable entre les époux, faut-il également appliquer dans l'intérêt du conjoint qui a obtenu la séparation, l'art. 301 édicté pour le cas de divorce?

Cet article décide que : « Si les époux ne s'étaient fait aucun avantage, ou si ceux stipulés ne paraissaient pas suffisants pour assurer la subsistance de l'époux qui a obtenu le divorce, le tribunal pourra lui accorder, sur les biens de l'autre époux, une pension alimentaire, qui ne pourra excéder le tiers des revenus de cet autre époux. Cette pension sera révocable, dans le cas où elle cesserait d'être nécessaire. »

Cette pension alimentaire qui était accordée à l'époux qui avait obtenu le divorce et qui se trouvait n'avoir pas de moyens d'existence suffisants, n'avait pas pour cause les obligations naissant du mariage, car l'union était dissoute, mais c'était une indemnité due en réparation du préjudice que subissait cet époux par suite de la dissolution du mariage par le divorce.

Il y avait là une créance ordinaire dont, après la mort de l'ancien époux, ses héritiers continuaient à être tenus.

En est-il de même au cas de séparation de corps? l'époux offensé pourra-t-il obtenir des secours en vertu seulement de l'art. 212, parce que certaines obligations naissant du mariage subsistent encore après la séparation, ou bien pourra-t-il aussi invoquer l'art. 301 et réclamer des aliments même après la mort de l'autre époux? Voilà quel est l'intérêt de la question.

Certains auteurs admettent l'application de cet article à la séparation de corps : cette pension alimentaire constitue une indemnité qui semble également due quand les mêmes causes entraînent une séparation de corps au lieu d'un divorce ; cette décision n'entrave pas l'exécution de l'art. 212.

La Cour de cassation, réformant un arrêt de la Cour de Caen, a adopté ce système (1).

Nous croyons devoir repousser cette extension de l'art. 301 qui nous semble incompatible avec la nature de la séparation de corps. La raison qui avait fait édicter l'art. 301 était la dissolution du mariage, qui éteignait l'obligation alimentaire, et la nécessité de venir en aide à l'époux qui avait obtenu le divorce. Après la séparation de corps, au contraire, les époux se doivent toujours réciproquement des secours ; la création d'une obligation nouvelle est donc inutile.

L'application de l'art. 301 modifierait complètement l'exécution de l'art. 212 ; l'art. 301 créerait une pension alimentaire au profit seulement de l'époux offensé, pension qui serait déterminée invariablement en raison de son caractère de créance ordinaire et que l'autre époux ne pourrait faire réduire s'il y avait lieu. L'art. 212 au contraire reconnaît l'existence d'une obligation alimentaire réciproque ; la réduction de la pension qui en dérive pourra être demandée, si l'époux qui doit la fournir perd une partie de ses ressources.

Les art. 212 et 301 ne peuvent pas être appliqué simultanément et nous croyons que le second qui n'est relatif qu'au cas de dissolution du ma-

(1) 2 avril 1861.

riage, doit donc être écarté en matière de séparation de corps.

L'art. 298 du Code civil créait après le divorce
un empêchement de mariage entre l'époux coupable d'adultère et son complice. Cet article s'ap-
plique-t-il au cas de séparation de corps ou bien
l'époux adultère contre lequel la séparation a
été prononcée peut-il contracter mariage avec son
complice après le décès de son conjoint?

Pour soutenir l'existence de cet empêchement,
on a fait remarquer que suivant l'art. 306 la séparation de corps peut être prononcée dans les
mêmes cas que le divorce pour causes déterminées; or les mêmes causes doivent produire les
mêmes effets ; d'ailleurs, au point de vue moral,
il y aurait scandale à voir un époux adultère contracter mariage avec son complice.

Nous pensons, malgré ces motifs, qu'il n'existe
pas d'empêchement au mariage ; l'art. 298 est une
disposition pénale qui ne saurait être étendue. Il
y a du reste entre l'hypothèse d'un divorce et
celle d'une séparation de corps une différence
considérable : par le fait du divorce qui entraînait
la dissolution du mariage, l'époux coupable, s'il
avait pu épouser son complice, aurait été récom-
pensé de sa faute ; la séparation de corps laisse au
contraire subsister l'union, l'époux séparé ne re-
couvre sa liberté que par le décès de son conjoint
et c'est alors seulement que le mariage dont il
s'agit peut avoir lieu.

La puissance maritale n'est pas détruite par la séparation, cependant le mari ne sera plus de droit tuteur de sa femme interdite aux termes de l'art. 506 du Code civil, si la séparation a été prononcée contre lui, car il n'est plus digne de prendre la tutelle de sa femme; mais si c'est au contraire le mari qui a obtenu le jugement il conservera son droit.

La femme séparée de corps est soumise à l'obligation de demander à son mari ou à la justice l'autorisation nécessaire pour plaider, pour s'obliger ou pour faire un acte d'aliénation; mais elle peut faire désormais des actes d'administration, car, comme nous allons le voir, la séparation de corps entraîne la séparation de biens.

§ 2. — *Effets de la séparation de corps relatifs aux biens.*

Faisons d'abord remarquer que, malgré la séparation, la prescription ne courra pas entre les époux, car les termes de l'art. 2253 sont absolus : « la prescription ne court point entre époux », et il est utile même alors d'éviter des conflits qui rendraient plus difficile la réconciliation.

En ce qui concerne la succession, la séparation laisse chacun des conjoints appelé, à défaut d'héritiers légitimes ou naturels, à la succession de l'autre époux.

Le jugement qui prononce la séparation de corps a surtout des effets importants au point de vue du régime matrimonial et des libéralités que les époux ont pu se faire.

1° *Régime matrimonial.*

L'art. 311 dispose que la séparation de corps emportera toujours séparation de biens; il en était ainsi dans l'ancien droit et d'ailleurs une communauté de biens ne se comprendrait pas en dehors de la vie commune.

La femme reprend alors l'administration de ses biens, elle peut disposer de son mobilier et l'aliéner, mais elle ne peut, nous l'avons dit, aliéner ses immeubles qu'avec l'autorisation de son mari ou de justice.

La séparation de biens, résultant de la séparation de corps, produit les effets d'une séparation de biens demandée principalement; mais doit-elle remonter quant à ses effets au jour de la demande ou date-t-elle seulement du jour du jugement? L'art. 1445, au titre du Contrat de mariage, décide que le jugement qui prononce la séparation de biens, remonte quant à ses effets au jour de la demande. Il faut remarquer que la séparation de biens ne peut être demandée que par la femme, lorsque sa dot est mise en péril ou que le désordre des affaires du mari compromet l'exercice de ses reprises; on a considéré que les lenteurs inévitables de la justice pourraient causer un grand préjudice à la femme et l'on a admis pour ce motif que le jugement de séparation de biens remonterait quant à ses effets au jour de la demande. Cette demande reçoit d'ailleurs, aux termes des art. 866 à 869 du Code de procédure, la plus large publicité et les tiers qui voudraient traiter avec le mari se trouvent suffisamment avertis.

Cette rétroactivité s'appliquera-t-elle également à la séparation de biens résultant du jugement de séparation de corps? On a soutenu cette opinion et on a invoqué l'art. 311 qui décide que la séparation de corps emportera toujours la séparation de biens.

Il faut appliquer à la disposition implicite de ce jugement, l'art. 1445 qui consacre l'effet rétroactif sans distinction ; ce jugement doit être sous tous les rapports assimilé à celui qui prononce principalement la séparation de biens.

Les motifs qui ont fait édicter la rétroactivité se représentent ici, car les dangers qu'on a voulu prévenir sont les mêmes.

Il y a lieu de craindre que le mari, blessé de la demande, ne se livre à des actes préjudiciables aux intérêts de la femme ; il ne faut pas que les lenteurs de la procédure puissent lui être funestes.

L'effet rétroactif du jugement est d'ailleurs le plus souvent la consécration d'un état de choses antérieur, car d'ordinaire les époux vivent séparés depuis la demande et la femme a été autorisée à résider dans une maison tierce.

Quelques auteurs admettent une opinion intermédiaire et reconnaissent que le jugement aura un effet rétroactif entre les époux pour les motifs que nous venons d'indiquer, mais non à l'égard des tiers qui ne sont pas avertis de la demande.

Nous repoussons toute rétroactivité en cette matière : l'effet ne saurait précéder la cause, or la cause de la séparation de biens est la prononciation de la séparation de corps qui ne date légalement que du jour du jugement qui la prononce.

L'art. 1445 ne s'occupe que de la séparation de biens demandée principalement en raison du désordre des affaires du mari, et on ne peut l'étendre par analogie, car il contient une dérogation au droit commun.

La règle que le demandeur ne doit pas souffrir de la résistance du défendeur et doit être placé dans la même situation que si le défendeur eût acquiescé dès le début, est fondée sur ce que le défendeur pouvait acquiescer ; or, en matière de séparation de corps ou de biens, l'acquiescement est impossible, il n'y a plus lieu à rétroactivité.

Si une exception a été admise pour la séparation de biens demandée principalement, c'est parce que l'action a pour base le péril que courent les intérêts pécuniaires de la femme et qu'il y a urgence à ce que le danger ne puisse pas augmenter pendant la durée de l'instance ; la demande en séparation de corps ne suppose pas de désordre dans les affaires du mari et par conséquent les mêmes précautions ne sont pas nécessaires.

La condition de l'effet rétroactif de l'art. 1445 est la publicité de la demande qui avertit les tiers et les empêche de traiter inconsidérément avec le mari : la demande en séparation de corps ne recevant pas cette publicité le jugement ne doit pas avoir d'effet rétroactif.

On ne peut diviser l'application de l'art. 1445 relativement à notre hypothèse, comme on a essayé de le faire dans l'opinion intermédiaire qui refuse d'admettre la rétroactivité à l'égard des tiers, mais qui la proclame entre les époux.

L'art. 1445 admet la rétroactivité à l'égard des tiers en matière de séparation de biens demandée principalement, c'est en vain que quelques auteurs ont essayé de le contester, car la publicité de la demande n'est exigée avec tant de soin que parce que sa date intéresse les tiers.

Il faut, si l'on veut admettre la rétroactivité en notre matière, appliquer l'art. 1445 complètement, c'est-à-dire même à l'égard des tiers, or une telle conséquence n'est pas acceptable en raison du défaut de publicité et la loi la repousse elle-même, car, en exigeant, selon l'art. 271 et l'art. 1167, la complicité des tiers dans les fraudes que le mari pourrait commettre pendant l'instance en aliénant certains biens, elle montre que si les tiers sont de bonne foi, les actes faits par eux avec le mari, devront être respectés. L'art. 1445 ne pouvant être appliqué complètement, il faut se décider à l'écarter.

La rétroactivité de la séparation de biens, résultant du jugement prononçant la séparation de corps, entraînerait cette conséquence inadmissible que si c'était le mari qui eût formé la demande, il serait censé avoir formé une demande en séparation de biens, ce qui est contraire aux principes, car jamais une telle action n'est ouverte en se faveur.

En matière de divorce, la séparation de biens ne datait que du jour où le divorce était prononcé.

S'il y a quelques dangers à craindre dans le système qui repousse la rétroactivité, des abus de pouvoir à prévenir, les art. 270 et 271 qui, nous l'avons vu, s'appliquent à la séparation de corps, offrent à la femme une garantie importante : les aliénations faites par le mari d'immeubles de la communauté ou les obligations contractées à sa charge pendant l'instance, pourront être déclarées nulles, si elles ont été faites ou contractées en fraude des droits de la femme.

Il peut se faire qu'en certains cas la rétroactivité de la séparation de biens semble nécessaire pour la femme, en raison du désordre des affaires du mari qui met en péril ses intérêts pécuniaires. Si la femme a des craintes pour sa dot, elle peut demander la séparation de biens par une instance distincte et séparée, en même temps qu'elle sollicite la séparation de corps; la publicité de cette demande aura lieu suivant les règles ordinaires de la rétroactivité et se produira conformément à l'art. 1445 du Code civil.

La séparation de biens prononcée principalement est nulle, aux termes de l'art. 1444, « si elle n'a point été exécutée par le payement réel des droits et reprises de la femme, effectué par acte authentique jusqu'à concurrence des biens du mari, ou au moins par des poursuites commencées dans la quinzaine qui a suivi le jugement et non interrompues depuis ».

Cette disposition, fondée sur l'idée que la femme dont la dot est en péril, doit exécuter sans retard le jugement, ou qu'il y a lieu de croire à une séparation concertée, n'est pas applicable à la séparation de biens qui résulte de la séparation de corps et qui n'est qu'une conséquence de la cessation de la vie commune.

2° *Libéralités.*

Il nous faut examiner quels sont les effets du jugement qui prononce la séparation de corps relativement aux libéralités que les époux ont pu se faire.

Il est d'abord un point sur lequel il ne saurait y avoir de difficulté. Si le contrat de mariage renferme la constitution d'un préciput au profit du survivant des conjoints, l'art. 1518 nous indique quel sera le sort de ce gain de survie au cas de séparation de corps : « Lorsque la dissolution de la communauté s'opère par le divorce ou par la séparation de corps, il n'y a pas lieu à la délivrance actuelle du préciput ; mais l'époux qui a obtenu soit le divorce, soit la séparation de corps, conserve ses droits au préciput en cas de survie. Si c'est la femme, la somme ou la chose qui constitue le préciput reste toujours provisoirement au mari, à la charge de donner caution. » L'époux coupable perd donc *à contrario* tous ses droits au préciput, c'est la peine de l'offense dont il s'est rendu coupable.

Le Code civil prononçait en outre dans les art. 299 et 300 d'autres déchéances contre l'époux qui avait donné lieu au divorce.

Art. 299 : « Pour quelque cause que le divorce ait lieu, hors le cas de consentement mutuel, l'époux contre lequel le divorce aura été admis, perdra tous les avantages que l'autre époux lui avait faits, soit par leur contrat de mariage, soit depuis le mariage contracté. »

Art. 300 : « L'époux qui aura obtenu le divorce conservera les avantages à lui faits par l'autre époux, encore qu'ils aient été stipulés réciproques et que la réciprocité n'ait pas lieu. »

Une difficulté très sérieuse s'élève sur la question de savoir si ces articles relatifs au divorce, doivent être appliqués à la séparation de corps.

La question offre un grand intérêt relativement aux donations qui, faites par contrat de mariage, ne sont pas révocables comme celles qui ont eu lieu postérieurement.

Plusieurs systèmes se trouvent en présence : une première opinion enseigne que les libéralités dont il s'agit ne sont ni révoquées de plein droit par la séparation de corps, ni révocables pour cause d'ingratitude aux termes de l'art. 955 ; une seconde opinion repousse également la révocation de plein droit, mais admet la révocation en vertu de l'art. 955 ; enfin une troisième opinion que nous adopterons admet la révocation de plein droit.

1er *Système*. — Les art. 299 et 300 sont de véritables dispositions pénales qui ne doivent pas être étendues.

Ces articles, relatifs au divorce, méconnaissent le principe de la réciprocité des donations en ce cas et s'expliquent en raison de la nature même du divorce. Les époux sont désormais étrangers l'un à l'autre, ils ne peuvent plus se réunir, les avantages qu'ils ont pu se faire doivent être anéantis.

La séparation de corps, au contraire, ne dissout pas le mariage, l'époux coupable ne peut porter les libéralités qu'il a reçues dans une famille étrangère ; il subsiste ainsi des intérêts communs qui peuvent amener un rapprochement qui est toujours dans le vœu de la loi.

Toutes les fois que le législateur n'a pas pris le soin d'assimiler les effets de la séparation de corps à ceux du divorce, il faut en conclure que ces effets sont différents.

Dans les art. 308, 310, 311 du chapitre V, du titre VI, consacré à la séparation de corps, la loi a énuméré ses effets.

L'art. 308 ne fait même que reproduire les dispositions de l'art. 298 relatif au divorce, ce qui prouve que, dans la pensée du législateur, il fallait, pour qu'une disposition du divorce fût applicable à la séparation de corps, qu'elle eût été reproduite expressément.

L'art. 1518, qui assimile la séparation au divorce, en ce qui concerne la perte du préciput, n'est qu'une disposition spéciale qui s'explique par ce motif que le préciput étant une délibation de la communauté, la loi n'a pas voulu que l'époux qui a causé par sa faute la dissolution anticipée de cette communauté, pût obtenir ce bénéfice.

Si les donations ne sont pas révoquées de plein droit, elles ne sont pas non plus révocables pour cause d'ingratitude.

L'art. 959 dispose que les donations en faveur de mariage ne sont pas révocables pour cause d'ingratitude (en vertu de l'art. 953, quand elles ne le sont pas *ad nutum*), or les donations que se font les époux ont le plus souvent pour but de faciliter le mariage et doivent par conséquent rentrer dans cette catégorie.

2me *Système*. — Les donations entre époux ne sont point révoquées de plein droit, mais elles sont du moins révocables pour cause d'ingratitude en vertu de l'art. 953, quand elles ne le sont pas *ad nutum*.

Il est impossible que la loi qui accorde au donateur l'action en révocation pour cause d'ingratitude contre tout donataire, parent ou étranger, la lui refuse quand le donataire est son époux, c'est-à-dire quand son ingratitude est d'autant plus condamnable.

Si l'art. 959 excepte les donations en faveur de mariage de la règle qui déclare toute donation révocable pour cause d'ingratitude, c'est que le donateur, en faisant sa libéralité, a eu en vue les deux époux et les enfants à naître du mariage et qu'ainsi la révocation punirait d'autres personnes que le coupable.

Ce motif ne s'applique pas aux donations entre époux, car après la révocation les enfants trouveront toujours le bien donné dans le patrimoine du donateur.

Ce principe était consacré dans l'ancien droit, on ne considérait pas les donations faites par l'un des époux à l'autre comme faites en faveur du mariage.

D'ailleurs l'association des époux n'avait pas d'intérêt à ces libéralités, car les biens qu'elles comprennent devaient rester toujours entre les mains de l'un ou de l'autre des époux et servir ainsi aux besoins communs. Il ne faut donc pas traiter ces donations d'une façon exceptionnelle et il faut en permettre la révocation pour cause d'ingratitude.

3me *Système.* — Nous pensons que les art. 299 et 300 doivent être appliqués à la séparation de corps et que l'époux contre lequel elle a été prononcée perd de plein droit les libéralités qu'il tient de son conjoint.

Les effets du divorce pour causes déterminées, quand ils sont compatibles avec la nature de la séparation de corps, doivent lui être appliqués.

La révocation de plein droit des libéralités n'était pas une conséquence de la dissolution du mariage qui suivait le divorce, car elle ne se produisait pas au cas de divorce par consentement mutuel. Elle peut donc avoir lieu en matière de séparation de corps, puisqu'elle est indépendante de la rupture du lien conjugal ; cet effet du divorce peut être étendu à la séparation.

Il est inexact de dire, comme le prétend l'opinion contraire, que tous les effets de la séparation de corps se trouvent mentionnés dans le chapitre V du titre VI ; ceux qu'on y rencontre cités devaient être indiqués nécessairement.

L'art. 308 reproduit, il est vrai, pour le cas de séparation de corps prononcée pour cause d'adultère de la femme, la disposition de l'art. 298, mais il s'agit ici de prononcer une peine corporelle et d'accorder au tribunal civil une compétence tout à fait exceptionnelle.

Quant aux art. 310 et 311, ils mentionnent des effets particuliers à la séparation de corps qui pouvait être transformée après trois ans en divorce avant la loi de 1816 et qui entraîne la séparation de biens, comme conséquence de la cessation de la vie commune. Ces dispositions ne pouvaient avoir une autre place dans le Code.

L'assimilation du divorce et de la séparation de corps relativement à la révocation de plein droit des libéralités se fonde sur la pensée du législateur qui, en admettant la séparation de corps, a voulu créer parallèlement au divorce, une institution qui fût une ressource suffisante pour les époux qui ne pouvaient plus supporter la vie commune, mais dont la conscience réprouvait le divorce. Dans l'opinion que nous combattons, la séparation aurait eu une infériorité considérable, car, pour les mêmes faits, l'époux demandeur en séparation n'aurait pas obtenu la révocation des libéralités faites à son conjoint, comme en matière de divorce; la loi n'a pu vouloir consacrer une telle inégalité.

L'art. 1518 nous montre que nous interprétons bien la pensée du législateur; cet article n'est pas une disposition spéciale en matière de préciput. Il ne prononce pas lui-même la déchéance du préciput contre l'époux qui a donné lieu à le séparation, il se borne à la supposer virtuellement prononcée par un article antérieur qui ne peut être que l'art. 299.

L'époux déchu du préciput qui est une convention de mariage plutôt qu'une donation (article 1516) doit être *a fortiori* déchu des simples libéralités.

L'art. 310 permettait à l'époux originairement défendeur à une demande en séparation pour une cause autre que l'adultère de la femme, d'obtenir le divorce après trois ans de séparation, si le demandeur originaire ne consentait pas à reprendre la vie commune; les déchéances que seul le divorce entraîne suivant l'opinion que nous combattons auraient alors frappé seulement l'époux innocent qui, après avoir obtenu la séparation de corps, l'aurait vu transformer en divorce.

Une telle conséquence, nous devons le dire, a été repoussée par les partisans du système dont nous parlons et ils ont refusé à l'époux qui avait obtenu le divorce, dans le cas de l'art. 310, le droit d'invoquer l'art. 299.

La révocation de plein droit des libéralités par la séparation n'est pas un obstacle sérieux à la réconciliation, car l'époux, frappé par la déchéance sera disposé à employer tous ses efforts pour obtenir de son conjoint le rétablissement de la vie commune, ainsi que du régime matrimonial qui fera renaître tous les avantages contenus dans le contrat de mariage.

La Cour de cassation a longtemps repoussé l'opinion que nous venons d'exposer, mais par un arrêt rendu, chambres réunies, le 23 mai 1845 (1), elle a consacré le principe de l'application des articles 299 à 300 à la séparation de corps et dès lors la jurisprudence a été fixée en ce sens.

Le mot avantages, dans l'art. 299, comprend les testaments comme les donations entre vifs : ainsi la séparation de corps entraînera la révocation de plein droit du testament fait par l'autre époux en faveur de l'époux coupable. Cette révocation est juste et supposée conforme à la volonté de l'époux demandeur en séparation, qui n'a pas besoin dès lors de révoquer sa libéralité, mais qui est libre, du reste, de rétablir, s'il le veut, ses dispositions.

La révocation ne s'étend pas aux avantages que l'époux coupable aurait reçus d'un autre que de son époux, quand bien même ces libéralités émaneraient des ascendants de son conjoint, car les termes des art. 299 et 300 sont limitatifs.

Les tiers qui tiennent leurs droits de l'époux déchu ne sauraient être atteints par la révocation de plein droit de l'art. 299. Il ne s'agit pas ici d'une condition résolutoire devant, d'après l'art. 1183, remettre les choses au même état que si l'obligation n'avait pas existé; il y a dans la révocation de plein droit une peine qui ne saurait rejaillir dans le silence de la loi sur les tiers acquéreurs de bonne foi (2).

(1) Dalloz, 1845, I, 225.
(2) Cass., 30 août 1865, Sirey, 1866, I, 9.

La révocation pour cause d'ingratitude est le plus souvent inutile par suite de la révocation de plein droit; nous l'admettrions cependant pour les motifs qui ont déjà été exposés, dans les cas où elle pourrait être nécessaire.

M. Demolombe (1) indique deux hypothèses de cette nature : 1° la séparation n'a pas été demandée, mais l'époux outragé est mort sans connaître l'ingratitude de son conjoint ou même victime d'un attentat commis par ce conjoint criminel ; 2° la séparation est prononcée contre l'un des époux qui seul est frappé des déchéances contenues dans l'art. 299, mais postérieurement l'autre conjoint commet à son égard des actes d'ingratitude et il ne peut plus être question d'intenter une demande en séparation de corps, puisque la séparation a déjà été prononcée.

En ces deux cas il y aura intérêt à ce que la révocation des libéralités puisse être demandée pour cause d'ingratitude, en vertu de l'art. 953.

L'époux qui a obtenu la séparation de corps conserve, suivant l'art. 300, les avantages à lui faits par l'autre époux, mais comme ils n'ont pas pu changer de caractère par suite de la séparation, ils seront toujours irrévocables s'ils ont lieu par contrat de mariage (art. 1395), et révocables s'ils n'ont eu lieu qu'après le mariage (art. 1096).

Si la séparation de corps avait été prononcée contre l'un et l'autre des conjoints, la révocation

____

(1) *Traité du mariage*, II, n° 528.

des libéralités aurait lieu contre tous deux : il n'y a aucune raison pour donner en ce cas une solution différente.

§ 3. — *Effets de la séparation de corps quant aux enfants.*

Le divorce produisait relativement à la personne des enfants des effets déterminés par les art. 302-303 du Code civil qui, nous le pensons, doivent être appliqués à la séparation de corps. L'art. 302 décide que « les enfants seront confiés à l'époux qui a obtenu le divorce, à moins que le tribunal, sur la demande de la famille ou du ministère public, n'ordonne pour le plus grand avantage des enfants que tous ou quelques-uns d'entre eux seront confiés aux soins, soit de l'autre époux, soit d'une tierce personne. » L'époux qui a obtenu le divorce est présumé le plus digne, mais il peut être indispensable de laisser à la mère ses enfants en bas-âge.

L'art. 303 dispose que : « Quelle que soit la personne à laquelle les enfants seront confiés, les père et mère conseveront respectivement le droit de surveiller l'entretien et l'éducation de leurs enfants, et seront tenus d'y contribuer à proportion de leurs facultés. » S'il y a dissentiment à cet égard entre les deux époux, les tribunaux doivent prononcer.

Une jurisprudence constante étend ces articles à la séparation de corps (1).

(1) Cass., 17 juin 1845, Sirey, 1846, I, 52.

Le principe que le père exerce seul pendant le mariage l'autorité sur les enfants n'y fait pas obstacle, car par le fait de la séparation de corps des modifications sont nécessairement apportées à ce pouvoir. Du reste, même au cas de divorce, le père contre lequel il était prononcé, ne perdait pas complétement ses droits de puissance paternelle au point de vue, par exemple, du consentement au mariage de ses enfants. D'ailleurs le père, quand la garde des enfants ne lui est pas confiée, pourra toujours surveiller leur éducation et la mère ne pourrait aller s'établir avec eux dans un lieu assez éloigné pour que ce droit du père devînt illusoire. Nous pensons donc que les art. 302 et 303 s'appliqueront d'une façon absolue à la séparation de corps, car les motifs qui les ont fait édicter existent dans les deux cas.

Les mesures que le tribunal croira devoir ordonner relativement à la garde des enfants pourront toujours être modifiées, si les circonstances l'exigent.

Si les époux sont d'accord pour demander que leurs enfants soient placés dans une maison d'éducation déterminée et convenable, les juges devront sanctionner cet accord, alors du moins qu'il n'en peut résulter aucun préjudice pour les enfants (1).

L'art. 386 du Code civil décide que celui des conjoints contre lequel le divorce a été prononcé

____

(1) Cass., 6 fév. 1865, Sirey, 1865, I, 58.

perdra la jouissance légale des biens de ses enfants. Cette règle n'est pas applicable en matière de séparation de corps, car l'art. 386 ne prononce cette déchéance que dans le cas de divorce et d'ailleurs les mêmes motifs ne se rencontrent plus. La séparation ne cause pas aux enfants le même tort que le divorce qui permettait au père et à la mère de se remarier. On ne saurait, du reste, si la séparation était prononcée contre le mari, à qui donner l'usufruit légal que l'art. 384 n'accorde à la mère qu'après la mort du père.

Nous pensons même que le père aura l'administration des biens de ses enfants dont il n'a pas la garde, sans qu'on doive distinguer suivant qu'il s'agit de biens dont il a ou n'a pas l'usufruit légal. Le droit d'administrer les biens des enfants mineurs est un des attributs de la puissance paternelle que la séparation de corps doit laisser subsister tant que le père n'abuse pas de son pouvoir.

Le père conservera également le droit de correction, d'émancipation et en général tous les attributs de la puissance paternelle autres que la garde des enfants qui peut lui être enlevée.

Sous l'empire du Code civil, la séparation de corps, quoique faisant cesser la vie commune, laissait subsister tout entière la présomption de paternité contenue dans l'art. 312 du Code civil et le mari, séparé de corps, ne pouvait invoquer contre l'enfant conçu par sa femme que les causes ordinaires de désaveu.

C'est en vain qu'on voulait permettre un désaveu en cette hypothèse, en s'appuyant sur l'idée que la présomption de paternité, reposant sur la cohabitation des époux, n'avait plus d'application en cas de séparation de corps. Cette doctrine était inexacte, car c'est sur le fait même du mariage qu'aux termes de l'art. 312 est fondée cette présomption, qui ne peut être combattue qu'au cas d'impossibilité physique de cohabitation, résultant de l'éloignement ou de quelque accident, ou pour cause d'adultère de la femme lorsque la naissance de l'enfant a été cachée au mari (article 312-313).

La séparation de corps ne constituait par elle-même aucune de ces causes de désaveu et pourtant il était important que le mari séparé pût repousser une paternité mensongère.

La loi du 6 décembre 1850 a paré à ce danger en décidant que : « En cas de séparation de corps prononcée, ou même demandée, le mari pourra désavouer l'enfant qui sera né trois cents jours après l'ordonnance du président, rendue aux termes de l'art. 878 du Code de procédure civile, et moins de cent quatre-vingts jours depuis le rejet définitif de la demande ou depuis la réconciliation. L'action en désaveu ne sera pas admise s'il y a eu réunion de fait entre les époux. »

Le mari n'a aucune preuve à faire pour justifier son désaveu qui est par lui-même péremptoire(1).

(1) Nancy, 12 janvier 1831, Sirey, 61, II, 307.

SECTION V

COMMENT CESSE LA SÉPARATION DE CORPS

Les deux époux peuvent faire cesser la séparation de corps en se réunissant.

Le jugement de séparation n'est pas un bénéfice particulier accordé à l'époux qui l'a obtenue et ne constitue pas en sa faveur un droit qui lui soit propre, et par conséquent auquel il puisse renoncer quand bon lui semblerait. Les conjoints sont au contraire liés par un contrat judiciaire qui ne peut être anéanti que par l'accord de leurs volontés (1).

La réconciliation est donc un acte volontaire par lequel les deux parties renoncent expressément on tacitement à se prévaloir du jugement de séparation, et s'engagent à reprendre la vie commune. Elle a lieu sans intervention de la justice et sans aucune formalité.

Si l'un des époux propose à l'autre de faire cesser la séparation, cette offre peut être retirée tant qu'elle n'a pas été acceptée.

Dans le cas où la séparation aurait été prononcée pour condamnation à une peine infamante, la réhabilitation du condamné laisserait subsister la séparation, car elle n'agit que pour l'avenir, mais

____

(1) Marcadé, art. 311, n° 5. Massol, p. 530. Demolombe, p. 657. Aubry et Rau, §§ 495-496.

si un jugement de révision venait mettre à néant une condamnation injuste, la séparation de corps fondée sur cette condamnation ne saurait subsister, elle s'évanouirait de plein droit.

Les époux réunis, le mariage revit comme au premier jour avec tous les droits comme avec tous les devoirs qui en résultent.

Le père reprend le droit de garde s'il l'avait perdu.

Mais la réconciliation des époux ne fait pas cesser de plein droit la séparation de biens produite par la séparation de corps. L'art. 1451 indique la marche à suivre pour rétablir la communauté lorsqu'elle a été dissoute. Ces dispositions s'appliquent à tout régime matrimonial que les époux veulent reconstituer aux termes de cet article : « La communauté dissoute par la séparation, soit de corps et de biens, soit de biens seulement, peut être rétablie du consentement des deux parties. Elle ne peut l'être que par un acte passé devant notaire et avec minute, dont une expédition doit être affichée dans la forme de l'art. 1445. »

En ce cas la communauté rétablie reprend son effet du jour de mariage ; les choses sont remises au même état que s'il n'y avait point eu de séparation, sans préjudice néanmoins de l'exécution des actes qui, dans cet intervalle, ont pu être faits par la femme en conformité de l'art. 1449.

Il en est de même des donations portées au contrat de mariage, elles ne revivent pas de plein droit et il faudra pour les rétablir un écrit conformément à l'art. 1451.

« Toute convention par laquelle les époux rétabliraient leur communauté sous des conditions différentes de celles qui la réglaient antérieurement est nulle, » dit l'art. 1451 *in fine*. Comment faut-il entendre cet article? Est-ce l'acte de rétablissement qui est frappé de nullité? Est-ce simplement la clause modifiant le contrat primitif? Ces deux interprétations ont eu leurs défenseurs. Nous adopterons l'opinion de ceux qui pensent que la loi ne prononce de nullité que pour la clause dérogatoire aux stipulations primitives. MM. Aubry et Rau s'expriment ainsi à ce sujet: « Si le législateur avait voulu frapper de nullité l'acte de rétablissement lui-même, il aurait dit *la convention par laquelle* et non point *toute convention par laquelle*. Cette dernière locution indique que le mot *convention* a été pris ici comme synonyme de *clause* ».

La réconciliation ne rend pas les époux non recevables à former une nouvelle demande en séparation de corps, fondée sur de nouvelles causes. Cette seconde demande pourra être également fondée sur les faits qui avaient motivé la première demande.

En terminant ici cette étude, bien incomplète sans doute, nous devons faire remarquer combien les dispositions du Code en matière de séparation de corps sont insuffisantes. Que de questions dont la solution est laissée à l'arbitraire du juge! Que de fois en interprétant et en complétant la loi ne sera-t-il pas obligé de la faire! En 1817 à la suite de l'abrogation du divorce un projet de loi sur la séparation de corps avait été présenté à la Chambre des députés, mais malheureusement ce projet n'eut pas de suite. En 1841, M. Massol terminait ainsi son Traité sur la séparation de corps : « Nous aimons à espérer, disait-il, qu'une révision éclairée et entière d'une matière aussi grave ne tardera pas à se joindre à celles qui dans ces derniers temps ont été opérées dans diverses parties du droit. »

Mais son appel ne fut pas entendu et à l'heure où nous sommes rien n'a été fait à cet égard. Un projet tendant au rétablissement du divorce est aujourd'hui soumis à la Chambre; nous ne savons si les législateurs le rejetteront comme firent ceux de 1848, mais quand bien même le divorce serait rétabli la nécessité d'une loi sur la séparation de corps serait toujours la même.

CHAPITRE III

COMPARAISON ENTRE LE DIVORCE ET LA SÉPARATION DE CORPS AU POINT DE VUE DE LEURS CONSÉQUENCES JURIDIQUES ET SOCIALES

La loi du 8 mai 1816 abolit le divorce.

Elle convertit purement et simplement en demandes en séparation de corps les demandes en divorce pour causes déterminées, et restreignit aux effets de la séparation les jugements et arrêts restés sans exécution par le défaut de prononciation du divorce par l'officier de l'état civil. Enfin elle annula toutes les procédures en divorce par consentement mutuel et déclara comme non avenus les jugements ou arrêts rendus en cé cas si la prononciation prescrite par l'art. 294 n'avait pas encore eu lieu.

La philosophie du droit doit-elle regretter ce changement de législation ou y applaudir ? Sans vouloir donner à l'examen de cette question une étendue que ne comporte pas le plan de ce travail, et sans vouloir insister sur une opinion opposée à celle de la majorité des meilleurs auteurs et du législateur lui-même, nous croyons que celui-ci, en n'accordant aux époux pour les soustraire aux conséquences d'une union mal assortie que la ressource de la séparation, a introduit en leur faveur un remède insuffisant.

L'abolition du divorce a tout d'abord été un acte de déférence pour la religion de la majorité des Français. Or il convient autant que possible de mettre la législation en harmonie avec la religion et les mœurs du pays et l'on doit éviter d'exposer par d'imprudentes facilités les citoyens à la tentation d'agir contre leur conscience. De plus, l'intérêt matériel des enfants est sacrifié par l'admission du divorce. Enfin, ce moyen de remédier aux mauvaises unions tend à les propager et à les multiplier, soit par l'appât que sa perspective offre à l'inconstance, soit plus encore parce qu'il détourne les époux du support mutuel, ce moyen si puissant de maintenir la paix et la bonne harmonie. — Tels sont, en résumé, les principaux arguments dont se prévalent les partisans de l'indissolubilité du mariage.

Nous laissons tout d'abord de côté la question théologique de savoir si la séparation de corps ne dissout pas tout autant que le divorce la communauté de vie et d'intérêts qui constitue le mariage, si tous les deux ne contreviennent pas également au précepte qui défend de séparer ce que Dieu a joint, puisque quand l'union n'existe plus que de nom on ne peut guère dire que l'on respecte l'indissolubilité du mariage. Or l'Eglise Romaine admet la séparation de corps.

La religion de cette Eglise est celle de la majorité des Français. Mais est-ce à dire qu'il ait fallu par déférence pour cette religion établir l'indissolubilité du mariage dans le sens entendu par elle ? Le mariage, indépendamment du sacrement de l'Eglise, est un contrat essentiellement civil. Les principes de liberté et d'intérêt social commandaient la faculté de rompre le lien civil qui en résulte, la loi peut donner cette faculté sans que la conscience des citoyens puisse en être troublée. Ils restent toujours libres de ne se soustraire qu'en partie aux conséquences d'une union malheureuse en demandant seulement la séparation de corps, suivant les règles de leur Eglise, de respecter le sacrement qu'elle voit dans le mariage alors que la loi n'y voit qu'un contrat. C'est ce qui existe en Autriche comme nous allons le voir plus loin. On ne peut se prévaloir de ce que la loi expose les citoyens à agir contre leurs devoirs en divorçant. En le faisant, ils n'useraient que de leur droit.

A l'Eglise, si elle croit devoir édicter les règles théologiques plus sévères, de les faire respecter par son influence spirituelle ; à elle le domaine des consciences, à l'Etat la réglementation et le maintien des droits et de la liberté des citoyens sans acception du culte qu'ils professent.

L'intérêt social incline vers la faculté de divorcer. Nous n'insisterons pas sur le danger des crimes que peuvent produire la passion ou le désespoir,

lorsque la mort seule de l'un des époux peut bri-
ser un lien devenu intolérable. De pareils cas sont
heureusement rares, quoiqu'ils se soient, paraît-
il, déjà présentés. Mais la séparation est une source
de désordres que l'on éviterait en permettant aux
époux à qui la vie commune n'est plus possible,
de contracter un nouveau mariage. Si on leur interdit de former une nouvelle union légitime ; des
époux encore jeunes, soumis aux lois de la nature,
qui n'ont pas la force de résister aux entraînements
de la faiblesse humaine, en sont fatalement réduits
au concubinage et au dérèglement.

L'intérêt des enfants... Mais il est alors plus
que jamais sacrifié. Après avoir assisté aux dissensions de leur père et mère, ils auront à être témoins de leurs désordres, suite à craindre de la
prohibition de se remarier. Au lieu d'un beau-père
ou d'une belle-mère, ils pourront avoir pour pro-
tecteur et soutien l'amant de leur mère ou la concubine de leur père !

La faculté de rompre les unions malheureuses
tend, ajoute-t-on, à les propager et à les multiplier
par l'appât que la perspective du divorce offre à
l'inconstance. L'abus, certes, est à craindre ; l'histoire nous en donne des exemples. Mais la crainte
qu'on s'engage trop facilement dans les liens d'une
union qu'on sait ensuite pouvoir rompre, ne doit
pas nous faire condamner des époux à voir à tout
jamais indissoluble et devenir un élément inces-
sant de malheur pour leur vie entière, une union

dont ils ne pouvaient certes prévoir le triste avenir au moment où ils l'ont contractée.

Le divorce détourne les époux du support mutuel qui doit maintenir la paix et la bonne harmonie dans les ménages. Mais la séparation, qui
n'est en somme qu'un divorce avec impossibilité de se remarier, n'a-t-elle pas les mêmes inconvénients? Lorsque, sous l'empire d'une passion
déréglée, ou oublieux de ses devoirs conjugaux,
l'un des époux voudrait se délivrer du lien qui
l'unit à son conjoint, reculera-t-il devant le recours à la séparation de corps pour arriver à la liberté qu'il veut reconquérir?

Il faut éclairer les lois par l'histoire, nous dit
Montesquieu (1). Celle-ci nous démontre-t-elle
l'influence pernicieuse du divorce? Ah! nous le savons, à Rome et sous l'empire de la législation intermédiaire, les mariages étaient rompus d'une
façon plus que scandaleuse. Mais tout d'abord,
est-ce bien dans la faculté de divorcer que nous
devons en trouver la cause? n'est-ce pas plutôt
au relâchement général des mœurs mêmes de ces
époques que nous devons nous en prendre? Dans
les premiers siècles de Rome, l'existence du divorce ne donna pas lieu au dérèglement des mœurs.
C'est lorsque la corruption est devenue généralement scandaleuse que les divorces deviennent
scandaleux aussi. C'est cette corruption qui est

(1) On a dit de Troplong qu'il avait aussi éclairé l'histoire par les
lois. (*Esprit des lois*, XXXI, 2.)

cause des nombreux divorces, non les nombreux divorces qui sont cause de la corruption. A une époque où le mariage n'était plus considéré, où la loi était forcée d'encourager et de récompenser le concubinat, pouvait-on espérer que l'usage des lois relatives à l'union conjugale ne donnât lieu aux plus grands abus? Même remarque pour la législation intermédiaire. A cette époque d'effervescence, où l'on voulait renverser tout ce qui provenait d'un passé pris en haine, l'abus était à chaque pas à côté de la réforme! Et les lois s'y prêtaient merveilleusement. Divorce sans motif chez les Romains : sous la législation intermédiaire, divorce pour simple incompatibilité d'humeur mis à la disposition de chacun des époux; impossibilité sous cette législation de demander la séparation de corps, ce qui blessait la conscience de ceux à qui leurs opinions religieuses interdisaient de faire prononcer le divorce : telles ne sont pas les dispositions législatives réclamées par l'intérêt social. Ce qu'il nous semble commander, c'est le divorce dans les seuls cas où il paraît prouvé de la manière la plus évidente, à l'aide des formes les plus sévères, que la vie commune est définitivement devenue insupportable, qu'elle est en quelque sorte devenue un supplice, tout au moins pour l'un des époux; c'est en un mot le divorce tel qu'il était organisé par les législateurs qui nous ont transmis le Code Napoléon.

Comment essaie-t-on de répondre aux arguments qui militent ainsi en faveur du divorce ?

Ses adversaires invoquent quatre ordres de motifs :

1° La faculté du divorce rendra les époux moins patients à supporter les souffrances que les mariages mal assortis entraînent avec eux. Les rigueurs de la séparation de corps en détournent beaucoup les conjoints même malheureux. Le nombre des demandes en divorce serait plus considérable que celui des instances en séparation de corps. L'institution même du mariage se trouverait ainsi atteinte.

2° Le divorce, rompant le lien même du mariage interdit la possibilité d'une réconciliation que la séparation de corps permet toujours, à laquelle elle engage parfois, et qui doit être dans le vœu du législateur.

3° Le divorce porte un préjudice matériel et moral plus considérable que la séparation de corps aux intérêts des enfants nés du mariage.

4° La religion catholique, qui est la religion de la majorité des Français, proscrit le divorce. Il ne pourrait être relevé en France sans qu'une atteinte redoutable fût inévitablement portée à la liberté de conscience des citoyens catholiques.

De ces quatre motifs, le premier repose sur une erreur évidente, c'est que le divorce apparaîtra comme un bien et l'état d'époux divorcé comme souhaitable et heureux. L'imaginer, c'est méconnaître les sentiments qui déterminent la forma-

tion des unions conjugales et les mœurs publiques
de la France. Aucun observateur attentif des tristes faits que révèlent les procès en séparation de
corps n'admettra que l'établissement du remède
du divorce, au lieu de l'expédient si imparfait de
la séparation de corps, puisse être en soi de nature
à accroître le nombre des demandes tendant à la
cessation de la vie commune. Ils sont et ils resteront nombreux les époux malheureux qui s'enfer-
ment stoïquement dans la résignation et la pa-
tience. Si aujourd'hui, ayant droit à la séparation,
ils s'abstiennent de la solliciter, croit-on qu'ils en
soient détournés par la considération de l'existence misérable et périlleuse qui suivrait pour eux
le jugement? Non! ils obéissent à des motifs plus
hauts, puisés, soit dans leur tendresse pour les
enfants nés de leur union, soit dans la crainte du
scandale que causerait la révélation des faits à la
charge de leur conjoint, soit dans cette noble fierté
qui fait qu'on ne veut pas avoir la curiosité et la
malignité publiques comme confidents de ses
douleurs.

L'expérience d'ailleurs a parlé. Elle établit cette
vérité, si honorable pour la nature humaine, que
l'institution du mariage n'est nulle part aussi
respectée que dans les pays où la possibilité de
dissoudre l'union conjugale a été inscrite dans les
lois, à la seule condition que l'usage de cette
faculté ait été entouré des garanties indispensables pour conserver au divorce le caractère d'un

remède parfois nécessaire, mais toujours difficile à obtenir.

La statistique, qui permet aujourd'hui de contrôler l'action des institutions sur la moralité et la prospérité des peuples, est venue justifier ce jugement de Montaigne : « Ce qui tint les mariages à Rome si longtemps en honneur et sûreté fut la liberté de les rompre qui *vouldrait*. Ils gardaient mieux leurs femmes d'autant qu'ils les pouvaient perdre ; et en pleine licence du divorce il passa cinq cents ans et plus, avant que personne s'en servît. »

Les résultats du divorce, dans tous les pays où il existe, fournissent à ce point de vue des enseignements décisifs que nous aurons à mettre en lumière. N'interrogeons en ce moment que les effets qu'il a produits soit en France, pendant le temps durant lequel les lois l'ont admis, soit dans les contrées qui, rattachées à la France au moment de la promulgation du Code civil, détachées d'elle en 1814 et en 1815, ont conservé l'institution du divorce.

Si, en écartant les chiffres que les adversaires du divorce empruntent à la période de temps écoulée entre la loi de 1792 et la promulgation du Code civil, chiffres qui expliquent assez les excitations au divorce d'une législation imprudente, nous nous attachons aux douze années écoulées entre la promulgation du Code civil et la loi du 8 mai 1816, nous constaterons que, pendant cette période, la moyenne annuelle des séparations de corps et des divorces réunis a été en France inférieure à la moyenne annuelle des seules séparations de corps prononcées dans ces dernières années. Le langage même qu'ont tenu les auteurs de la loi du 16 mai 1816 nous fournit sur ce point un irrésistible argument. En abrogeant le titre VI du Code civil ils n'ont pas songé un instant à prétendre que son application eût été, depuis 1804, une cause d'affaiblissement pour le lien conjugal.

Les faits qui se sont produits à Genève, en Belgique, dans les provinces rhénanes, dans le grand-duché de Bade, depuis leur séparation de la France en 1814 et en 1815 jusqu'à nos jours, ne sont pas moins concluants. Le titre VI du Code civil y est resté en vigueur. Loin de servir à battre en brèche l'institution du mariage, il l'a consolidée. Grâce à lui le nombre proportionnel des mariages annuellement dissous par le divorce et la séparation dans ces territoires arrachés à l'empire est resté bien au-dessous de celui qu'ont atteint, dans les départements restés français, les séparations de corps seules autorisées par la loi du 20 mai 1816.

Le rétablissement du divorce dans l'Alsace-Lorraine, depuis qu'elle a été enlevée en 1871, ne fournit aucun élément qui soit contraire à ces données expérimentales.

Le *second motif* invoqué par les adversaires du divorce n'est guère plus plausible que le premier. Il tombe devant le simple rapprochement du nombre des séparations qui sont prononcées et de celui des réconciliations qui s'opèrent chaque année. Celles-ci sont si rares, si exceptionnelles, qu'elles ne méritent point qu'on les compte.

C'est que dans les cas mêmes où les griefs nés au cours de l'union conjugale seraient de ceux qui peuvent s'oublier ou s'atténuer sous l'action du temps, les débats qui précèdent les séparations les rendent ineffaçables, en les jetant en pâture à la curiosité publique; c'est aussi et surtout que le règlement du sort des enfants et des intérêts pécuniaires, après la séparation, et les amertumes inévitables dans l'existence d'époux séparés, entretiennent et exaspèrent les premières et réciproques irritations.

Aussi n'est-il pas chimérique de penser et de dire que la réconciliation pourrait être plus raisonnablement espérée entre époux divorcés restés libres tous deux, qu'entre époux demeurés rivés au lien conjugal tel que le fait la séparation de corps. C'est une des considérations qui ont déterminé la commission à proposer de permettre, sous certaines conditions et dans certains cas, la réunion des époux divorcés. Si cette modification à l'ancien art. 295 du Code civil était admise, elle achèverait de ruiner l'objection qui vient d'être examinée.

Mais, dit-on, — et c'est ici le point capital du débat, — *les enfants, les enfants*, que deviendront-ils après le divorce? Nous répondrons avec M. Treilhard. Que deviennent-ils après la séparation de corps?

Certes, c'est un grand mal pour ces circonstances encore incertaines, pour ces petits êtres dont le développement physique, intellectuel et moral a besoin d'une atmosphère si pure d'ordre, de régularité et de tendresse, que la guerre intestine dans la famille, qu'elle aboutisse à la séparation ou au divorce. Mais comment prétendre que le terme mis à ces discordes par le divorce puisse leur être plus préjudiciable que l'incomplète suspension d'hostilités qui résulte de la séparation de corps?

Le divorce, allègue-t-on, éloignera des enfants leurs parents qui s'engageront dans les liens de nouvelles affections, et qui fonderont en dehors d'eux des familles au foyer desquelles ils ne pourront grandir qu'à l'état d'étrangers.

La nature humaine proteste contre une telle assertion. L'homme ou la femme remariés ne se détachent pas des enfants du premier lit. Pourquoi ce qui est vrai, incontestablement vrai, au cas de dissolution du premier mariage par le décès d'un des conjoints, cesserait-il d'être exact, au cas de divorce?

Il faut aller plus loin et reconnaître que le second mariage de celui des époux divorcés auquel la garde des enfants communs aura été remise, loin de nuire à ceux-ci, leur sera souvent profitable. On a remarqué, en effet, et non sans raison, qu'il fallait un homme et une femme pour bien élever un enfant, et que l'influence virile ou fémine isolée était insuffisante pour l'œuvre d'éducation.

Mais ne sera-ce pas pour les enfants, nous disent les adversaires du divorce, un supplice intolérable que la vue de leur mère dans les bras d'un homme qui est pour eux un inconnu, un étranger, de leur père traitant en épouse une femme à laquelle aucun lien ne les rattache? Il est trop aisé de répondre à un tel argument en faisant appel à la réalité et en montrant que la séparation de corps conduit trop souvent les époux à l'adultère et fait ainsi des enfants les témoins et les juges des fautes de leurs parents. En vain objecterait-on que les seconds mariages créent un état public, tandis que les époux séparés, qui se laissent entraîner dans la dissipation et les désordres, s'appliquent à cacher leurs défaillances aux yeux de leurs fils ou de leurs filles. Nous demanderons si de tels voiles ne sont pas bientôt soulevés par l'inquiète curiosité de ceux-ci, les révélations qu'apportent la médisance et les effets du hasard?

D'ailleurs, dans cette comparaison des effets du divorce et la séparation de corps, ne convient-il pas de s'attacher surtout aux faits qui se produisent dans ces classes populaires, de beaucoup les plus nombreuses, où l'homme a besoin d'une femme pour subvenir aux nécessités quotidiennes de son humble ménage et la femme d'un homme

pour l'assister, la protéger, l'aider à vivre maté-
riellement? N'est-il pas incontestable qu'au sein
de ces foules laborieuses l'interdiction légale d'une
nouvelle union légitime amène trop souvent les
époux séparés à vivre dans un concubinat auquel
il leur est bien difficile d'échapper? Ce concubinat
n'est-il pas forcément public, connu de tous, et
en premier lieu, des enfants? Et qui oserait soutenir que les cœurs et les consciences de ces petits
êtres n'ont pas plus à souffrir du spectacle de ces
liaisons illicites que de la sainteté de nouvelles
unions légitimes?

Mais ce n'est là qu'un des aspects de la condition faite aux enfants soit par le divorce, soit par
la séparation de corps.

Il y a une suite hideuse de la séparation de
corps que ne veulent point envisager suffisamment les adversaires du divorce, et qui suffirait
seule à entraîner la perte de leur cause : c'est
que la séparation altère dans le cœur du père
et de la mère ce sentiment nécessaire et exquis :
l'amour des enfants. Cette corruption a été
décrite en traits saisissants par un des écrivains qui, de notre temps, ont serré de plus près
la vérité sur cette grave question..

« Les époux séparés, nous dit M. Legouvé,
n'aiment pas leur enfant simplement, naturellement. Ils l'aiment avec émulation, avec jalousie.
Ils ne se contentent pas de le gagner, ils veulent
l'enlever à l'autre. Il ne leur suffit pas de l'avoir,

ils veulent que l'autre n'e l'ait pas. Alors, les récriminations, les accusations, parfois les calomnies. On ne se dit pas qu'on ébranle chez un enfant toute notion du devoir, qu'on pervertit chez lui les sentiments naturels : on ne voit qu'une chose, c'est qu'on se venge... Sachez-le bien, dans la séparation, l'enfant n'est que le champ de bataille de deux haines ; seulement ce n'est pas, comme dans les mêlées antiques, un cadavre que deux ennemis se disputent, c'est une âme vivante qu'ils déchirent. Ils accomplissent chaque jour un infanticide moral. »

Qu'ajouter à ces paroles, à ces expressions si fortes, bien qu'inférieures peut-être à la réalité ?

Interrogez les magistrats, les avocats, les notaires, les hommes de loi; tous ceux que leurs fonctions rendent juges ou scrutateurs des discordes conjugales et de leurs suites : lequel retrancherait un mot de ces lignes éloquentes ? lequel ne reconnaîtrait que le divorce seul peut, en désarmant la colère des époux, en les détachant des amertumes du passé, en ouvrant à leurs cœurs des horizons nouveaux, les empêcher de chercher dans leurs enfants des instruments de leur haine réciproque ?

La liberté de conscience des catholiques reçoit-elle une atteinte quelconque de l'institution du divorce ? S'il était établi seul, si la séparation de corps était abolie, comme elle l'a été par la loi du 20 septembre 1792 et si l'interdiction de se réunir était maintenue pour les époux divorcés, les Français catholiques pourraient reprocher au législateur de les mettre dans la cruelle alternative de fausser leurs croyances en demandant la dissolution de leurs mariages ou de succomber sous le poids des souffrances d'une vie commune devenue intolérable et dangereuse. Leurs plaintes seraient fondées et devraient être écoutées.

Mais quelle légitime réclamation peut être élevée en leur nom alors que la séparation de corps subsiste à côté du divorce rétabli ; alors que le divorce lui-même ne rendra plus la réconciliation impossible, et que les époux, qui l'auront fait prononcer au point de vue civil, mais qui se regardent toujours comme liés au point de vue religieux, n'auront contracté aucune union nouvelle, conserveront le droit de se réunir?

Les adversaires du divorce sont cependant parvenus à trouver deux cas où d'après eux le maintien de la séparation de corps, la modification même de l'art. 295 du Code civil ne donneraient pas aux scrupules catholiques une satisfaction suffisante.

1° Un mari ou une femme catholique demande et obtient la séparation de corps. Trois ans s'écoulent. L'époux, contre lequel la séparation a été prononcée use de la faculté que lui donne l'article 310 du Code Napoléon. Il met celui à qui elle a été accordée en demeure de faire cesser la séparation. Il y a impossibilité morale pour ce dernier, à raison des circonstances qui ont pré-cédé, accompagné ou suivi la séparation, à ac-cueillir, à examiner même l'idée d'une réunion. Le tribunal, en présence de refus de rétablir la vie commune, si légitime qu'il soit, est tenu de trans-former en divorce la séparation de corps origi-naire.

C'est en vain, dit-on, que la loi aura maintenu pour l'époux catholique outragé, violenté, l'option entre la séparation de corps et le divorce : au bout de trois années, cette option protectrice de la liberté de sa conscience cessera de produire aucun effet.

2° A l'inverse, c'est le mari ou la femme catho-lique qui se sont rendus coupables envers leur conjoint de torts autorisant, de la part de celui-ci, une demande en séparation de corps ou en di-vorce. L'époux outragé, qui n'est pas catholique ou qui ne s'arrête point aux doctrines de l'Eglise dans le sein de laquelle il est né, demande le divorce de préférence à la séparation de corps. Il obtiendra au nom de la loi civile la dissolution du lien conjugal qui, suivant la foi religieuse de son conjoint, devait être perpétuel.

Ici encore, dit-on, la conscience de l'époux ca-tholique sera gravement blessée.

Le second cas ne mérite point de retenir l'at-tention ; car, refuser la faculté de divorce à l'époux outragé, molesté ou déshonoré par son conjoint, par égard pour les scrupules religieux de ce dernier,

ce serait sous prétexte de déférence pour la liberté
de conscience, faire violence à celui des époux qui
mérite l'intérêt, la protection des lois, et dont la
croyance n'implique pas l'indissolubilité du lien
conjugal.

Le premier cas, bien que plus spécieux, ne
doit pas arrêter davantage; dès l'instant où l'on
reconnaît qu'au point de vue des intérêts généraux de la société, le divorce est préférable à la
séparation de corps, il faut admettre que l'époux
qui a eu le droit de choisir comme plus conforme
à sa croyance la voie de la séparation, ne peut
cependant maintenir pour toujours l'autre époux
dans un état réputé, à juste titre, nuisible à la
morale publique et au bien de l'État. En donnant
au premier la faculté d'éviter le divorce par le
pardon et l'indulgence, le législateur atteint la
limite qu'il ne saurait dépasser sans sortir de son
domaine, sans se faire juge entre des états de conscience qui sont et doivent être à ses yeux également respectables. Il peut d'autant moins d'ailleurs être accusé de violence faite à la foi de l'é-
poux catholique, que celui-ci reste libre de tenir
pour perpétuel le lien que la société civile dénoue
à la demande de son conjoint et de considérer
comme nulle et non avenue, en ce qui le concerne,
la faculté de nouveau mariage que lui rend le divorce.

Ajoutons qu'il y a, de la part des catholiques,
quelque inconséquence à introduire dans cette

question du rétablissement du divorce des réclamations exclusivement fondées sur les vues particulières de leur Eglise dans la matière du mariage.

Que leur importe en effet la dissolution possible du mariage civil par le divorce, puisqu'à leurs
yeux les déclarations qu'ils échangent devant l'officier public civil n'ont pas plus de valeur que les
conventions matrimoniales passées devant les
notaires et ne sauraient, pas plus que celles-ci,
fonder une union régulière de l'homme et de la
femme, une famille légitime, puisque pour eux
c'est le sacrement seul qui crée l'état de mariage?
Que la loi positive accorde ou refuse aux citoyens
le droit, dans des cas déterminés, d'obtenir le divorce et avec lui la liberté d'un second mariage,
sa décision ne change rien aux règles canoniques;
et divorcés ou non, l'homme ou la femme catholique n'en demeurent pas moins liés au regard de
leur Eglise qui, par le refus d'un sacrement nouveau, conserve le droit de leur interdire les dou-
ceurs, la dignité et la sécurité d'un second mariage
légitime devant Dieu.

L'Eglise catholique est dans son rôle en déplo-
rant que l'Etat n'adopte pas ses maximes et ses
règles dans la matière du mariage; qu'il ne lui
emprunte pas sa législation tout entière, qu'il se
dirige par des principes qui lui sont propres et en
vue d'intérêts purement terrestres. Mais la logique lui interdit de prétendre que cette indépen-

dance de la loi civile constitue, dans aucune mesure, une oppression religieuse. Le rétablissement
du divorce ne légitimerait pas plus de telles plaintes de sa part que les contradictions si nombreuses qui existent entre le droit civil et le droit
canonique, relativement aux conditions de validité et aux cas d'annulation des mariages.

Ces diversités dans les deux législations civile
et canonique pourraient donner aux catholiques
prétexte à des réclamations de même ordre que
celles qui viennent d'être discutées. Seulement il
leur faudrait alors accuser non les prétendues facilités de la loi civile, mais son excès d'austérité
et de rigueur.

Quelques rapprochements de textes suffiront à
le démontrer. D'après le droit civil, quand il
y a eu mariage, c'est-à-dire échange solennel des
consentements de l'homme et de la femme devant
l'officier de l'état civil, qui en a donné acte dans
les formes légales, le contrat ainsi formé ne peut
être déclaré nul que s'il y a eu un vice profond,
radical, des deux consentements qui lui ont donné
naissance, ou de l'un d'eux, et le délai pour demander cette nullité est toujours très limité.

Le mariage est annulable seulement :

Lorsque l'un des conjoints était engagé dans
les liens d'un premier mariage non dissous ;

Lorsqu'il existe entre les conjoints en ligne di-
recte un lien quelconque de parenté ou d'alliance ;

Lorsque l'un des conjoints est parent en ligne

collatérale jusqu'au degré d'oncle ou de tante, ou allié au degré de beau-frère et de belle-sœur;

Lorsque l'homme, au moment du mariage, était âgé de moins de dix-huit ans et la femme de moins de quinze ans;

Lorsque l'homme mineur de vingt-cinq ans et la femme mineure de vingt et un ans n'ont pas obtenu le consentement de leurs parents;

Lorsque le consentement d'un des époux n'a pas été libre;

Lorsqu'il a été déterminé par une erreur dans la personne physique de l'un des conjoints.

Ces causes d'annulation, sauf celles qui dérivent de l'atteinte portée à la morale publique et aux lois, comme le fait d'un mariage antérieur ou l'existence d'un lien de parenté ou d'alliance donnant au mariage un caractère incestueux, se prescrivent dans des délais très courts.

La demande en nullité fondée sur le défaut d'âge suffisant ne peut plus être formée lorsque six mois se sont écoulés depuis que les époux ont atteint l'âge compétent, ou lorsque la femme, qui n'avait point cet âge, a conçu avant l'échéance de ces six mois. L'approbation expresse ou tacite de ceux dont le consentement était nécessaire, l'absence de réclamation de leur part pendant une année depuis la célébration du mariage éteignent l'action en nullité fondée sur l'absence de leur consentement.

La demande en nullité de mariage pour cause

de violence faite au consentement, ou d'erreur dans la personne physique du conjoint, n'est plus recevable toutes les fois qu'il y a eu cohabitation continuée pendant six mois depuis le jour où l'époux violenté ou trompé a recouvré sa pleine liberté ou reconnu son erreur.

Le droit canonique est bien éloigné de cette sobriété motivée par un respect si intelligent et si complet de la grandeur et de la beauté morales du mariage. Aux causes d'annulation seules admises par le Code, il en ajoute d'autres pour la plupart mal définies et donnant à l'arbitraire du juge ecclésiastique une large carrière.

Pour en donner une idée, il suffira de citer, en empruntant les expressions de la terminologie canonique :

1° L'erreur sur les qualités *essentielles* de la personne ;

2° La condition ;

3° Les vœux déclarés solennels par l'Église ;

4° La parenté naturelle jusqu'au degré de cousins issus de germains ;

5° La parenté *spirituelle* naissant du baptême entre les parrain, marraine et ministre du baptême d'une part et la personne baptisée, et ses père et mère d'autre part — et de la *confirmation* entre celui qui reçoit ce sacrement et celui qui l'y présente ;

6° *Le crime*, c'est-à-dire l'homicide sans adultère, l'adultère sans homicide, l'homicide et adultère joints, lorsqu'ils ont été commis de complicité entre les conjoints, antérieurement au mariage ;

7º *La disparité des cultes*, lorsqu'un des conjoints n'est pas chrétien ;

8º *L'ordre*, c'est-à-dire le fait que l'époux est évêque, prêtre, diacre ou sous-diacre ;

9º *L'honnêteté*, c'est-à-dire l'existence de simples fiançailles antérieures de l'un des conjoints avec le père, le fils ou le frère de l'autre ;

10º *L'affinité* ou *l'alliance* pouvant résulter, non-seulement du mariage mais de tout commerce même illégitime et s'établissant entre toute personne et les parents de celui ou de celle avec qui cette personne a eu des relations charnelles, sous cette distinction toutefois que, née du mariage, l'affinité est une cause d'empêchement et de nullité jusqu'au quatrième degré inclusivement, tandis qu'elle ne forme obstacle que jusqu'au second degré, si elle procède de rapports illégitimes ;

11º *La clandestinité*, c'est-à-dire la célébration du mariage par un prêtre autre que le curé des contractants ;

12º *L'impuissance naturelle* ou la *non-consommation volontaire* du mariage ;

13º *Le rapt*, qu'il ait eu lieu par violence ou simple séduction.

Sur la définition de ces causes multiples d'annulation, les docteurs en droit canonique varient d'ailleurs à ce point que, pour les uns, *la condition*

c'est l'état de servitude d'un des conjoints, tandis
que pour les autres, c'est toute clause insérée au
contrat et d'après laquelle les contractants s'obli-
geraient à en violer, dans l'usage, les lois essentielles.

Sur ce qu'il faut entendre par *violence*, par
erreur sur les qualités essentielles de la personne,
les interprétations ne sont pas moins diverses.

Quant aux délais par lesquels se prescrivent les
demandes fondées sur ces causes flexibles au gré
des passions, de la faveur ou des caprices, ils ne
sont nulle part indiqués. Elles peuvent être éle-
vées contre la validité de mariages accomplis et
consommés depuis de nombreuses années.

L'annulation récente d'un mariage princier (1)
par la cour de Rome vient d'en fournir un sai-
sissant exemple. Elle a été prononcée pour cause
de violence morale exercée sur le consentement de
la femme, bien que dix années se fussent écoulées
depuis la célébration du mariage et qu'un enfant
fût né de l'union des époux.

Quand on rapproche la longue énumération des
cas d'annulation de mariage d'après le droit canonique de la liste si brève des nullités admises par
le Code, il est impossible de ne pas reconnaître, à l'honneur de la législation, que le mariage
civil demeurerait, même après le rétablissement
du divorce, beaucoup moins facile à dissoudre

(1) Ce qui est arrivé avec l'annulation par le pape du mariage du
prince de Monaco qui, en fait, n'était qu'un divorce.

que ne l'est le mariage religieux, malgré le soin
que l'on prend de le déclarer perpétuel, et qu'au
point de vûe de la solidité des unions conjugales,
l'œuvre de 1804 est supérieure à celle de l'Eglise
catholique.

Il est permis de croire que plusieurs des causes
si vagues, si élastiques, qu'admet le droit canonique, n'ont été imaginées qu'en vue de conférer
à l'autorité ecclésiastique le droit de prononcer,
sous le couvert de nullités de mariage, de véritables divorces. L'examen des motifs des nombreuses décisions de la congrégation romaine, investie
du pouvoir de statuer sur les procès relatifs aux
mariages, donnerait certainement à cette supposition toute la force d'une réalité démontrée.

Ajoutons qu'il ne faudrait voir là qu'une preuve
de plus à la disposition politique qu'a toujours
eue l'Eglise romaine à tempérer, dans la pratique, les rigueurs des principes absolus par des
accommodements de fait que le législateur ne
saurait blâmer, mais dont il a droit de prendre
acte pour repousser des accusations hautaines de
défaillance et de complaisance vis-à-vis des fai-
blesses et des infirmités humaines.

En présence de cette contrariété des deux législs-
lations canonique et civile, dans la matière des
annulations de mariage, des facilités de l'une,
du rigorisme de l'autre, les catholiques devraient
voir, dans le rétablissement du divorce, non un
acte d'hostilité contre leurs croyances, mais une

mesure de conciliation. Il suffira de rappeler, à l'appui de cette idée, un cas qui est devenu célèbre.

Un Français catholique avait épousé une Française également catholique. Le mariage avait été célébré civilement et religieusement. L'épouse avait obstinément refusé à son conjoint l'usage des droits du mari. Aux yeux de la loi civile, le mariage n'en était pas moins valable. La loi canonique, au contraire, estimait qu'il y avait, dans le refus de la femme, une cause d'annulation : « *Matrimonium ratum, non consommatum.* » La nullité demandée par le mari aux tribunaux civils et religieux fut repoussée par les uns, accordée par les autres. Le divorce eût pu seul permettre à ce mari religieusement libre de recouvrer son indépendance civile, de contracter un nouveau mariage, sans s'exposer, en France, à des poursuites pour bigamie, et d'avoir des enfants légitimes.

Plusieurs de ces cas que nous avons signalés, et dans lesquels le droit canonique voit des motifs de nullité de mariage que la loi civile n'admet pas, pourraient fournir des arguments analogues.

Tenons donc pour certain que le rétablissement du divorce dans les lois civiles ne risquerait pas de rompre un accord qui n'existe à aucun degré. Il ne ferait qu'ajouter une différence, moins importante qu'on ne le croit généralement, à celles, bien autrement profondes, que la force des choses a introduites entre deux droits qui procèdent d'idées opposées, qui tendent à des buts distincts, dont l'un voit dans le mariage une sorte d'état inférieur, une concession faite aux défaillances de la chair, à la nécessité de propagation de l'espèce, dont l'autre envisage l'union conjugale comme un état éminemment salutaire et moral, comme la fin légitime des aspirations les plus généreuses et les plus respectables de l'être humain, comme le fondement le mieux assuré d'une société régulière.

Sans aller jusqu'à dire, avec l'auteur des *Lettres persanes*, qu'à ses yeux le mariage catholique est « une image, une figure, quelque chose de mystérieux qu'il ne comprend pas, » le législateur n'a-t-il pas le droit de prendre pour règle de conduite et d'invoquer comme justification de son indépendance vis-à-vis du droit canonique, ces paroles de l'auteur de l'*Esprit des lois* :

« Les lois humaines faites pour parler à l'esprit doivent donner des préceptes et point de conseils. Faite pour parler au cœur, la religion doit donner beaucoup de conseils et peu de préceptes. Quand, par exemple, elle donne des règles, non pas pour le bien, mais pour le meilleur; non pas pour ce qui est bon, mais pour ce qui est parfait, il est convenable que ce soit des conseils et non pas des lois : car la perfection ne regarde pas l'universalité des hommes ni des choses. De plus, si ce sont des lois, il en faudra une infinité d'autres pour faire observer les premières. Le célibat fut un conseil du christianisme. Lorsqu'on en fit une loi pour un certain nombre de gens, il en fallut chaque jour de nouvelles pour réduire les hommes à l'observation de celle-ci. Le législateur se fatigue, il fatigue la société pour faire exécuter aux hommes par précepte ce que ceux qui aiment la perfection auraient exécuté comme conseil. »

Combien y aurait-il peu de mots à changer pour faire à la question du divorce une saisissante application de ce beau passage?

A l'affirmation que la morale n'avait qu'à gagner en France au rétablissement du divorce, ce que démontre l'exemple des peuples où le divorce existe, M. Louis Legrand à la Chambre des députés a opposé des données statistiques desquelles il ressort que le nombre des mariages est plus grand, et le nombre des enfants naturels moindre que dans ces pays. Ainsi, en Angleterre, dit-il, la proportion des mariages est de 86 0/0; dans les Pays-Bas, de 82; en Belgique, de 76, etc.; en France, elle est de 88 0/0. En France, sur 100 naissances, il n'y a que 7. 21 enfants naturels ; en Suède, 10; en Autriche-Hongrie, 12 0/0 etc.; M. Legrand affirme, en outre, qu'en Suisse, en Belgique, en Alsace-Lorraine, où le divorce a été rétabli après l'annexion à l'Allemagne, le nombre des ruptures a été sans cesse en augmentant. Ce fait a été reconnu et constaté avec des expressions de regret par les bureaux de statistique, en Suisse et en Belgique. Il conclut qu'on ne peut donc pas affirmer qu'en France le nombre des divorces serait moindre que ne l'est sous la législation actuelle, celui des séparations de corps : ce serait peut-être, ce serait probablement le contraire qui arriverait.

On peut répondre d'abord que les **données** de la statistique sont sujettes, en cette matière délicate, à des interprétations diverses, et peuvent être invoquées également par les deux partis, car rien ne prouve que le divorce soit la cause. En réalité, dans les rapports résultant de la comparaison des faits démographiques, la France n'est ni au premier ni dans les derniers rangs, excepté pour la natalité et l'accroissement de la population. Elle est dans une bonne situation quant aux naissances naturelles, mais elle est fort au-dessous des pays où les mariages sont plus fréquents.

Comme preuve de cette affirmation, on peut citer trois tableaux graphiques dont M. Levasseur se sert dans son cours de statistique à l'école libre des sciences politiques et qu'il a mis récemment sous les yeux de l'Académie des sciences morales et politiques. Les éléments en sont empruntés à une savante publication annuelle que fait, depuis 1877, le bureau de statistique du royaume d'Italie, dirigé par M. Bodio, et qui concerne le mouvement de la population et de l'état civil.

Voici quelle est la situation exacte si l'on considère les trois grands mouvements de la population : mariages, naissances et décès, dans leur rapport numérique avec la population.

Les mariages, en France, sont en moyenne, dans la période 1865, 1878, de 8 par 1,000 habitants. Peut-être est-elle aujourd'hui un peu inférieure à ce chiffre, comme elle l'était déjà de 1860 à 1869. Quoi qu'il en soit, si le nombre des mariages est supérieur en France à ce qu'il est dans les États scandinaves, cités par M. Louis Legrand, en Irlande, pays catholique et dans les États méridionaux, où la proportion des mariages à la population varie de 6. 1 (Roumanie) et 6. 3 (Grèce) à 7. 9 (Danemark), il est inférieur aux nombres fournis par l'Angleterre (8.2), l'Allemagne (9), la Russie (9.9), la Serbie (11.1) etc., où le divorce existe.

La moyenne de la natalité française pour la même période, 1865-1878, est de 25,8 pour 1,000 habitants, ce qui correspond à 3/4 naissances (y compris les naissances illégitimes, mais non les mort-nés) par mariage. Sous ce rapport, aucun pays n'a une proportion aussi faible, pas même l'Irlande, où il semble que la population craigne de s'accroître, et qui présente encore, cependant, une proportion de 27 p. 1000. La natalité est représentée en Angleterre par 35.6 p. 1000; en Allemagne, par 39.8; en Hongrie, par 41.8; en Russie, par 49.5, en Roumanie par 29.8.

Qu'on dise après cela que la prohibition du divorce favorise les naissances et le développement de la population !

Mais comme les jeunes enfants sont très exposés à la mort, on conçoit que surtout dans les pays pauvres et ignorants, une forte mortalité corresponde à une natalité considérable. La France, pays riche et instruit, est, pour cette raison et pour d'autres, dans une bonne situation sous le rapport de la mortalité ; elle n'est pourtant pas la plus favorisée. La statistique italienne lui assigne une mortalité de 24 p. 1000 : chiffre un peu accru sans doute par les années désastreuses 1870-1871, malgré la réaction qui les a suivies. On peut le réduire à 23 p. 1000, mais avec ce chiffre de 23 p. 1000, la France est encore moins heureuse que l'Angleterre et l'Écosse où la mortalité ne serait si nos renseignements sont exacts que de 22 et 22.1 p. 1000 (proportion que M. Lavasseur juge sujette à critique, ainsi que celle de l'Islande). En tout cas, la mortalité en France est très supérieure à celle des États scandinaves (19.6, 19.6, et 17.3) ; mais elle est bien moindre que celle de l'empire allemand (27.1), de la Hongrie (38), de la Russie (36.7), et de la Roumanie.

Sans insister sur les problèmes complexes que soulève la statistique internationale de la population, nous voulons seulement établir par des chiffres officiels que la France occupe à peu près la moyenne dans la comparaison des États Européens sous le rapport des mariages et des décès, et qu'elle est à peu près au dernier rang sous le rapport des naissances. Ajoutons même que le rang moyen que la France occupe relativement à la nuptialité s'abaisserait si l'on calculait le rapport des mariages, non avec la population totale, mais avec la population en âge de se marier. En effet, les statisticiens, M. le docteur Bertillon entre autres, ont fait observer avec raison que la population française comptait peu d'enfants, et possédait proportionnellement un nombre d'adultes plus grand que la plupart des autres populations, le nombre de ceux qui se marient est inférieur, en réalité, à ce qu'il paraît être au premier abord.

Que conclure de ces considérations basées sur les faits? C'est que c'est à tort que M. Louis Legrand a cherché un appui, dans les chiffres de la statistique ; ils seraient plutôt en faveur de notre thèse.

Mais il y a encore une autre réponse à faire. Les chiffres cités par M. Louis Legrand s'appuient sur la croyance à une cause unique ; or en matière sociale, il n'est guère de phénomènes qui ne soient influencés à la fois par des causes très diverses, dont les unes se corroborent, les autres se neutralisent mutuellement. Quant au nombre des mariages, il n'a rien de commun avec le divorce : il dépend en grande partie du plus ou moins de facilité que les gens trouvent à gagner leur vie ;

mais il tient aussi à d'autres circonstances. De même pour les autres faits sociaux : ce sont toujours des résultantes de causes multiples.

On ajoute que les mœurs en France ne s'accommodent pas avec le divorce aussi facilement que dans les autres pays. Quoique cette objection ait certain fondement *a priori*, il n'est pas moins vrai que les institutions font les mœurs et que si le divorce n'a pas été rétabli par le législateur actuel, cela n'est dû qu'à une cause politique et nullement juridique ou sociale.

LÉGISLATIONS ÉTRANGÈRES

MODERNES

Les Etats catholiques ont en général repoussé le
divorce et n'ont admis que la séparation de corps
et de biens. C'est le cas pour la France, l'Espagne,
le Portugal et l'Italie. Le nouveau Code Italien
de 1865 déclare le mariage indissoluble (art. 148).
Notons, toutefois que ce Code a admis la sépa‑
ration de corps par consentement mutuel.

La règle suivant laquelle les Etats catholiques
repoussent le divorce, au moins en ce qui concerne
les ressortissants catholiques n'est cependant pas
absolue. Il en est quelques-uns qui admettent le
divorce. Ce sont ceux qui, incorporés d'abord à
l'empire français et par suite soumis au Code
civil, ne faisaient plus partie de la France lors de
la loi du 8 mai 1816, qui a abrogé le divorce, et
n'ont pas eu à subir les effets de cette loi. Ces
Etats sont la Belgique, la Prusse rhénane et le
duché de Bade.

CHAPITRE PREMIER

LÉGISLATION BELGE

La législation belge est peut-être, de toutes celles que nous aurons à citer, la plus propre à convaincre les législateurs français de la nécessité d'établir le divorce.

La Belgique, en effet, est un pays absolument catholique, plus catholique encore que n'est la France.

Le gouvernement y a été souvent entre les mains des catholiques, et jamais ils n'ont profité de la majorité qu'ils avaient dans les Chambres pour faire abolir le divorce. C'est là, pour les partisans de cette institution, un argument d'une grande valeur, qui est de nature à rassurer les consciences les plus timides.

L'étude de la législation belge est très importante encore à un autre point de vue. Les Français, disent les adversaires du divorce, n'ont pas l'esprit calme et froid des Anglais ou des Allemands. Telle législation qui peut convenir à ceux-ci ne saurait convenir à ceux-là. Les Anglais et les Allemands peuvent sans danger inscrire le divorce dans leurs lois : ils s'en servent très peu ; nous, nous nous en servirions trop, et le divorce détruirait la famille.

Nous avons déjà réfuté cette objection en montrant que le divorce avait existé en France et qu'à cette époque la famille était plus respectée, en France, qu'elle ne l'est à cette heure.

L'exemple de la Belgique nous fournit un second argument. La Belgique, en effet, cette antique terre gauloise, est identique à la France : même langue, mêmes mœurs, mêmes habitudes. La politique fait de la France et de la Belgique deux nations distinctes ; mais la nature n'avait fait là qu'un seul peuple.

Si donc les Belges s'accommodent du divorce, cela seul suffirait à démontrer que les Français s'en accommoderaient aussi.

Or les Belges s'accommodent admirablement du divorce ; séparés de la France, en 1815, ils n'ont pas ressenti les effets de la loi du 8 mai 1816, et le titre VI de l'ancien Code civil continue de les régir, absolument comme il continuerait de régir la France, si la Restauration n'avait pas eu lieu. Il n'a même subi aucun changement, si ce n'est quelques modifications résultant du système hypothécaire adopté en Belgique, et sans importance pour le sujet qui nous occupe.

Cette identité entre le titre VI de l'ancien Code civil français et la loi belge actuelle nous invite de résumer ici cette dernière législation ; nous ne pourrions que redire ce que nous avons dit à propos de la loi de 1803.

Mais si nous n'avons pas à entrer dans les détails sur le texte de la loi belge, il nous a paru intéressant d'examiner la statistique des divorces en Belgique, afin de bien établir que la faculté de divorcer est une de celles dont on use dans ce pays et que, si la société n'a point à en souffrir, ce n'est point comme on le dit trop souvent parce que les mœurs corrigent la loi, mais bien parce qu'en fait la société s'accommode parfaitement de l'institution du divorce et s'en accommode même beaucoup mieux que des unions clandestines.

En 1870 il y a eu en Belgique, 1 divorce sur 452 mariages; en 1871, 1 sur 500; en 1872, 1 sur 354; en 1873, 1 sur 353, et en 1874, 1 sur 272.

Quoique le divorce existe en Belgique et n'existe pas en France, le nombre des ruptures judiciaires de mariage est plus grand en France qu'en Belgique.

Si l'on calcule, en effet, pour la Belgique le rapport des ruptures judiciaires de mariages (divorces et séparations de corps réunis) aux mariages et qu'on fasse le même calcul pour la France relativement aux séparations de corps, on arrive à cette conclusion qu'il se dissout plus de mariages en France qu'en Belgique.

C'est ainsi que la moyenne des années 1871, 1872, 1873 et 1874 donne en Belgique 1 divorce ou séparation sur 235 mariages seulement, tandis qu'en France, pour la même période, il y a eu une séparation sur 152 mariages.

Si l'on ajoute, enfin, cette considération que

l'institution du divorce, en donnant aux époux l'espérance d'un nouveau lien légitime, doit tendre à diminuer le nombre des séparations amiables relativement à celui des séparations judiciaires, on sera obligé de convenir que le mariage est plus respecté en Belgique qu'en France et que, par conséquent, le divorce n'exerce pas sur la famille l'influence désorganisatrice que l'on semble redouter.

CHAPITRE II

LÉGISLATION AUTRICHIENNE

En Autriche — il en était de même dans la Saxe et le Wurtemberg, jusqu'à la mise en vigueur du Code civil fédéral allemand — la loi varie suivant le culte des époux. Le mariage des catholiques est indissoluble : la loi leur permet seulement la séparation de corps, soit pour causes déterminées (et ces causes sont beaucoup plus nombreuses que dans la loi française) soit même par consentement mutuel (Oesterr. Allg. Gesetzbuch de 1811, § 103 à 109), pour les chrétiens non catholiques, protestants ou orthodoxes, et pour les individus ne se rattachant à aucun culte reconnu, le divorce est admis dans les cas où l'époux demandeur peut invoquer l'une des causes suivantes :

Adultère;

Condamnation à cinq années de réclusion (Kerterstraf) ou au-dessus ;

Abandon du domicile conjugal ;

Absence dans le sens juridique du mot (voir Code civil français, art. 112-119) ;

Embûches mettant en danger la vie ou la santé de l'autre époux ;

Mauvais traitements répétés ;

Et dans le cas d'aversion insurmontable et réciproque (divorce par consentement mutuel). Dans ce dernier cas, le divorce ne peut être prononcé qu'après des délais qui varient suivant les circonstances (1).

Pour les Israélites, la loi n'admet que le divorce pour cause d'adultère de la femme ou le divorce par consentement mutuel, qu'elle soumet à des formalités spéciales empruntées à la loi mosaïque (2).

Enfin, en cas de mariage mixte, on applique à chacun des époux la loi qui lui est propre. Ainsi, par exemple, si l'époux catholique a fait prononcer sa séparation de corps d'avec l'autre époux par le tribunal ecclésiastique catholique — car toutes ces questions sont du ressort de la juridiction du clergé — l'autre époux — que nous supposons protestant — pourra se prévaloir de ce jugement devant le tribunal ecclésiastique protestant pour obtenir le divorce (3).

(1) *Gesetzbuch*, § 115.
(2) *Gesetzbuch*, §§ 133-136.
(3) Loi du 8 octobre 1856, article 68 et suivants.

CHAPITRE III

LÉGISLATION SUISSE

En Suisse, jusqu'en 1862, les vingt-deux cantons étaient souverains, quant au règlement du divorce.

Les cantons protestants le réglaient pour leurs ressortissants protestants de telle façon que certains faits déterminés étant constatés, tels qu'adultère, sévices, maladies graves, absence prolongée, le divorce devait être prononcé soit par les tribunaux matrimoniaux, soit par les tribunaux civils, la marche constante ayant été toutefois de faire disparaître les tribunaux matrimoniaux pour charger des procès en divorce les tribunaux civils.

On laissait au juge le pouvoir discrétionnaire de prononcer le divorce pour causes indéterminées, telle que mauvaise conduite d'un époux, mauvais traitement infligé par le mari à la femme, etc., etc.

Les cantons catholiques s'en tenaient au droit canon, qui ne permet pas le divorce. Ils accordaient la faculté de prononcer la séparation de corps à l'évêque ; les tribunaux civils n'étaient compétents qu'en ce qui concernait les séparations de biens.

Une loi fédérale de 1862 remédia à la situation

des ressortissants des cantons qui n'admettaient pas le divorce. Elle statua :

a. — Qu'un catholique pouvait arriver au divorce en changeant de religion. Le lien demeurait indissoluble pour l'époux qui restait fidèle au catholicisme, tandis que l'époux converti au protestantisme pouvait se remarier ;

b. — Que les tribunaux fédéraux seraient désormais saisis des procès en divorce.

En résumé, jusqu'en 1874, chaque époux protestant avait le droit de divorcer, s'il y avait quelque motif de désunion entre lui et son conjoint, tandis que pour l'époux catholique le mariage demeurait indissoluble, à moins qu'il n'embrassât le protestantisme.

La loi fédérale du 24 décembre 1874, qui n'est complétement en vigueur que depuis le 1ᵉʳ janvier 1876, mais qui régit toute la Suisse, est basée sur les principes suivants :

« Art. 43. — Le procès en divorce a lieu au tribunal civil du domicile du mari ; le tribunal fédéral en qualité de Cour d'appel, statue en dernier ressort.

« Art. 45. — Si les deux époux demandent le divorce, le tribunal doit l'accorder, s'il résulte des circonstances de la cause que la vie commune est incompatible avec la nature du mariage.

« Art. 46. — Si l'un seul des époux demande le

divorce, le tribunal l'accordera pour les motifs suivants :

« Adultère ;

« Sévices et injures, attentat à la vie ;

« Condamnation à une peine infamante ;

« Abandon malicieux ;

« Maladie mentale incurable.

« Art. 47. — S'il n'existe aucune des causes du divorce énumérées en l'art. 46, et que cependant il résulte des circonstances que le lien conjugal est profondément atteint, le tribunal peut prononcer le divorce ou la séparation de corps. Cette séparation ne peut être prononcée pour plus de deux ans. Si, pendant ce laps de temps, il n'y a pas réconciliation entre les époux, la demande en divorce peut être renouvelée et le tribunal prononce alors librement d'après sa conviction.

« Art. 48. — Dans le cas de divorce pour cause déterminée, l'époux coupable ne peut se remarier qu'un an après la déclaration du divorce. Le tribunal peut même prolonger ce délai et le porter à trois ans.

« Art. 49. — *La législation cantonale* du canton du mari règle les effets ultérieurs du divorce ou de la simple séparation, par rapport aux droits personnels des deux époux, à leurs biens, à l'entretien et l'éducation des enfants, et à l'indemnité à laquelle l'époux coupable peut être condamné, s'il y a lieu.

« Art. 52. — Le mariage conclu entre fiancés qui n'avaient pas l'âge requis par l'art. 27 (18 ans pour l'homme et 16 pour la femme) ou dont un au moins n'avait pas atteint cet âge, peut être déclaré nul sur la demande de la mère, du père ou du tuteur. Cette action en nullité n'est cependant pas recevable quand les époux ont atteint l'âge légal depuis leur union ; quand la femme est devenue enceinte, et quand le père ou le tuteur ont donné leur consentement au mariage.

« Art. 63. — Les simples séparations de corps, permanentes ou temporaires, prononcées avant la mise en vigueur de la présente loi, peuvent donner lieu à une demande en divorce si les causes qui les ont déterminées sont de celles qui, actuellement, aux termes de la nouvelle loi, sont de nature à autoriser le divorce. »

CHAPITRE IV

LÉGISLATION ALLEMANDE

Jusqu'à la mise en vigueur de la nouvelle loi fédérale sur l'état civil qui, depuis le 1er janvier 1876, régit toute l'Allemagne, quoique le divorce fût généralement admis en principe par tous les États allemands, les détails d'application variaient à l'infini, l'unification des lois civiles, conséquence de l'unification politique n'ayant reçu un commencement d'application qu'à dater de la promulgation de ce Code nouveau.

Le nouveau Code a laissé subsister la plupart des anciennes dispositions relatives au divorce ; il n'en a généralisé que quelques-unes. C'est ainsi que les causes de divorce sont restées pour chaque État ce qu'elles étaient avant sa promulgation.

Nous allons examiner d'abord la législation allemande avant 1876, et nous dirons ensuite quelques mots des modifications apportées par la nouvelle loi.

SECTION I

Législation antérieure à la loi fédérale sur l'état civil.

Avant 1876 comme aujourd'hui, les divers États protestants s'accordaient à admettre que les tribunaux pouvaient prononcer le divorce :

Pour l'adultère ;

Pour abandon ;

Pour sévices ;

Pour embûches ;

Pour condamnation des époux à des peines emportant à la fois infamie et privation de la liberté (peines afflictives et infamantes). Quelques-uns de ces États — Hesse électorale, Schleswig-Hostein, Mecklembourg, Brunswick, Weimar, Cobourg-Gotha, Meiningen, et Anhalt — permettaient, en outre, au chef de l'Etat, d'accorder le divorce par un rescrit, même en dehors des cas spécifiés par la loi.

La Prusse, dont la législation exerce en Allemagne une influence prépondérante, sedistinguait des autres États protestants par la latitude avec laquelle elle admettait le divorce.

D'après l'Algemeinen Landrecht prussien (1), le divorce était permis non-seulement pour les autres États, et ci-dessus mentionnés, mais encore dans les cas :

D'impuissance survenue postérieurement au mariage ;

D'infirmités dégoûtantes et incurables ;

De démence ou de fureur ;

D'insultes grossières ou d'outrages ;

De querelles vives ;

De fausse dénonciation de l'un des époux contre l'autre ;

D'acquisition d'un gain déshonnête ;

De conduite déréglée ;

D'aversion profonde et invincible de l'un des époux pour l'autre ;

En cas de consentement mutuel s'il n'y avait pas d'enfants issus du mariage ;

Enfin, dans le cas de l'art. 695 ainsi conçu :

« Si l'un des époux, par sa manière d'être, pendant ou après la vie en commun, empêche sciemment d'atteindre le but légal de cette vie, l'autre époux a un droit légal au divorce. »

(1) 11, 1, § 669 et suivants.

Sans aller tout à fait aussi loin que le Landrecht prussien, le Code de Saxe et les lois de Gotha, Altemburg, Schwarzburg, Sonderhausen, s'en rapprochaient cependant par la facilité relative avec laquelle ils permettaient le divorce.

Ces causes de divorce n'étant pas plus reconnues par le droit canon protestant que par le droit canon catholique, il est arrivé quelquefois que les prêtres, même protestants, ont refusé la bénédiction nuptiale aux époux divorcés qui voulaient se remarier.

Le Landrecht prussien régissait tous les sujets prussiens, quelle que fût leur religion.

Il n'en était pas de même dans quelques Etats mixtes non soumis au Landrecht prussien, tels que la Saxe et le Wurtemberg. Dans ces deux derniers Etats, comme en Autriche, les lois sur le mariage n'étaient pas les mêmes pour les protestants et pour les catholiques; la séparation prononcée par les tribunaux valait, comme simple séparation de corps pour l'époux catholique, et comme divorce pour l'époux protestant (1).

SECTION II

Législation allemande depuis la promulgation du Code civil fédéral.

Les dispositions générales qui résultent de la loi fédérale sur l'état civil, sont les suivantes :

(1) Voir le *Rechtslexicon*, par Holtzendortf, 2ᵉ édition, Leipzick,

Art. 33. — Le mariage est défendu... 5° entre une personne divorcée pour adultère et son complice, sauf dispense (1).

Art. 35. — Une femme veuve ou *divorcée* ne peut conclure un nouveau mariage que dix mois après la dissolution du mariage antérieur. — La dispense est admissible (2).

Art. 55. — Lorsqu'un mariage aura été déclaré dissous ou annulé par le divorce, ce jugement sera mentionné au registre des mariages, en marge, à côté de l'inscription constatant le mariage.

Cette disposition ne modifie pas les lois particulières qui exigent, pour la dissolution du mariage, une déclaration et attestation devant le fonctionnaire de l'état civil (3).

Art. 76. — Les tribunaux ordinaires seuls sont compétents pour les causes matrimoniales et de fiançailles. Il n'y aura pas de juridiction ecclésiastque (4).

Art. 77. — Dans tous les cas où, d'après les lois en vigueur jusqu'ici, il y aurait eu lieu de pronon-

1375-1876, — et *das Rechtder Eheschlïssung*, par Sohm, Weimar, 1875.

(1) Cet article est la reproduction de l'art. 298 de l'ancien Code civil français. — L'art. 295 de ce Code, qui interdit aux époux divorcés de se remarier entre eux n'a pas été adopté. Il se trouve par conséquent aboli pour les pays rhénans où il était encore en vigueur.

(2) Le but de cet article est d'empêcher qu'une femme se remarie étant enceinte. La dispense doit être accordée par le ministère ou par le juge (selon la législation particulière), si un médecin ou une sage-femme atteste qu'il n'y a pas grossesse.

(3) Ce second alinéa a pour but de laisser intact l'art. 264 de l'ancien Code civil français en vigueur dans les pays rhénans.

(4) Cet article ne vise que la forme du mariage et du divorce sans rien changer quant aux causes légales du divorce.

cer la séparation de corps, il sera désormais prononcé le divorce.

Si, avant le jour de la mise en vigueur de cette loi, la séparation de corps a été prononcée, et si les époux ne sont pas réunis, chacun d'eux peut demander le divorce par voie de procès ordinaire en se basant sur le jugement de séparation (1).

CHAPITRE V

LÉGISLATION ANGLAISE

L'Angleterre avait, jusqu'en ces derniers temps, abandonné la matière des mariages à la juridiction des tribunaux ecclésiastiques. Or le clergé anglican n'admettait que la séparation de corps, qu'il appelait *divortium a thoro et mensa*, et rejetait le divorce proprement dit, même pour cause d'adultère, contrairement à la doctrine des autres communions protestantes.

Mais le *divorce act* de 1857 (2) a introduit les réformes suivantes :

La connaissance des nullités ou dissolutions de mariage est retirée à la juridiction ecclésiastique et attribuée à une nouvelle cour appelée *Court for divorce and matrimonial causes;* le *divortium a thoro et mensa* est distingué du divorce propre-

(1) Le deuxième alinéa de cet article a pour but de permettre aussi à ceux qui ont été séparés avant le 1er janvier 1876 de se remarier.
(2) Statut 20 et 21, Victoria, c. 85.

ment dit et prend le nom de séparation judiciaire; la nouvelle cour peut prononcer le divorce proprement dit, c'est-à-dire impliquant la liberté de contracter un nouveau mariage, dans les cas suivants :

1° En faveur du mari en cas d'adultère de la femme ;

2° En faveur de la femme si le mari s'est rendu coupable d'inceste, de bigamie, de rapt, de sodomie, d'adultère accompagné de sévices assez graves pour pouvoir motiver à eux seuls une demande en séparation de corps, ou d'adultère accompagné d'abandon du domicile conjugal pendant deux ans au moins.

Toutefois, même dans ces divers cas, la cour refusera le divorce si l'époux demandeur a colludé avec le demandeur, ou lui a pardonné ses torts, ou s'en est rendu complice, ou s'est lui-même rendu coupable de torts graves. (Voir pour les autres dispositions du *divorce act*, suite du divorce, etc. *Stephen's commentaries*, t. II, p. 280; 7ᵉ édition, 1874.)

CHAPITRE VI

LÉGISLATION DES ÉTATS-UNIS D'AMÉRIQUE.

Aux États-Unis la législation varie d'un État à l'autre, non-seulement quant aux causes qui peuvent entraîner le divorce, mais encore quant aux pouvoirs qui peuvent le prononcer.

Dans la Virginie et la Caroline du Sud, le di-

vorce ne peut être prononcé que par le pouvoir
législatif. Il résulte non d'un jugement, mais d'une
loi. Encore, pour le vote de cette loi, la majorité
obligatoire est-elle des deux tiers des suffrages
exprimés.

Il en était de même autrefois dans le Tennessee,
la Caroline du Nord, l'Arkansas, le Michigan,
l'État de New-York, la Floride, le New-Jersey ;
mais aujourd'hui, dans tous ces États le parlement est dessaisi et ce sont les Cours de justice
qui sont autorisées à prononcer le divorce.

Les Cours de justice sont également compé-
tentes en cette matière dans les États du Maine,
du New-Hampshire, des Massachussets, du Connecticut, du Vermont, de la Pensylvanie, du
Delaware, de l'Ohio, de l'Indiana, de Kentucky,
de l'Illinois, du Mississipi, du Missouri, de la
Géorgie, de l'Alabama.

SECTION I

Dans l'Etat de New-York, les divorces peuvent être prononcés et les mariages peuvent être
dissous par la Cour suprême toutes les fois que
l'adultère a été commis par tout mari ou femme
(husband or wifc), pourvu que les deux époux
habitent l'État, ou que, le mariage y ayant
été conclu, la partie l'ait habité au moment où
l'injure lui a été faite ou au moment où la plainte
a été déposée, ou bien encore lorsque, sans que le
mariage y ait été conclu, l'offense a été commise

dans l'État même et que la partie lésée l'habitait à ce moment-là (§ 51).

Toutefois, quoique l'adultère soit prouvé, la Cour peut refuser le divorce dans les cas suivants :

1° S'il est reconnu que l'offense a été commise avec la connivence du plaignant ;

2° Si l'offense paraît avoir été pardonnée par la partie lésée, le pardon résultant, comme preuve, de la cohabitation volontaire des parties après la connaissance du fait ;

3° Si, sans qu'il y ait eu pardon prouvé par la cohabitation, la partie intéressée a, depuis la découverte du fait, laissé passer cinq ans sans donner suite à l'affaire ;

4° S'il est prouvé que l'époux demandeur s'est de son côté rendu coupable d'adultère dans des conditions telles que cela aurait permis au défendeur, — s'il eût été innocent — de provoquer le divorce (§ 55).

Lorsqu'un divorce est prononcé, le demandeur a le droit de se remarier du vivant du défendeur ; mais le défendeur convaincu d'adultère ne peut se remarier qu'après la mort du demandeur.

A côté du divorce proprement dit se place la nullité du mariage qui peut être prononcée par la Cour suprême (p. 233).

Si l'une des parties n'a pas l'âge voulu pour rendre le consentement valable ;

Si, au moment où le mariage est contracté, l'un des époux est déjà marié, que son conjoint ne soit pas mort et que son premier mariage n'ait été ni annulé, ni dissous par le divorce ;

Si l'un des époux est idiot ou fou ;

Si le consentement des parties a été obtenu par fraude ou violence ;

Enfin si l'un des époux était physiquement incapable d'accomplir l'acte du mariage au moment où il s'est marié.

La législation de l'État de New-York admet, en outre, la séparation de corps et de biens dans le cas de traitement cruel et inhumain de la femme par le mari, d'abandon de la femme, d'actes du mari, qui soient de nature à rendre la femme malade.

En résumé, dans l'État de New-York, les cas de nullité de mariage, plus nombreux qu'en France, s'étendent à la démence, à la folie, à l'impuissance; le divorce peut être prononcé pour cause d'adultère, sauf les exceptions que nous avons indiquées; et la séparation de corps et de biens est maintenue pour toutes les circonstances dans lesquelles le divorce n'est pas admis, quoique la cohabitation des époux soit reconnue impossible.

SECTION II

Dans l'État des Massachussets, le mariage est annulé toutes les fois :

1° Que les époux sont parents l'un de l'autre à un degré tel que le mariage leur soit interdit;

2° Que l'un d'eux est déjà marié ;

3° Que l'une des parties est démente ou folle ;

4° Que l'une des parties n'ayant pas l'âge exigé par la loi pour pouvoir donner un consentement valable, et les époux ayant été séparés jusqu'à la fin de sa minorité, il n'y a plus eu ensuite cohabitation.

Dans le cas où il y a eu fraude supposée, le mariage peut être dissous par le *divorce*. Le *divorce* peut encore être prononcé :

1° Pour adultère ou impuissance de l'un des époux ;

2° Lorsque l'un des époux s'affilie à une secte religieuse qui proscrit les relations matrimoniales, et y demeure affilié pendant trois ans, en refusant, pendant ce temps, de cohabiter avec son conjoint (1).

3° Lorsque l'un des époux est condamné aux travaux forcés, ou à l'emprisonnement, ou à la détention dans une maison de correction quelconque à perpétuité ou pour cinq ans au plus. La grâce accordée après le divorce n'annule pas ce dernier (§ 6).

4° Lorsqu'un des époux a abandonné l'autre pendant cinq années consécutives, à moins que l'abandon n'ait été causé par la cruauté de la partie abandonnée ou, si c'est la femme, par la négligence du mari de pourvoir à son entretien, bien qu'il fût en état de le faire (§ 7).

(1) Une telle secte existe chez les Massachussets.

La séparation de corps et de biens peut être prononcée pour cause de cruauté, d'ivrognerie, de sévices graves, etc. Cinq ans après, si les époux ont vécu séparés, le divorce peut être accordé sur la demande de la partie en faveur de laquelle le jugement est intervenu. Si la séparation a duré dix ans, il peut être accordé sur la demande de l'une quelconque des parties (§ 8).

Les époux divorcés qui vivent comme mari et femme ou habitent la même maison, sont passibles des peines dont la loi punit l'adultère (§ 24).

L'époux en faveur duquel le divorce a été prononcé peut se remarier ; l'autre ne le peut, à peine d'être poursuivi comme bigame, à moins que, sur sa demande, la haute Cour ne lui en ait formellement donné l'autorisation, ce qu'elle n'a pas le droit de faire si l'adultère a été la cause du divorce (1).

SECTION III

Dans le Connecticut (2), la loi accorde plus largement encore le divorce. Le divorce, en effet, peut être obtenu dans les cas :

1° D'adultère ;

2° De contrat frauduleux ;

3° D'abandon volontaire prolongé pendant trois ans avec négligence d'accomplir ses devoirs ;

(1) §§ 25 et 26.
(2) *General statutes*, 1875.

4º D'absence sans nouvelles prolongée pendant sept années au moins ;

5º D'intempérance habituelle ;

6º De cruauté intolérable ;

7º D'emprisonnement à vie ;

8º De condamnation à la prison pour manquement au devoir conjugal ;

9º Enfin d'actes, de quelque nature qu'ils soient, qui puissent porter atteinte au bonheur du demandeur.

SECTION IV

Dans la Louisiane, les causes du divorce sont :

1º L'adultère ;

2º L'ivrognerie ;

3º Les excès ;

4º La cruauté ;

5º Les outrages de nature à rendre la vie commune insupportable ;

6º La condamnation à une peine afflictive et infamante ;

7º L'abandon volontaire pendant cinq ans.

Dans tous ces cas — sauf celui d'infamie légale où le divorce doit être prononcé immédiatement il doit s'écouler un an entre le jour où le divorce est demandé et le jour où il est accordé.

Si l'adultère est la cause du divorce, celui des deux époux qui s'en est rendu coupable ne peut plus se remarier du vivant de son conjoint.

SECTION V

Dans la Pensylvanie, le divorce peut être obtenu :

1º Pour cause d'adultère ;

2º Quand l'un des époux, sans cause valable, a abandonné l'autre pendant deux ans ;

3º Quand le mari a, par de mauvais traitements, mis en danger la vie de sa femme, ou qu'il a rendu, par ses indignités, sa condition intolérable ;

4º Lorsqu'un des époux a été condamné à deux ans au moins de prison ;

5º Lorsque la femme, par ses mauvais traitements, a mis en danger la vie de son mari, on a rendu sa situation intolérable.

Quand le divorce a été prononcé pour cause d'adultère, l'époux coupable ne peut pas se marier avec la personne avec qui l'adultère a été commis.

La séparation de corps et de biens existe à côté du divorce.

SECTION VI

Dans l'Illinois, le divorce peut être obtenu :

1º Pour impuissance datant d'avant le mariage et se continuant après ;

2º Lorsqu'un des deux époux est lié par un premier mariage ;

3º Pour adultère ;

4° Pour abandon volontaire, et sans cause valable, de l'un des époux par l'autre ;

5° Pour ivrognerie habituelle s'étant continuée pendant deux ans ;

6° Pour attentat par l'un des conjoints à la vie de l'autre par le poison ou autrement ;

7° Pour cruauté extrême et répétée ;

8° Pour félonie ou crime infamant ;

S'il appert que l'offense a été commise avec l'assentiment de la partie lésée, en vue d'obtenir le divorce, ou s'il appert, dans le cas où l'adultère est la cause invoquée, que le plaignant s'est lui-même rendu coupable d'adultère, le divorce ne sera pas prononcé.

La législation des autres États est à peu de chose près calquée soit sur celle de l'État de New-York qui n'admet qu'une seule cause de divorce, l'adultère ; soit sur celle des cinq autres États que nous venons de citer (Massachussets — Connecticut — Louisiane — Pensylvanie et Illinois).

Les Etats dont la législation est calquée sur celle de l'État de New-York sont : le Tennessee, l'Arkansas et la Floride.

Les Etats qui ont une législation analogue à celle des Massachussets, du Connecticut, de la Pensylvanie et de l'Illinois sont : le Maine, le New-Hampshire, le Vermont, le Delaware, l'Ohio, l'Indiana, le Michigan, le Kentucky, le Mississipi, le Missouri, la Géorgie et l'Alabama.

Nous n'avons pu nous procurer aucun renseignement sur les autres États de l'Union, M. Mérill n'ayant pas dans sa collection les codes de ces États : mais il est certain que leur législation ne s'écarte guère de celles que nous avons passées **en** revue.

CHAPITRE VII

LÉGISLATION RUSSE

En Russie, un mariage peut être annulé (art. 37) :

1° Si le consentement a été obtenu par la violence ou si l'un des conjoints était atteint, au moment où il a donné ce consentement, d'aliénation ou de démence ;

2° Quand il a été contracté entre parents à des degrés assez rapprochés pour que la loi leur refusât le droit de se marier entre eux ;

3° Quand les deux époux, ou l'un d'eux, étaient liés par un premier mariage non légalement dissous ;

4° Quand les deux époux, ou l'un d'eux, avaient antérieurement perdu le droit de se marier ;

5° Dans le cas de mariage de mineurs (au-dessous de dix-huit ans pour l'homme et de seize ans pour la femme) ;

6° Dans le cas de mariage avec une femme âgée de plus de 80 ans ;

7° Dans le cas de quatrième mariage ;

8° Dans le cas de mariage des moines;

9° Dans le cas de mariage de chrétiens avec des non-chrétiens.

Les personnes dont le mariage a été annulé, sauf celles qui sont condamnées au célibat perpétuel, peuvent se remarier (art. 29).

Le divorce proprement dit doit être prononcé par un tribunal ecclésiastique à la demande de l'un des époux (art. 45):

1° Dans le cas où l'un des époux a été condamné à une peine entraînant la perte des droits civils et politiques ;

2° Dans le cas d'adultère ou d'impuissance ;

3° Dans le cas où l'absence de l'un des époux est légalement reconnue.

La demande en divorce pour cause d'impuissance n'est recevable que trois ans après la conclusion du mariage (art. 48). En aucun cas elle n'est recevable si l'impuissance n'est pas antérieure au mariage (art. 49).

La demande en divorce pour cause d'absence doit être admise lorsque l'un des époux a quitté l'autre depuis cinq ans au moins, sans qu'on puisse découvrir le lieu de sa résidence. Cependant si l'époux est militaire et qu'il ait été fait prisonnier de guerre, le divorce ne peut être prononcé qu'après dix ans.

Telles sont en substance les dispositions du dernier Code civil russe.

Il faut toutefois remarquer que le mariage étant,

d'après la loi russe, un acte religieux, et non un acte civil, tous les procès en annulation de mariage ou en divorce sont jugés par les tribunaux ecclésiastiques.

Ces tribunaux se règlent sur une loi canonique spéciale différente de la loi civile et quelquefois opposée à cette dernière loi. C'est par cette étrange contradiction qu'on peut expliquer le nombre considérable de divorces que l'on constate en Russie, et la facilité avec laquelle le divorce y est obtenu malgré la précision du texte du Code.

CHAPITRE VIII

LÉGISLATION NORWÉGIENNE

En Norwège, le divorce existe, comme dans tous les pays non catholiques.

Voici les principales dispositions de la loi qui le régit :

Art. 59. — Les causes du divorce sont les mêmes pour le mari et pour la femme.

Art. 60. — Chaque époux peut demander le divorce pour cause d'adultère de son conjoint.

Art. 61. — L'absence, pendant 3 années entières et consécutives de l'un des époux sans le consentement de l'autre, donne à l'époux délaissé le droit d'intenter une action en divorce.

Art. 62. — L'absence, qui a commencé sans intention d'abandon, devient une présomption de mort si, depuis sept ans, il n'est parvenu aucune nouvelle de l'absent. Le divorce peut être alors demandé.

Article 63. — L'impuissance naturelle et toute maladie dégoûtante et incurable sont aussi des causes de divorce, mais seulement lorsque ces causes ont préexisté à la conclusion du mariage.

Article 64. — La condamnation de l'un des époux aux travaux forcés à perpétuité donne à l'autre époux le droit de demander le divorce, à moins que le condamné ne soit gracié par le roi dans un délai de sept ans.

Article 66. — Le divorce peut être prononcé, par autorisation du roi, dans le cas de consentement mutuel; mais si cette autorisation n'intervient pas, la demande doit être rejetée.

Article 67. — Les époux qui divorcent par consentement mutuel sont tenus de demander d'abord aux autorités civiles la permission de demeurer séparés de corps pendant trois ans, *quoad thorum et mensam.* Cette permission n'est accordée qu'après des représentations et des exhortations faites aux époux par le curé de leur paroisse et par les autorités civiles. Les époux sont tenus de convenir de tout ce qui a trait à l'entretien et à l'éducation de leurs enfants communs.

Article 68. — Si après l'expiration des trois années, pendant lesquelles les époux ont acquis le droit de vivre séparés, ils persistent dans leur détermination de divorcer, la dissolution définitive du mariage sera accordée par le roi après une déclaration nouvelle. Chacun des époux ainsi divorcé a besoin d'une permission spéciale pour se remarier.

Article 70. — Les époux qui ont divorcé ne peuvent se réunir que par un nouvel acte de célébration.

En dehors du divorce, le mariage peut être annulé :

Art. 55. — 1° En cas d'erreur dans la personne; 2° S'il y a prohibition légale de mariage entre les contractants.

CHAPITRE IX

LÉGISLATION SUÉDOISE

En Suède, le divorce est régi par les dispositions légales ci-dessous :

Art. 1ᵉʳ. — La femme, dont le mari a commis un adultère, peut demander la dissolution du mariage, si elle n'a pas couché (sic) avec lui après avoir eu connaissance de ce fait. Si le divorce est prononcé, le mari perdra, au profit de sa femme, la moitié du giftorœt (ou droit dans la communauté).

Il en est de même de la femme, si c'est elle qui a commis l'adultère. Elle sera privée en outre de son don du lendemain.

Si le mari et la femme se sont rendus l'un et l'autre coupables d'adultère, et qu'il n'y ait pas eu de réconciliation après la faute de l'un des conjoints, la dissolution du mariage ne pourra pas être prononcée.

Art. 2. — L'époux adultère divorcé ne peut pas se remarier avant la mort de l'autre, à moins que ce dernier ne se soit lui-même remarié ou ne donne son consentement.

Art. 3. — Lorsqu'il n'y a aucune convention spéciale, l'époux demandeur en divorce garde les enfants, sauf au tribunal à en ordonner autrement en cas d'incapacité pécuniaire de sa part.

Art. 4. — Lorsque l'un des époux a abandonné l'autre, l'époux abandonné fait publier des bans par lesquels il somme son conjoint de revenir; si, au bout d'un an, ce dernier n'est pas revenu, l'époux demandeur peut faire prononcer le divorce. L'absent perd alors sa part dans la communauté. Si l'absence du mari a été occasionnée par des fonctions publiques, mais qu'elle se soit ensuite prolongée sans raison au delà du temps que ces fonctions exigeaient, la femme peut aussi faire prononcer le divorce, pourvu que le mari ne démontre pas qu'il a fui à cause de la vie dissolue de sa femme. Si, après le divorce suivi d'un second mariage, le premier mari revient, il peut reprendre sa femme dont le second mari devient libre de contracter un nouveau mariage.

Art. 5. — La fornication de la femme avant le

mariage, découverte après le mariage, est une cause de divorce.

Art. 6. — Sont également considérées comme des causes de divorce l'impuissance et les maladies contagieuses que l'on aurait cachées au moment du mariage.

CHAPITRE X

LÉGISLATION DANOISE

En Danemark, d'après les chapitres I, II, III, IV du Code de 1856, l'adultère, l'abandon, l'impuissance et les maladies contagieuses datant d'avant le mariage, la condamnation à la prison ou aux travaux forcés à perpétuité sont des causes de divorce.

Dans le cas de condamnation, le divorce ne peut être prononcé qu'après trois ans, si la condamnation est infamante et. après sept ans si elle ne l'est pas.

L'adultère de l'époux demandeur rend sa demande non recevable ; sa demande ne serait pas davantage recevable s'il avait lui-même provoqué l'adultère de son conjoint par des fautes graves ou autrement.

Elle ne le serait pas non plus s'il y avait eu réconciliation avant la demande.

Le divorce peut être obtenu par le consentement mutuel des époux,

Ceux-ci obtiennent d'abord l'autorisation de rester séparés et, après trois ans, s'ils persistent, ils font prononcer le divorce.

L'époux adultère ne peut se remarier que trois ans après le divorce.

CHAPITRE XI

LÉGISLATION HOLLANDAISE

En Hollande, d'après la loi de 1856, le mariage se dissout :

1º Par la mort ;

2º Par l'absence de l'un des époux pendant dix ans et le mariage de l'autre époux ;

3º Par un jugement prononcé à la suite d'une séparation de corps, lorsqu'un des époux le demande cinq ans après que la séparation a été prononcée, et cela sans que l'autre s'y oppose ;

4º Par le divorce.

Le divorce ne peut, en aucun cas, être obtenu par le consentement mutuel des époux.

Il est prononcé :

1º Pour cause d'adultère ;

2º Pour cause d'abandon malicieux ;

3º Pour les autres causes reconnues par l'ancien titre VI du Code civil français.

Toutefois, pour que les sévices permettent de prononcer le divorce, il faut qu'ils aient mis en péril la vie de l'époux demandeur ou aient entraîné des blessures dangereuses.

CHAPITRE XII

LÉGISLATION HONGROISE

En Hongrie, la nécessité d'une réforme du droit matrimonial se faisait encore plus vivement sentir qu'en Autriche. Il y a dans ce pays presque autant de droits différents que de confessions diverses : ces règles parfois douteuses sont même souvent en opposition les unes avec les autres. Jusqu'ici on a décidé seulement que les questions matrimoniales devraient être tranchées d'après les règles adoptées dans la confession à laquelle appartenait chacun des époux : de telle sorte qu'un mariage déjà existant peut être tout à coup transformé en mariage mixte par un changement de religion et se trouver soumis à d'autres règles de droit. En outre, la juridiction ecclésiastique s'exerce parallèlement à la juridiction civile de droit commun pour les non-catholiques. Il résulte de cette organisation une confusion fâcheuse que la Chambre des députés a cherché déjà à faire cesser en se prononçant pour la réglementation des questions matrimoniales suivant le système français, ou par l'établissement du mariage civil obligatoire, mais jusqu'ici aucune loi n'a été votée.

CHAPITRE XIII

LÉGISLATION MONTÉNÉGRINE

Le Monténégro a brisé au commencement de ce siècle les liens de vassalité de droit qui le tenaient sous la suzeraineté de la Turquie.

Le Vladitra Daniel Pedrovitch Negoch lui donna un Code connu sous le nom de Code de Daniel I⁰ᴿ et dans lequel nous allons relever quelques dispositions relatives au mariage.

Trois jours avant le mariage le curé du futur époux doit demander à la jeune fille si elle l'accepte comme mari; si les deux parties consentent, il doit les unir, sinon il doit refuser la célébration sous peine d'excommunication.

Les fiançailles ne lient pas au point de vue de la loi. Mais la coutume est ici plus rigoureuse que le droit et un combat à mort entre la fiancée et l'époux est ordinairement la suite d'une rupture des fiançailles.

Le cas se présente fréquemment, car malgré tous les efforts faits pour détruire cette coutume, les Monténégrins ont l'habitude de fiancer leurs enfants dès l'âge le plus tendre. Il résulte de là de nombreux divorces.

Les formes du mariage sont celles prescrites par les rites de l'Eglise orthodoxe auxquelles s'ajoutent les cérémonies et symboles admis par l'usage.

La loi distingue, quant à la dissolution du mariage, le divorce et la séparation. Parmi les causes de divorce, on ne peut citer que l'aversion insurmontable et la désunion entre le mari et la femme.

L'art. 75 du Code de Daniel dispose encore que lorsque le mari ne voudra vivre avec sa femme, les époux pourront se séparer, mais le mari devra subvenir à l'entretien de sa femme. Lorsque celle-ci se livre à l'inconduite le mari cesse de lui servir sa pension.

Le mariage en principe est indissoluble quel que soit le genre de séparation employé, que ce soit le divorce, *rastavljenje* ou la séparation, *raspust, razvod*.

La mort seule dissout le mariage; il en est de même des causes reconnues par les règles canoniques de l'Eglise orthodoxe orientale.

Le Code (art. 77) prévoit un autre cas curieux; c'est celui où la femme vole son mari pour la troisième fois : la première et la seconde fois elle subit la peine de la prison, la troisième fois elle subit un châtiment corporel et la séparation est prononcée; mais les effets n'en sont pas les mêmes pour les deux époux; le mari peut contracter un nouveau mariage, la femme ne le peut pas.

La séparation est fréquente chez les Monténégrins. A en croire un commentateur, la cause paraît en être : 1° la coutume des fiançailles entre enfants; 2° l'orgueil de l'homme; 3° l'entêtement de la femme. Une loi de Pierre Ier a réglé les formes de la séparation. Elle peut être demandée par chacun des époux. C'est le seigneur (*Lande-sherr*) qui est compétent. Celle des parties qui a fait à l'autre la première offre de séparation paie 50 thalers en signe de honte (*sramata*) pour la femme, c'est le père qui paie; celui-ci restitue en outre au mari les frais occasionnés par le mariage lorsque la femme s'est enfuie du domicile marital. La présence d'enfants rend la séparation plus difficile. Quand le mari surprend sa femme en adultère le divorce a lieu sans retard, mais le prix n'est pas payé dans ce cas. Après le divorce les deux parties peuvent se remarier.

CHAPITRE XIV

LÉGISLATION SERBE

Le Code Serbe n'a pas encore été traduit et il nous serait difficile de donner ici un aperçu de la législation matrimoniale en Serbie, si nous ne trouvions dans l'ouvrage si complet de M. Glasson l'analyse des principales règles du mariage.

Le mariage est religieux et se célèbre selon le rite de l'Eglise orthodoxe devant deux ou trois témoins. Les tribunaux ecclésiastiques connaissent des questions matrimoniales et prononcent la nullité dans les cas prévus par le *Monokanon* de l'Eglise grecque.

Le divorce est reconnu par la loi Serbe qui l'admet pour les trois causes énoncées dans le Code civil français et en outre pour *desertio malitiosa* et pour *abjuration de la foi chrétienne* par l'un des époux.

L'absence sans qu'il y ait abandon malicieux est également une cause de divorce, mais sous certaines conditions : au bout de six ans, ou au bout de trois à quatre selon les cas, l'époux présent peut faire citer son conjoint à comparaître dans l'année ; si l'absent ne se présente pas, le conjoint peut contracter un nouveau mariage que ne pourrait rompre le retour de l'absent, à moins que l'absence n'ait eu lieu par suite d'un esclavage, ou d'un voyage pour affaires après en avoir prévenu les autorités : dans ces deux cas l'absent qui reparaît peut à son choix faire revivre son ancien mariage ou en contracter un autre.

Le Code serbe repousse le divorce par consentement mutuel.

Le divorce n'est prononcé par les tribunaux ecclésiastiques qu'après quatre tentatives de conciliation, l'une devant le curé, les trois autres devant le supérieur ecclésiastique de la province. Si le divorce est prononcé contre les deux époux aucun ne peut se remarier.

Quant à la séparation de corps perpétuelle, le Code serbe n'en fait pas mention.

Ajoutons enfin que les dispositions du Code relatives au mariage sont appliquées dans les villes, mais que les anciennes coutumes régissent encore dans les campagnes les droits de famille et de successions. En Serbie comme en Autriche, comme en Turquie et dans les différentes contrées où la race slave méridionale domine, les usages ont résisté aux institutions des législations nouvelles.

CHAPITRE XV

LÉGISLATION GRECQUE

La Grèce n'a pas encore de Code civil. Sous le roi Othon le jurisconsulte allemand Maurer fut chargé de la préparation des Codes, mais il n'eut pas le temps de s'occuper du droit civil. En vertu d'une ordonnance du 23 février 1835, la Grèce est régie par les constitutions des empereurs byzantins contenus dans le Promptuaire d'Harmenopule et par les usages depuis longtemps admis et consacrés judiciairement. Différentes parties du Code civil ont cependant été successivement votées et mises en vigueur depuis cette époque. En ce moment un Code, basé sur les principes du droit français, est en préparation.

D'après M. Calligas, professeur à l'Université d'Athènes, le projet de Code rejette le mariage civil qui a contre lui des préventions fortement enracinées surtout aux îles Ioniennes.

L'acte de mariage n'est donc que la constata-

tion de la célébration religieuse. Les empêchements ont été réglés suivant les cultes et ce sont
les tribunaux civils qui sont appelés à connaître
des oppositions au mariage.

Le divorce est reconnu par le Code et réglé à
peu près comme au titre VI du Code civil. Mais
il n'est admis que pour des causes déterminées ;
pour incompatibilité d'humeur on ne permet que
la séparation de corps.

CHAPITRE XVI

LÉGISLATION MAHOMÉTANE

Le culte de Vénus existait dans l'Arabie et dans
l'Asie-Mineure lorsque Mahomet fonda sa religion.
La grossière sensualité de l'Orient s'y introduisit
tout d'abord et reste aujourd'hui ce qu'elle était
il y a douze cents ans. L'Islamisme répandu dans
une grande partie de l'Afrique, de l'Asie et dans
un coin de l'Europe, nous montre partout les
tristes résultats de ses doctrines destructives de
toute moralité et de tout esprit de famille. Partout
nous trouvons aussi avilie la condition de la
femme, réduite au rôle dégradant de simple ins-
trument de plaisir ; le Mahométan se demande
encore si elle a une âme, et s'il l'admet, il se refuse
cependant à croire qu'elle soit reçue dans le paradis des hommes. Partout la même sensualité

qui se traduit par la polygamie et par la promesse
pour la vie future d'un paradis de plaisirs : « Les
femmes sont votre champ, dit Mahomet, allez à
votre champ comme vous voudrez, les hommes
sont supérieurs aux femmes. » Mahomet limite
cependant le nombre des femmes à quatre, tout
en faisant une exception pour lui-même; le
nombre des concubines n'est pas limité.

Les formes du mariage varient assez; le prophète exigeait la présence de deux témoins et un
écrit, mais cette dernière formalité est peu obser-
vée en pratique. Un douaire qui ressemble assez
à un prix d'achat est donné à la femme par le
mari.

La fille mineure peut être mariée par son père
contre sa volonté à partir de l'âge de douze ans.

Les mariages sont permis aux Mahométans avec
les chrétiens et les juifs, mais un mahométan ne
peut épouser un adepte du polythéisme qu'après
la conversion de ce dernier à l'islamisme.

La polygamie quoique permise est très rare,
cela tient sans doute à l'extrême facilité accordée
au mahométan pour rompre son mariage. « La
plupart des hommes, dit Lane, changent de
femmes une fois par mois. » C'est une sorte de
polygamie successive.

Les prescriptions de Mahomet sur le divorce sont
contenues en grande partie dans le Surah II, elles
ont été complétées assez obscurément et subti-
lement par les commentateurs qui ont continué

l'œuvre du prophète. Le formalisme exigé pour la formule de divorce est minutieux. Un mot mis à la place d'un autre rend la répudiation nulle. Il y a du reste plusieurs formes de répudiation (Sarah et Talak-Rinayat) et différentes formules selon les cas.

La femme a le droit de divorcer quand son mari a disparu ou quand il est atteint d'une infirmité corporelle, particulièrement d'impuissance. Cependant le mari peut dans ce cas jurer qu'il a consommé le mariage.

La femme divorcée peut se remarier après quatre mois et dix jours, et si elle est enceinte après son accouchement.

Le Coran contient du reste des dispositions qui recommandent de traiter les femmes avec humanité. Le prophète conseille de se montrer généreux pour la femme qu'on répudie et de traiter honnêtement celle qu'on garde. Si la femme est mère, le mari est tenu de pourvoir à sa nourriture et à son entretien.

Pour garantir l'honneur des femmes, celui qui en accuse une d'adultère est tenu de fournir quatre témoins et s'il ne le peut il est condamné à recevoir quatre-vingts coups de fouet. Si le mari lui-même allègue l'adultère de sa femme, il doit jurer quatre fois la vérité de son dire et la cinquième fois il prend Dieu à témoin.

L'adultère est sévèrement puni ; la femme convaincue d'adultère est, suivant la vieille loi de

Mahomet, mise au carcan et abandonnée à son sort ; d'après *le Sunnah*, recueil des paroles du prophète, et des sentences des quatre grands Imans, la femme légitime coupable d'adultère est lapidée, la concubine infidèle reçoit cent coups de fouet, les esclaves ne reçoivent que la moitié de cette peine.

CHAPITRE XVII

LÉGISLATION ITALIENNE

Jusqu'à la promulgation du nouveau Code civil italien en vigueur depuis le 1ᵉʳ janvier 1866, la plupart des États italiens considéraient le mariage comme un acte religieux produisant des effets civils. Le nouveau code introduisit en matière de mariage des réformes radicales. Il supprima d'abord les fiançailles que reconnaissait le Code Albertin de 1838.

Les premiers articles du titre du mariage (art. 53 et 54) décident en effet « que la promesse réciproque de contracter ensemble mariage n'engendre pas l'obligation légale de le contracter, ni d'accomplir la prestation qui a été stipulée pour le cas d'inexécution de cette promesse ; mais que cependant si cette promesse a été faite par acte public ou sous-seing privé, ou si elle résulte des publications faites par l'officier de l'état civil, le promettant sera tenu d'indemniser l'autre partie de toutes les dépenses motivées par cette promesse de mariage. »

Le code introduisait ensuite un principe qui souleva et soulève encore en Italie d'interminables controverses, celui de la sécularisation du mariage, admis en France depuis longtemps (1). Mais les jurisconsultes Italiens ont vivement critiqué cette manière de considérer le mariage civil qui lui subordonne absolument le mariage religieux. Un auteur trouve même assez ridicule le rôle assigné à l'officier de l'état civil par le Code français qui l'oblige à déclarer *au nom de la loi*, que les parties sont unies en légitime mariage (2).

Quoi qu'il en soit, le mariage civil a été établi en Italie et là aussi l'officier de l'état civil prononce, *in nome della legge*, que les parties sont unies. Mais la loi italienne voulant se montrer plus large que la loi française et choquer moins directement la conscience des catholiques au nom de laquelle on protestait contre le mariage civil (3), n'a pas reproduit les peines établies par les articles 199 et 200 du code français pénal, contre le prêtre qui célèbre le mariage religieux avant le mariage civil. De telle sorte qu'en Italie les parties peuvent procéder à la célébration religieuse de leur union, soit avant, soit après le mariage civil.

(1) V. Huc, *Code civil italien*, p. 35. — Foschini, sur le titre V, p. 46.

(2) Curcio, *Lettere*, p. 6.

(3) *Svolgimento e progresso del diritto privato nel progredire della civilta*. Jannuzzi Napoli, 1864.

Quel est le résultat pratique de cette législation ? C'est· que le mariage civil est peu en usage et que dans bien des contrées de la péninsule beaucoup de personnes se contentent de faire bénir leur union à l'église ; sans doute avec ce système il n'est plus à craindre qu'une femme mariée civilement se voie refuser par son mari le mariage religieux, circonstance qui a servi de sujet à une pièce récente et célèbre qui a eu un si grand retentissement, mais on aboutit à la situation contraire, un mariage religieux ne produisant, d'après la loi civile, qu'un simple concubinage.

Cet état de choses déplorable est très répandu en Italie ; à Palerme, par exemple, les mariages simplement religieux, forment plus du quart du nombre total des mariages. Les circulaires ministérielles ont été impuissantes à remédier à cet abus. L'initiative privée, celle du clergé lui-même, ont été plus efficaces dans certains pays. Différents projets de loi ont été proposés, les uns demandaient l'application du système français, les autres tendant seulement à frapper de pénalités quiconque abuserait de l'ignorance ou de la bonne foi d'une personne pour la décider à ne se marier qu'à l'église (1), mais on hésite encore à modifier un système qui a l'avantage de respecter mieux que le code français les convictions religieu-

(1) Buniva, *Proposte per impedire la celebrazione dei matrimonii avanti il solo parroco.*

ses et de consacrer l'indépendance absolue du pouvoir spirituel. Il faut reconnaître, d'ailleurs, M. Mancini l'a déclaré en 1876 à la tribune italienne, que le nombre des mariages simplement religieux diminue dans une proportion sensible et rassurante.

Quelle est la théorie du Code italien en matière de dissolution du mariage ?

Le divorce était réclamé par un grand nombre de publicistes et de jurisconsultes. Les motifs allégués par ses défenseurs étaient ceux qui servent d'ordinaire à tous ses partisans. Mais le Code civil italien proclamant l'indissolubilité du mariage ne réglementa et n'admit que la séparation de corps.

Ici nous avons à noter quelques différences assez sensibles avec la loi française. Outre l'adultère, les sévices, les menaces et les injures graves, la condamnation à une peine criminelle, l'article 150 du Code déclare que la séparation pourra être demandée pour abandon volontaire : la femme peut encore demander sa séparation « quand son mari, sans juste motif, n'adopte pas une *résidence fixe;* ou quand, en ayant les moyens, il refuse de la fixer d'une manière qui convienne à sa condition. »

Cet art. 152 est l'objet de vives critiques que nous ne pouvons rapporter ici. Notons encore que l'art. 151 qui porte que la séparation peut être demandée pour condamnation de l'un des

époux à une peine criminelle tranche une controverse que nous avons eu à examiner dans notre
droit, en disant que la demande ne sera pas recevable si le jugement est antérieur au mariage et
si l'autre époux en a eu connaissance.

On critique vivement une autre disposition remarquable du Code italien. L'art. 158 est ainsi
conçu : « La séparation des époux par consentement mutuel pourra avoir lieu moyennant l'ho-
mologation du tribunal. » C'est consacrer, comme
dit M. Huc (1), une incroyable facilité de séparations sur l'espoir menteur d'une réconciliation
chimérique. Il est vrai que l'intervention de la
justice est peut-être suffisante pour prévenir les
abus que pourrait faire naître une pareille doctrine. »

Les effets de la séparation de corps sont à peu
près en Italie les mêmes qu'en France ; cependant
la loi rend à la femme son entière capacité lorsque la séparation est prononcée contre le mari et
prive de tous les droits de succession entre époux
celui d'entre eux contre lequel la séparation a été
prononcée.

Tout récemment la Chambre Italienne a été
saisie d'un projet de réforme du Code civil en
matière de dissolution du mariage, présenté par
le député Merelli. Dans la séance du 6 mars
dernier, M. Merelli a développé son projet ten-

_____

(1) *Op. cit.*, p. 83.

dant au rétablissement du divorce et ses idées n'ont pas été défavorablement accueillies par la Chambre ; mais le projet paraît devoir subir de nombreuses modifications, si le principe du divorce est admis. Le garde des sceaux, parlant au nom du gouvernement, a insisté sur la nécessité de procéder avec une excessive prudence dans une matière si grave et si délicate ; il a promis de faire une enquête et de présenter lui-même un projet nouveau où il s'efforcera de concilier tous les besoins et tous les intérêts. A la suite de ces observations la proposition Merelli a été prise en considération (1).

CHAPITRE XVIII

LÉGISLATION ESPAGNOLE

L'Espagne n'a pas encore de Code civil complet. Le droit civil de ce pays se compose de lois particulières et de décisions de la Cour suprême qui font autorité (2). En ce qui concerne le mariage, c'est l'Église qui jusqu'à ces derniers temps avait conservé le droit de légitimer les unions. Les décrets du concile de Trente avaient été adoptés comme loi d'Etat par la *cedula real* de Philippe II du 12 juillet 1564. Mais tout récemment on sentit le besoin de réformer la législation en vigueur sur cette matière comme sur bien d'autres et en atten-

(1) *Bulletin de la Société de législ. comparée*, avril 1880.
(2) *El derecho civil espanol en forma de Codigo*, par Sanchez de Molina Blanco, 1872.

dant la rédaction définitive du Code civil des lois provisoires sur le mariage et la constatation de l'état civil furent promulguées le 17 juin 1870.

L'article premier de cette loi proclame l'indissolubilité du mariage. Comme en Italie on déclare nulles les promesses de mariage futur (art. 3). Comme en Italie aussi le mariage civil est établi; il est célébré devant le conseil municipal compétent et devant deux témoins majeurs (art. 28). Mais, dit l'art. 34, « les contractants pourront célébrer leur mariage religieux avant, après le mariage civil, ou simultanément avec lui. »

Cette disposition engendra comme en Italie un état de choses déplorable, beaucoup de mariages célébrés uniquement à l'église, étaient privés des effets civils que le mariage civil seul pouvait produire. Mais les résistances énergiques se manifestèrent contre le contrat civil et nécessitèrent bientôt une modification des lois de 1870. Un décret du roi Alphonse XII du 9 février 1875, statuant rétroactivement jusqu'en 1870, donna aux parties le choix entre le mariage civil et le mariage religieux, en donnant à ce dernier tous les effets de l'union civile. Mais le curé devait délivrer aux époux un certificat dont ils devaient demander l'inscription sur les registres de l'état civil dans les huit jours du mariage, sous peine d'encourir une amende de 400 pesetas au plus (1).

____

(1) *Examen del decreto de 9 de febrero de 1875, reformando la ley del matrimonio civil*, par Maramon Gomez Acebs.

L'inobservation de cette formalité n'entraînait pas du reste la nullité du mariage : mais si le certificat n'avait pas été inscrit sur les registres, il ne pouvait former preuve complète que s'il était légalisé judiciairement.

Le rétablissement du mariage religieux a fait reparaître en Espagne, à côté de la législation civile pour les mariages civils, la loi canonique pour les mariages religieux. Cette dernière loi nous étant déjà connue pour la formation et la dissolution du mariage, nous ne nous occuperons plus que des dispositions de la loi de 1870 sur la rupture du lien conjugal.

Il était naturel que l'Espagne, où l'influence de l'Église s'est fait beaucoup plus sentir qu'en Italie même, repoussât le divorce : la mort seule, et l'absence, lorsque l'époux disparu a atteint sa centième année, permettent au conjoint de se remarier. Le mot divorce existe pourtant dans le droit espagnol, mais il y désigne simplement la séparation de corps. « Le divorce ne dissout pas le mariage, dit l'art. 83; il n'a pour conséquence que de suspendre la vie commune des époux et ses effets. » L'intervention judiciaire est toujours nécessaire; il n'y a pas de séparation par consentement mutuel, comme en Italie (art. 84). Quant aux causes de séparation elles sont les suivantes :

1° Adultère de la femme non pardonné expressément ou tacitement par le mari;

2° Adultère du mari avec scandale public ou

avec abandon complet de la femme, ou avec cette circonstance que le mari a sa complice dans la maison conjugale à moins qu'il n'y ait eu pardon exprès ou tacite par la femme ;

3° Mauvais traitements graves soit en paroles, soit en action, infligés par le mari à la femme ;

4° Violence morale ou physique exercée par le mari sur la femme pour l'obliger à changer de religion ;

5° Mauvais traitements infligés aux enfants tels qu'ils mettent leur vie en danger ;

6° Tentative du mari pour prostituer sa femme, ou proposition faite par le mari à la femme dans le même but ;

7° Tentative du mari ou de la femme pour corrompre leurs enfants et complicité dans leur corruption ou prostitution ;

8° Condamnation en vertu d'un jugement passé en force de chose jugée de l'un des époux aux travaux forcés ou à la réclusion perpétuelle (art. 85).

L'action en divorce, une fois admise, on prononce judiciairement :

1° La séparation provisoire des conjoints et le lieu où la femme devra se rendre.

2° La remise des enfants en la puissance du conjoint innocent, et, si tous deux sont coupables, la nomination d'un tuteur et d'un curateur des enfants et leur séparation d'avec leur père ; toutefois les père et mère peuvent régler eux-mêmes la garde et l'éducation des enfants si la demande en divorce est basée sur la première, la deuxième, la troisième et la quatrième ou la huitième des causes citées plus haut.

3° La fixation de la provision alimentaire pour la femme et les enfants qui ne resteront pas sous la puissance paternelle.

4° L'adoption des dispositions nécessaires pour éviter que le mari qui aura donné lieu au divorce, porte préjudice à la femme dans l'administration de ses biens (art. 87).

Quels sont les effets de la séparation espagnole?

1° La séparation définitive des époux, qui ne cesse que par leur consentement de se réunir de nouveau : ils doivent alors porter la réconciliation à la connaissance du juge et du tribunal qui aura prononcé le jugement exécutoire du divorce (art. 88, 89).

2° La garde des enfants remise au conjoint innocent; si les deux époux sont coupables on donne la garde à un curateur, sauf dans les cas déjà exceptés plus haut, toutefois, à moins de disposition contraire dans le jugement (exécutoire du divorce) la femme conserve sous sa garde les enfants au-dessous de trois ans jusqu'à cet âge.

3° La privation pour le conjoint coupable, pendant la vie de l'époux innocent, de la puissance paternelle et des droits qu'elle entraîne à l'égard de la personne et des biens des enfants. Mais cette privation ne libère pas l'époux coupable des obligations dont il est tenu envers ses enfants.

4° La perte pour le conjoint coupable de tout ce qui a été donné ou promis par le conjoint innocent, ou par toute autre personne en considération de celui-ci.

5° La séparation de biens, et la perte de l'administration de la femme *si c'est le mari qui donne motif au divorce, et si la femme le réclame.*

6° La conservation pour le mari innocent de l'administration des biens de la femme, laquelle n'a alors droit qu'à des aliments.

Tels sont les caractères saillants de la séparation de corps en Espagne, d'après la loi de 1870. Cette législation du mariage a été complétée par divers décrets que nous ne pouvons que citer ici : un décret réglementaire du 13 décembre 1870, un décret du 5 septembre 1871 sur les registres de l'état civil tenus dans les consulats, un décret du 23 novembre 1872 organisant une procédure spéciale pour la séparation de corps, et la substituant à la procédure ordinaire qui régissait jusque-là les demandes en séparation, enfin le fameux décret de 1875 dont nous avons signalé l'importante innovation.

CHAPITRE XIX

LÉGISLATION PORTUGAISE

Le Code civil portugais est du 1er juillet 1867. Il reconnaît, comme la législation actuelle de l'Espagne, deux sortes de mariages (*casamento*), le mariage civil et le mariage religieux. Les ordonnances Philippines qui formaient avec les décrets, les ordonnances, les coutumes et les arrêts de la cour des suppliques le droit civil du Portugal avant le Code de 1867 ne reconnaissaient que le mariage religieux. « Deux innovations fondamentales, traduisons-nous dans Ferreira, sont introduites par le Code civil dans la matière du mariage; la sécularisation du mariage, et une procédure spéciale pour la séparation des époux et pour la simple séparation judiciaire de biens. »

En effet, l'art. 1057 qui se trouve en tête du chapitre du mariage au titre des contrats en particulier est ainsi conçu : « Les catholiques célèbrent leur mariage dans la forme établie par l'Eglise catholique. »

Ceux qui ne professent pas la religion catholique célèbrent leur mariage devant l'officier de l'état civil, sous les conditions et les formes établies par la loi civile. Le Code Portugais réglemente séparément et avec soin ces deux sortes de mariage.

Le divorce ne devait pas être admis dans un pays qui avait été tout aussi directement que l'Espagne, soumis si longtemps à l'influence prépondérante de l'Eglise. Le Portugal ne reconnaît donc que la séparation de corps (*separacâo de pessoas et bens*). Cette séparation est motivée (article 1204) :

1º Par l'adultère de la femme.

2° Par l'adultère du mari avec scandale public, ou abandon complet de la femme, ou avec une concubine tenue et maintenue (*lenda et mentenda*) au domicile conjugal.

3° Par la condamnation d'un époux à une peine perpétuelle.

4° Par les sévices et injures graves.

LÉGISLATION ROUMAINE

Nous donnerons et nous pensons qu'on ne s'en étonnera pas, un peu plus de développement sur la Roumanie. Aussi bien, cette question spéciale est une de celles où la réalité des faits a été le plus altérée par les auteurs ou orateurs ennemis du divorce.

C'est ainsi que M. Louis Legrand, dans son discours à la Chambre des députés, a soutenu à l'appui de sa thèse, que le divorce est défavorable au mariage et cite la Roumanie parmi les pays où existe le divorce et dans lesquels il prétend que l'on compte relativement un moins grand nombre de mariages que dans les pays où le divorce n'existe pas. Il va même jusqu'à prétendre que c'est le pays où il existe le moins de mariages en proportion de la population et le plus de divorces en proportion des mariages.

Nous n'avons pas à revenir sur la discussion de l'objection sans fondement qui consiste à dire que le divorce désorganise la famille, nous croyons en avoir déjà fait justice. Nous nous contenterons ici au sujet de la Roumanie, de relever les inexactitudes commises par L. Legrand.

Nous ferons d'abord remarquer que s'il a existé quelques abus, ce n'a été qu'à l'époque où les tribunaux ecclésiastiques étaient appelés à statuer sur les questions d'état, c'est-à-dire jusqu'au 1er décembre 1865, époque de la mise en application du Code civil actuel. Ils ont en tout cas cessé depuis que ce sont les tribunaux civils qui statuent sur les questions du divorce.

Entrons maintenant dans l'examen des prétendues statistiques sur lesquelles on se fonde.

En ce qui concerne la proportion des divorces avec les mariages, il est facile de constater qu'elle est moindre que la proportion des séparations de corps par rapport aux mariages en France (1 sur 152, moyenne de 1871 à 1874) et se rapproche plutôt de la proportion des séparations de corps et divorces réunis par rapport aux mariages en Belgique où est en vigueur aussi l'ancien titre VI du Code civil (1 sur 569, moyenne de 1871 à 1874, c'est-à-dire plus de trois fois moins), les chiffres que nous lisons dans certaines statistiques (84 sur 1.000,) chiffres déduits des prétendues bases suivantes, 30.000 mariages par an en Roumanie et 1000 demandes de divorce par an, sur lesquelles les tribunaux en auraient jugé 507 et prononcé le divorce dans 354 cas sont absolument erronés ; les bases dont on les déduit sont en effet absolument fausses : il est exact que sur 1000 demandes de divorce, il en a été accueilli 354, c'est-à-dire environ le tiers, mais il est inexact que ces 1000 demandes formées dont 354 accueillies l'aient été dans l'espace d'un an, et c'est là le vice fondamental du raisonnement dont on se prévaut.

Examinons maintenant la proportion des mariages avec la population.

Il nous suffira de nous reporter au savant ouvrage du docteur Mendelsohn intitulé : *Considération sur le mouvement de la population en Roumanie*. Après avoir exposé complètement la statistique, l'éminent docteur en déduit et constate : que la population Roumaine a augmenté dans l'espace des neuf dernières années de 37,000 par an, malgré les épidémies de 1873-1874 et malgré la guerre de 1877-1878.

D'où l'auteur conclut avec raison, d'une part, que la population Roumaine se multiplie moins facilement que les populations de race germanique; d'autre part, que si on la compare aux races latines, qui n'ont pas le divorce, elle augmente plus rapidement que la population française et espagnole, il n'y a d'exception qu'à l'égard de la population italienne.

Est-ce là un résultat satisfaisant? Non, certes, mais la cause en est dans la pauvreté du paysan, pauvreté qui l'empêchait trop souvent de se marier. Cette cause disparaîtra avec la mesure prise récemment dans le but de rendre propriétaires presque tous les paysans : on constate en effet, depuis lors, chaque année une grande augmentation du chiffre des mariages.

Il est donc bien certain que ce n'est pas le divorce qui est la cause du petit nombre de mariages, comme l'a prétendu M. L. Legrand.

Il est encore une troisième comparaison qu'ont à dessein sans doute négligée M. Louis Legrand et ses sectateurs.

La statistique ne démontre pas seulement les progrès constants du mariage, elle établit aussi l'augmentation du chiffre des naissances légitimes et la diminution continue du chiffre des naissances illégitimes.

Malheureusement les données statistiques ne sont pas, le savant docteur le constate, faciles à recueillir; pourtant on peut prendre comme exemple, une ville comme Buckarest où la statistique est bien faite, et l'on sait que si des résultats contraires à notre thèse devaient se produire, ce serait surtout dans les villes. Eh bien, au contraire, on constate que tous les ans il y a une augmentation de 300 mariages sur une ville de 150,000 habitants. Et il faut ajouter, fait significatif, que cette augmentation est due exclusivement aux habitants de religion orthodoxe et israélite. Quant aux catholiques, le nombre des mariages des deux dernières années a été au contraire en diminuant.

Ce sont là des chiffres qui ont leur éloquence et qui ne laissent plus place aux assertions téméraires de M. Louis Legrand.

Pour bien juger une question il faut l'envisager

dès son origine et historiquement. Or pour celui qui connaît un peu l'histoire et les mœurs des Roumains, il est facile de se rendre compte des faits et des situations.

Il ne suffit pas de dire : « voilà les résultats du divorce en Roumanie, » il faut de plus prouver un lien nécessaire entre les prétendus résultats et la cause qu'on leur assigne.

On oublie trop que le divorce a toujours existé en Roumanie. Il faut donc, comme nous venons de le dire, chercher ailleurs l'explication de la situation signalée.

Il y a bien peu d'années que l'adoucissement de la misère du paysan Roumain, a permis de constater enfin des résultats satisfaisants au point de vue d'un Etat civilisé.

Il est certain qu'au fur et à mesure que cesse et disparaît cette misère, la situation se modifie. D'année en année, nous l'avons dit, on constate une croissance périodique du chiffre des mariages. Il faut donc se garder de juger exclusivement d'après l'état de choses actuel, comme le fait M. Louis Legrand ; cette remarque que tous les ans il y a progrès au point de vue du nombre des mariages, permet d'aboutir pour la Roumanie à une conclusion contraire à la sienne, alors même qu'on adopterait tous ses chiffres statistiques.

Si ces chiffres constatent un nombre relativement peu élevé de mariages par rapport à la population, ce fait n'est pas dû à la cause à laquelle on l'attribue. Bien au contraire, l'augmentation annuelle des mariages, prouve jusqu'à l'évidence, que le divorce qui existe parallèlement à cette institution, ne lui est pas contraire et qu'il sert plutôt qu'il ne les combat, les intérêts de la moralisation de la famille.

Laissons maintenant de côté les inexactitudes des statistiques mises en avant et examinons la législation.

On sait que la réunion des principautés date de 1859, le prince Couza ayant été élu par les deux Principautés à la fois.

Jusqu'à la fin de 1864, la Roumanie était régie par le Code *Caragea*, daté de 1817 ; la Moldavie possédait également un Code, connu sous le nom de *Code Calimach*.

Ces Codes étaient empruntés aux Basiliques et au promptuaire d'Harménopule.

L'union des principautés ne devait par tarder à porter des fruits au point de vue de la civilisation, et nous le disons en passant, nous ne doutons pas qu'il n'en soit de même de la proclamation récente de la royauté en Roumanie, qui en sanctionnant son indépendance, l'a fait entrer de plein pied dans le Grand Concert Européen.

Dès la cinquième année du règne du prince Alexandre Couza une commission de jurisconsultes, choisie parmi d'anciens élèves de la faculté de droit de Paris, se mit à l'œuvre; elle termina son travail le 26 novembre 1864. C'est le 4 décembre suivant que fut promulgué le nouveau Code, calqué sur le Code civil français, qui fut mis en application le 1ᵉʳ décembre 1865, sous le nom de Code Alexandre Jean Iᵉʳ.

La chute du prince Couza (22 février 1866) ne modifia pas la voie nouvelle dans laquelle était entrée la Roumanie, seulement le Code prit, à partir de la chute du prince Couza, le nom de Code civil Roumain.

La constitution du 1ᵉʳ juillet 1866 donna sa consécration à l'œuvre nouvelle, comme à toutes les réformes si rapidement et en même temps si glorieusement accomplies dans un si court espace de temps.

Pourquoi ne le dirions-nous pas? cette constitution de 1866 nous paraît une des plus libérales qui soient au monde; chaque Roumain peut concevoir un légitime orgueil en jetant un regard sur les progrès qu'il constate et réalise. Est-il une jeune nation qui puisse donner pareil exemple de la rapidité de son développement dans les voies de la civilisation? En est-il une où des actes plus grandioses aient été accomplis avec aussi peu de difficulté! N'a-t-il pas fallu aux autres peuples des siècles pour arriver au même point? La cause de cette différence, c'est qu'il n'y a pas, en Roumanie, à lutter, comme en France, comme en Angleterre, comme en Allemagne, contre les préjugés de castes. La Roumanie n'avait pas à compter avec une caste nobiliaire, et c'est ce qui explique combien il lui a fallu peu de temps, pour arriver où elle en est aujourd'hui. Aussi peut-on dire que c'est peut-être le seul pays qui en vingt ans (depuis l'union des principautés) soit arrivé à se donner les lois les plus libérales, parmi lesquelles nous comptons celle du divorce, où la peine de mort y est abolie en droit depuis 1864. La liberté individuelle y est plus respectée que partout ailleurs en Europe ; quant à la liberté de la presse, il n'existe pas un pays au monde où elle soit plus entière ; la liberté de réunion et la liberté de paroles sont presque sans limites ; et ce ne sont là que des exemples. On rappellera peut-être la question des israélites, soumise par M. Waddington au congrès de Berlin ; et on cherche à en induire un manque de libéralisme chez le peuple Roumain ! Nous nous réservons de démontrer ailleurs, l'erreur d'un tel raisonnement (1). Nous nous bornerons à rappeler, qu'eu égard au caractère et aux mœurs bien connues des Israélites, et à la grande quantité de leurs coréligionnaires dans les principautés, la Roumanie en les combattant, combattait en réalité pour son existence nationale, et obéissait à l'esprit de conservation, inné chez tous les peuples.

C'est à des mesures analogues qu'a eu recours

(1) L'auteur prépare un ouvrage sur cette importante question. Il a pour titre : *les Israélites en Roumanie.*

le gouvernement des États-Unis d'Amérique, contre l'invasion Chinoise.

M. Waddington, qui connaissait les sympathies des Roumains pour la France, aurait dû épargner un pareil reproche à un peuple ami. C'est ce qu'a fait ressortir très-justement M. Vacherot, membre de l'Institut, dans son ouvrage intitulé, *Politique extérieure de la République*. Laissons de côté cette question; mais elle ne peut empêcher de reconnaître la rapidité des progrès réalisés, qui doivent inspirer toute confiance à l'Europe.

Nous avons été amenés à cette digression, par l'examen de la constitution de 1866, en ce qui concerne les matières dont nous nous occupons. Cette constitution établit le principe du mariage civil, et son art. 22 plaçant l'état civil dans les attributions de l'autorité civile défend, comme en France, aux ministres du culte de procéder au mariage religieux avant la célébration du mariage civil.

Quant à la dissolution du mariage, c'est au Code civil Français originaire (titre VI) et non à la loi du 8 mai 1816, que le Code Roumain a emprunté des dispositions, sauf de très légères modifications :

« Le *mari ou la femme*, dit l'art. 211 du Code roumain, peuvent divorcer pour cause d'adultère. »

Comme on le voit, le législateur Roumain a

mis l'homme et la femme sur un pied d'égalité complet, et s'est gardé de reproduire l'art. 230 du Code civil Français.

« Les époux, ajoute l'article 212 presque traduit de notre article 231, peuvent réciproquement demander le divorce, pour excès, cruauté ou injure grave de l'un des époux envers l'autre. »

On a permis de divorcer par consentement mutuel (art. 214, art. 254 à 276). On a permis également le divorce en faveur de l'époux, qui a été victime d'un attentat de son conjoint ou qui n'aurait pas été averti par son conjoint du projet qu'un tiers aurait eu d'attenter à ses jours (art. 215). Signalons enfin une disposition par laquelle le législateur Roumain se montre plus libéral que n'avait été le législateur Français. Il ne permet pas de demander le divorce pour cause de condamnation politique, fût-ce même une condamnation criminelle.

Les formes du divorce pour cause déterminée sont les mêmes que celles du titre VI. Quant aux mesures provisoires auxquelles peut donner lieu la demande en divorce, le législateur Roumain n'a pas reproduit les dispositions des art. 269, 270 et 271. En ce qui concerne l'art. 269, le législateur roumain en le rejetant a voulu se montrer plus libéral envers la femme, tandis que les art. 270 et 271, qui parlent du régime de la communauté, n'ont été reproduits que parce que ce régime n'est pas connu dans les mœurs roumaines. Le législateur Roumain ne réglemente dans le Code que le régime dotal.

Pour le divorce par consentement mutuel le Code Roumain n'a pas reproduit le 2° de l'art. 280.

Nous ajouterons qu'en Roumanie il n'y a pas de charges ministérielles; il n'y a ni avoués ni notaires, ce sont les avocats qui font les avoués et les tribunaux les notaires.

Les effets du divorce sont contenus dans les articles 277 à 285 du titre VI.

Nous y trouvons reproduits les principes que les époux divorcés ne pourront plus se réunir, que la femme divorcée ne pourra se remarier avant dix mois, que dans le cas de divorce pour adultère l'époux coupable ne pourra se remarier avec son complice ; les effets du divorce relativement aux biens, et les dispositions au sujet de la garde des enfants et de la personne de la femme sont à peu près les mêmes que sous le Code antérieur à 1816. Notons cependant deux différences.

En premier lieu, quand il y avait divorce par consentement mutuel, notre Code défendait aux époux divorcés de se remarier avant trois ans accomplis (art. 297). Cette disposition n'a pas été reproduite dans le Code roumain. En second lieu, le législateur roumain n'a pas voulu reproduire la seconde disposition de l'art. 298 du Code civil Français. Le mari, en Roumanie, n'a pas le droit de poursuivre sa femme pour cause d'adultère et de la faire emprisonner, alors même qu'il aurait obtenu le divorce de ce chef : ici encore le Code Roumain assimile complètement la situation de l'homme et celle de la femme.

Enfin, en Roumanie le divorce est prononcé par le tribunal et non comme en France par l'officier de l'état civil.

Rappelons en terminant qu'il faudrait se garder de prétendre comme l'ont fait certains auteurs, que la Roumanie a adopté le divorce en adoptant ce Code civil Français : elle en a réglé les dispositions comme elles existaient sous l'empire de la loi de 1804, mais il n'y a là que des innovations de détail. Le divorce, nous le rappelons, existait en Roumanie, antérieurement à l'adoption des Codes Français et nous pouvons même ajouter qu'il y a existé de tout temps. Ce serait donc à tort qu'on chercherait à tirer un argument quelconque d'une comparaison entre la période postérieure à 1866 et les années antérieures.

D'ailleurs à cet égard, et en laissant de côté la fin de non-recevoir absolue que nous opposons à cette comparaison, la thèse de nos contradicteurs est démentie par les chiffres et par la statistique que nous avons exposés au début de ce court aperçu sur le divorce en Roumanie.

POSITIONS

DROIT ROMAIN

I. — L'affranchi, marié à sa patronne, pouvait divorcer sans le consentement de celle-ci.

II. — La remise du *libellus repudii* était depuis la loi *Julia de adulteriis* une condition indispensable du divorce, mais il n'y avait pas de formule solennelle exigée.

III. — Le fils de famille aussi bien que la fille ne pouvait divorcer sans le consentement de son père.

IV. — Le fragment de Paul D. 2, 29, 2, ne veut pas dire que le consentement du père ne formât qu'un empêchement prohibitif au mariage.

V. — Le seul consentement ne suffit pas à la perfection du mariage.

VI. — Les textes D. 23, 2, 1. 1, et D. 24, 2, 1. 1, se concilient.

DROIT CIVIL FRANÇAIS

I. — Les art. 302 et 303 relatifs au divorce s'appliquent d'une façon absolue à la séparation de corps.

II. — La condamnation à une peine infamante antérieure au mariage ne peut motiver une demande en séparation.

III. — Les donations faites à l'époux contre qui la séparation de corps a été prononcée, ne sont pas révocables pour cause d'ingratitude.

IV. — La prescription trentenaire s'applique à l'action en séparation de corps.

V. — Le second mariage de la femme séparée de corps en France, et naturalisée dans un pays étranger qui admet le divorce, est valable.

VI. — La séparation de biens, conséquence naturelle de la séparation de corps, ne rétroagit pas au jour de la demande.

VII. — La femme étrangère a hypothèque légale sur les immeubles de son mari situés en France.

VIII. — L'enfant renonçant ne doit pas être compté pour le calcul de la réserve.

PROCÉDURE CIVILE

I. — La tentative de conciliation devant le président du tribunal doit avoir lieu même au cas où la séparation de corps est demandée contre un époux condamné à une peine infamante.

II. — Elle n'a pas lieu au cas d'une demande reconventionnelle en séparation de corps.

III. — La saisie-arrêt rend indisponible l'excédant des causes de la saisie.

DROIT CRIMINEL

I. — L'action publique se prescrit par dix ans, trois ans, un an, suivant qu'il s'agit d'un crime, d'un délit, ou d'une contravention. Mais ce n'est pas sur l'accusation qu'il faut se fonder pour déterminer le temps de la prescription, c'est sur le caractère légal qu'attribue au fait délictueux le résultat final du procès. C'est ainsi que l'admission d'une excuse légale pourra abaisser le temps de la prescription de dix ans à trois ans.

II. — En cas d'acquittement par suite d'un verdict négatif du jury, l'accusé ne peut être renvoyé devant le tribunal correctionnel à raison du même fait autrement qualifié.

III. — L'étranger qui a commis un délit en France peut, quoiqu'il ait été poursuivi en pays étranger, être poursuivi en France pour le même fait.

DROIT DES GENS

I. — La forme et le contenu de l'art. 44 du traité de Berlin méconnaissent le principe de la non-intervention dans les affaires intérieures d'un État.

II. — L'époux, légalement divorcé selon la loi de son pays, peut contracter en France un nouveau mariage.

III. — La femme séparée de corps peut se faire naturaliser à l'étranger sans autorisation maritale ou de justice.

HISTOIRE DU DROIT

I. — Le régime matrimonial des Gaulois n'est pas l'origine de la communauté.

II. — Le droit d'aubaine ne dérive pas de la législation Romaine.

Vu par le Président de la thèse :

C. BUFNOIR.

Vu par le Doyen de la Faculté :

CH. BEUDANT.

Vu et permis d'imprimer :
Le Vice-Recteur de l'Académie de Paris,

GRÉARD.

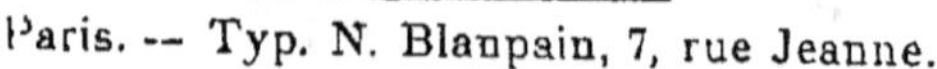

Paris. — Typ. N. Blanpain, 7, rue Jeanne.